6 Mois

Un journal n'est jamais le fruit du hasard, mais la conjugaison d'émotions, de déclics et de rencontres qui s'imposent comme une évidence. Une création de presse est comme une histoire d'amour qui bouscule tout sur son passage. Le chœur des esprits raisonnables s'alarme : *« Le photojournalisme est mort ! »*, *« Vous êtes fous »*... Ils ont raison. Mais c'était plus fort que nous.

6 Mois s'enracine dans une certaine idée du photojournalisme née dans les premières années du XXe siècle et dont l'onde de choc dure encore. Pendant la guerre d'Espagne, Robert Capa a créé le mythe du reporter de guerre : *« Si vos photos ne sont pas assez bonnes, c'est qu'elles ne sont pas prises d'assez près. »* La première image du camp de Dachau est parue dans l'hebdomadaire *Vu*, la victoire des Alliés et l'essor de l'*american way of life* ont été immortalisés à travers le regard romanesque des magazines *Life* et *Look*.

A ***6 Mois***, nous croyons que ce journalisme en image est possible. L'engagement d'Eugene Smith, qui voulait *« plonger au cœur de l'image »* et réaliser le reportage total, a marqué les esprits. Cet *« instant décisif »*, dont Henri Cartier-Bresson parlait à propos de la photographie, a imposé la photo au cœur des journaux. Notre mémoire collective est empreinte des reportages de Brassaï, Boubat, Doisneau, des images de la guerre d'Indochine et de celle du Vietnam, du désert de Depardon, des fermiers américains de Richard Avedon, des foules chinoises de Marc Riboud.

Mais le cadre du photojournalisme a explosé. Le marketing et le numérique ont modifié la donne. Inexorablement, l'illustration remplace le reportage. Chaque jour, trois agences internationales – AFP, Reuters, AP – avec une myriade de correspondants locaux, inondent d'images d'actualité les sites, les téléphones, les magazines, les gratuits.

La photographie et le journalisme ont changé. Alors nous avons imaginé ***6 Mois***, pour refonder le lien entre le journalisme et la photo, renouer le pacte entre le lecteur et les photographes, trouver le point de rencontre entre l'appétit du public et l'énergie parfois stupéfiante des auteurs. Les repères qui nous guident sont éternels : authenticité, pertinence, engagement. Il en faut du courage et de l'envie pour passer des semaines, des mois, parfois des années sur un sujet. Il en faut de l'exigence et de la patience.

Mais ***6 Mois*** est une aventure pour des temps nouveaux. Nous habitons une petite planète de près de sept milliards d'individus. Ce siècle est jeune. Il se façonne au Brésil, en Indonésie, en Chine, en Egypte. Aussi les auteurs qui nous ont rejoints sont chinois, équatoriens, russes, belges, canadiens, somaliens, américains, français... La liste des crédits photographiques rassemble plus de vingt nationalités.

Il faut voir loin et embrasser l'époque. D'autres pays, en Europe, en Amérique du Nord, mais aussi en Amérique latine et en Asie, vont nous rejoindre, au fil des numéros. Les textes seront traduits, le contenu sera le même, la parution simultanée. Deux fois par an, aux premiers jours du printemps et aux premiers jours de l'automne, ***6 Mois*** sera un trait d'union entre les continents.

Laurent Beccaria et Patrick de Saint-Exupéry

SOMMAIRE

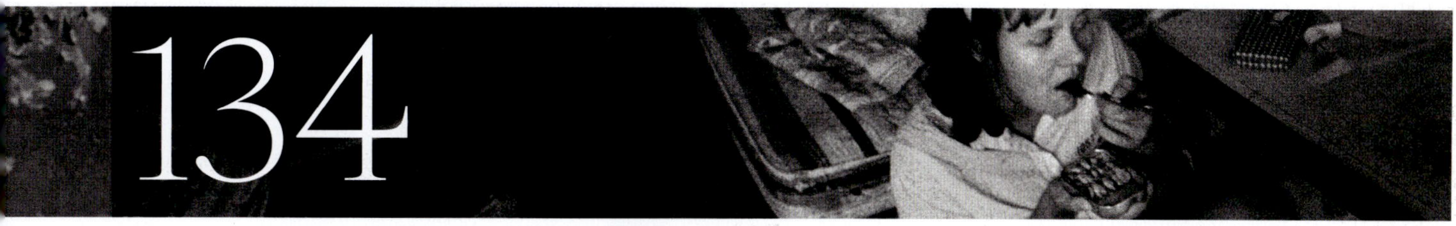

FABRICE COFFRINI/AFP

Au fil des mois

15 octobre

Le tunnel le plus long

Elle porte le joli nom de Sissi, et elle a bien travaillé. Le 15 octobre 2010, l'énorme machine, un « tunnelier », a broyé les derniers mètres de roche qui séparaient encore les deux tronçons du « tunnel de base du Gothard », en Suisse. Avec cinquante-sept kilomètres, le tunnel du Gothard dépasse en longueur deux tunnels sous-marins : celui qui relie les îles japonaises de Honshu et d'Hokkaido (53 kilomètres) et celui qui relie sous la Manche la France à l'Angleterre (50 kilomètres).

Les travaux ont commencé en 1998, après l'accord des Suisses, consultés par référendum. Le tunnel doit entrer en service en 2017.

Il fait partie d'une nouvelle génération de tunnels, percés à une altitude dite « de plaine ». Uniquement ferroviaire, il permettra aux trains de circuler à 250 km/h.

Il a fallu de longues tractations, menées par l'Union européenne, pour que la Suisse accepte – en échange d'un péage très élevé –le transit par son territoire de poids lourds de quarante tonnes sur plate-formes ferroviaires.

Ce tunnel est le troisième sous le Saint-Gothard.

Le premier, également ferroviaire, date de 1881 ; le second, routier, de 1980 •

VINCENT YU/AP

10 octobre

Despote de père en fils

Il n'a pas encore le pouvoir, mais il est désigné comme le successeur officiel. Kim Jong-Un, 27 ans, fraîchement nommé général quatre étoiles, apparaît à la tribune sous le regard de son père Kim Jong-Il, à l'occasion du 65e anniversaire du « parti ouvrier » nord-coréen, le 10 octobre 2010. Déjà, les enfants des écoles de Pyongyang chantent des hymnes à sa gloire, sans savoir que leur nouveau héros a fait ses classes à l'Ecole internationale de Berne, en Suisse…
Tout est en place pour l'adoubement du troisième représentant d'une dynastie au pouvoir depuis 1948. Kim Jong-Il, le père du nouvel héritier, avait été désigné voici vingt ans par son propre père Kim Il-Sung, mort en 1994.
Le dernier rejeton de la dynastie devrait attendre moins longtemps : l'actuel *« cher leader »* est présumé gravement malade.
La présentation officielle du futur dictateur s'est accompagnée d'un regain de tension entre les deux Corées. Le régime, de type stalinien, a récemment bombardé une île de Corée du Sud après avoir coulé un de ses navires militaires.
A l'approche du printemps, et vraisemblablement d'une nouvelle famine, Pyongyang a demandé une aide alimentaire d'urgence à l'ONU •

ULET IFANSASTI/GETTY IMAGES

26 octobre

Les cendres du Merapi

Le 26 octobre 2010, le volcan Merapi, proche de la grande ville de Yogyakarta, dans l'île indonésienne de Java, entre en éruption. Quelque 250 000 habitants sont évacués des villages alentour, le bilan définitif sera de 350 morts. Le paysage couvert d'une couche de cendres a attiré des milliers de curieux chaque week-end pendant plusieurs mois. Les torrents de boue volcanique ont fait grossir le lit des rivières, notamment celle qui traverse Yogyakarta. Les paysans n'ont pu revenir qu'après plusieurs mois, et leurs récoltes étaient perdues. Ils sont parmi les plus fortunés d'Indonésie, troisième producteur mondial de riz – la richesse des sols volcaniques permet trois récoltes par an, contre une ou deux dans d'autres îles indonésiennes. Le Merapi, qui culmine à 2 914 mètres, est le plus actif des 133 volcans indonésiens. Il est situé dans l'une des régions les plus peuplées de l'archipel. Tous les quatre ans environ, il se réveille. Cette éruption est toutefois la plus forte depuis 1872, même si un précédent avait fait 1 300 morts en 1930. Le Merapi est un lieu sacré aux yeux de nombreux Javanais, qui le considèrent comme une montagne vivante •

YASUYOSHI CHIBA/AFP

27 octobre

Le rat démineur

Ce jeune rat « à poche » d'Afrique apprend son futur métier : démineur. C'est une organisation humanitaire belge qui l'exerce à flairer les mines, en utilisant deux qualités majeures propres à cette espèce particulière de « rat géant » : un odorat exceptionnel et un goût prononcé pour les récompenses alimentaires. Il faut une journée à deux démineurs humains pour nettoyer un terrain de 200 m², mais avec l'aide de rats, ils peuvent abattre le même travail en une heure et demie. Les rongeurs ont déjà contribué à déminer une superficie de 2 millions de mètres carrés au Mozambique. La photo a été prise en Tanzanie, le 27 octobre 2010.
Jusqu'à présent, on utilisait surtout des chiens – ou des dauphins, en milieu marin – pour découvrir les mines. L'armée française s'est, avec succès, servie des chiens démineurs pendant la guerre d'Algérie. Le chien peut apprendre à marcher en ligne droite, alors que le rat est beaucoup plus difficile à canaliser. A l'inverse, le rongeur, bien plus léger – environ 1,5 kilo pour ces « rats géants » –, risque moins de faire exploser les charges. Et, contrairement au chien, il ne s'attache pas à un « formateur » particulier •

VIKTOR DRACHEV/AFP

20 décembre

La dernière dictature d'Europe

Des policiers ont pris position aux petites heures de la matinée du 20 décembre 2010 devant la statue de Lénine et le bâtiment du gouvernement biélorusse, solidement établi sur la place de la Liberté, entre les avenues Marx et Engels à Minsk. La veille, plusieurs dizaines de milliers de manifestants avaient protesté contre les résultats officiels de l'élection présidentielle, qui donnaient Alexandre Loukachenko, arrivé au pouvoir en 1994, vainqueur avec près de 80 % des suffrages.

Dans les semaines précédant le scrutin, le dernier dictateur d'Europe avait donné quelques timides signes d'ouverture, autorisant notamment la présence d'observateurs étrangers pour surveiller le scrutin.

Après la contestation du 19 décembre, il a brutalement fait machine arrière, expulsé les observateurs et accusé les manifestants d'avoir tenté un coup d'Etat à l'instigation des *« services secrets polonais et allemands »*.

Les principaux opposants ont été arrêtés. L'un d'entre eux a été condamné à quatre ans de camp à régime sévère ; d'autres ont été libérés, mais se sont vu imposer la présence permanente de policiers à leur domicile •

IMAGINE CHINA/AFP

24 décembre

Comprendre la vie

Pour mettre au jour des milliers de fossiles marins, il a fallu creuser la moitié d'une montagne du Luoping, dans le sud-ouest de la Chine. La découverte a réjoui les paléontologues, convaincus d'avoir mis la main sur des traces de reptiles, poissons et autres créatures préhistoriques qui avaient en leur temps – il y a quelque 250 millions d'années – réalisé un véritable exploit : survivre aux cataclysmes qui, à la fin de l'ère permienne, avaient balayé de la surface du globe neuf espèces animales sur dix.
Ces fossiles constituent le premier écosystème réellement fonctionnel qui soit postérieur aux grands désastres de l'ère permienne. Ils permettent de mieux comprendre comment la vie a pu prendre le dessus.
Selon Michael Benton, un paléontologue de l'université de Bristol (Grande-Bretagne) qui a participé aux recherches, cette découverte serait une piste pour comprendre comment la vie pourrait se perpétuer en dépit des dommages créés par l'homme à l'univers.
Il a fallu trois ans pour mettre au jour ce site. Les milliers de fossiles découverts devraient nourrir pendant une décennie les recherches des paléontologues •

« LE JOUR DES DEUX PRÉSIDENTS »

Issouf Sanogo *Photographe à l'AFP*

Témoin

Salarié du bureau de l'Agence France Presse (AFP) à Abidjan depuis vingt ans, Issouf Sanogo, 46 ans, Ivoirien, a couvert l'élection présidentielle de 2010, qui a plongé son pays dans la crise.

6Mois Un pays, deux présidents... Aviez-vous imaginé ce scénario?
Depuis 2005, date de la fin du mandat du président Laurent Gbagbo, le scrutin avait été repoussé six fois. Après ces reports, le premier tour de la présidentielle, en 2010, s'est bien passé. Nous avons senti que les choses allaient mal tourner après le second tour.
Le tournant date du 30 novembre 2010. Ce jour-là, la Commission électorale indépendante devait annoncer des résultats partiels. Une conférence de presse était prévue le matin dans les locaux de la Commission. Des policiers sont venus. Ils ont dit aux techniciens de la télévision de démonter leur matériel, et aux journalistes de partir. Sans explications.
Nous sommes sortis et avons attendu toute la journée autour du bâtiment. Il y avait de la tension dans l'air, les rumeurs couraient: le clan Ouattara, l'ancien Premier ministre d'Houphouët-Boigny, accusait Gbagbo, l'ancien opposant d'Houphouët-Boigny, de vouloir confisquer les résultats...
Finalement, à 20 heures, au moment où le porte-parole de la Commission électorale allait révéler les chiffres, le représentant de Gbagbo lui a arraché des mains la feuille de résultats, l'a froissée et l'a déchirée. L'image était très forte, symbolique. Il n'y avait que des journalistes dans la salle, donc personne n'a protesté. Mais nous avons tous compris que ça allait dégénérer.
Et effectivement, après, tout s'est enchaîné. La Commission a proclamé Ouattara vainqueur. Puis le Conseil constitutionnel a déclaré Gbagbo gagnant...

Le 4 décembre au matin, Laurent Gbagbo prête serment au palais présidentiel, devant deux cents invités. L'après-midi, c'est au tour d'Alassane Ouattara, à l'hôtel du Golf. Vous avez assisté à cette seconde cérémonie. Comment s'est-elle déroulée?
En début d'après-midi, le bureau me demande d'aller à l'hôtel du Golf. Je connais bien les lieux, c'était le quartier général de Ouattara pendant la campagne électorale. L'hôtel, 4 étoiles, se trouve à une demi-heure de voiture du centre-ville, au bord d'une lagune. A l'époque, il est déjà sécurisé par les forces de l'ONU, donc difficile d'accès.
Sur place, nous sommes une trentaine de journalistes et de photographes. Il y a aussi quelques supporters de Ouattara. Vers 16 heures, il entre dans la salle avec les membres de son gouvernement. Il explique, face aux caméras, qu'il vient de prêter serment en qualité de président de la République. Il a, dit-il, prévenu par courrier le Conseil constitutionnel. Ouattara s'exprime en vainqueur. Il évoque des *« circonstances exceptionnelles »*, ne cite pas le nom de Gbagbo. Puis Guillaume Soro, Premier ministre de Gabgbo, s'avance et lui remet sa démission. Il le considère donc comme le Président. C'est très important. Ouattara le reconduit dans ses fonctions. Des supporters applaudissent. Le « Président » sort. La cérémonie a duré en tout et pour tout un quart d'heure.
Une semaine plus tard, mi-décembre, l'armée, pro-Gbagbo, isole l'hôtel du Golf, comme un siège. Le bâtiment devient un

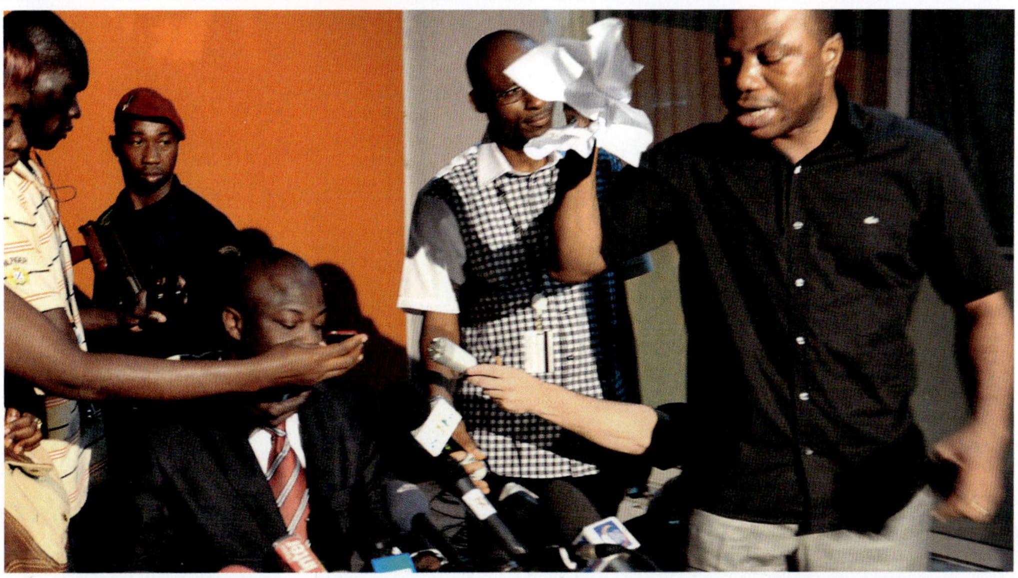

ISSOUF SANOGO/AFP

Duel. *Alassane Ouattara, le 4 décembre, après sa prestation de serment ; le 30 novembre, un homme de Laurent Gbagbo déchire les résultats de la Commission électorale indépendante.*

véritable camp retranché. Huit cents casques bleus le protègent. On ne peut plus y accéder que par un antique hélicoptère russe. Les forces de l'ONU assurent deux vols par jour. Il faut réserver sa place la veille. Il ne se passe alors pas grand-chose à l'hôtel. Une aile est réservée au « président » Ouattara, l'autre aux membres de son « gouvernement ». Dans le hall, on voit des journalistes errer, certains dorment sur place…

A l'Agence France Presse, êtes-vous chargé de suivre Alassane Ouattara ?
Non. Je ne suis spécialiste d'aucun camp ni d'aucun… président ! Le bureau d'Abidjan compte huit salariés, dont deux photographes. Nous suivons l'actualité de la Côte d'Ivoire et de l'Afrique de l'Ouest. Dès qu'il se passe quelque chose, on voit si cela vaut la peine d'envoyer un photographe. Le 4 décembre, mon confrère de l'AFP était, lui, à la cérémonie de Gbagbo. Parfois, c'est moi qui photographie Gbagbo. A Abidjan, nous sommes peu nombreux à pouvoir naviguer d'un camp à l'autre •

Léna Mauger

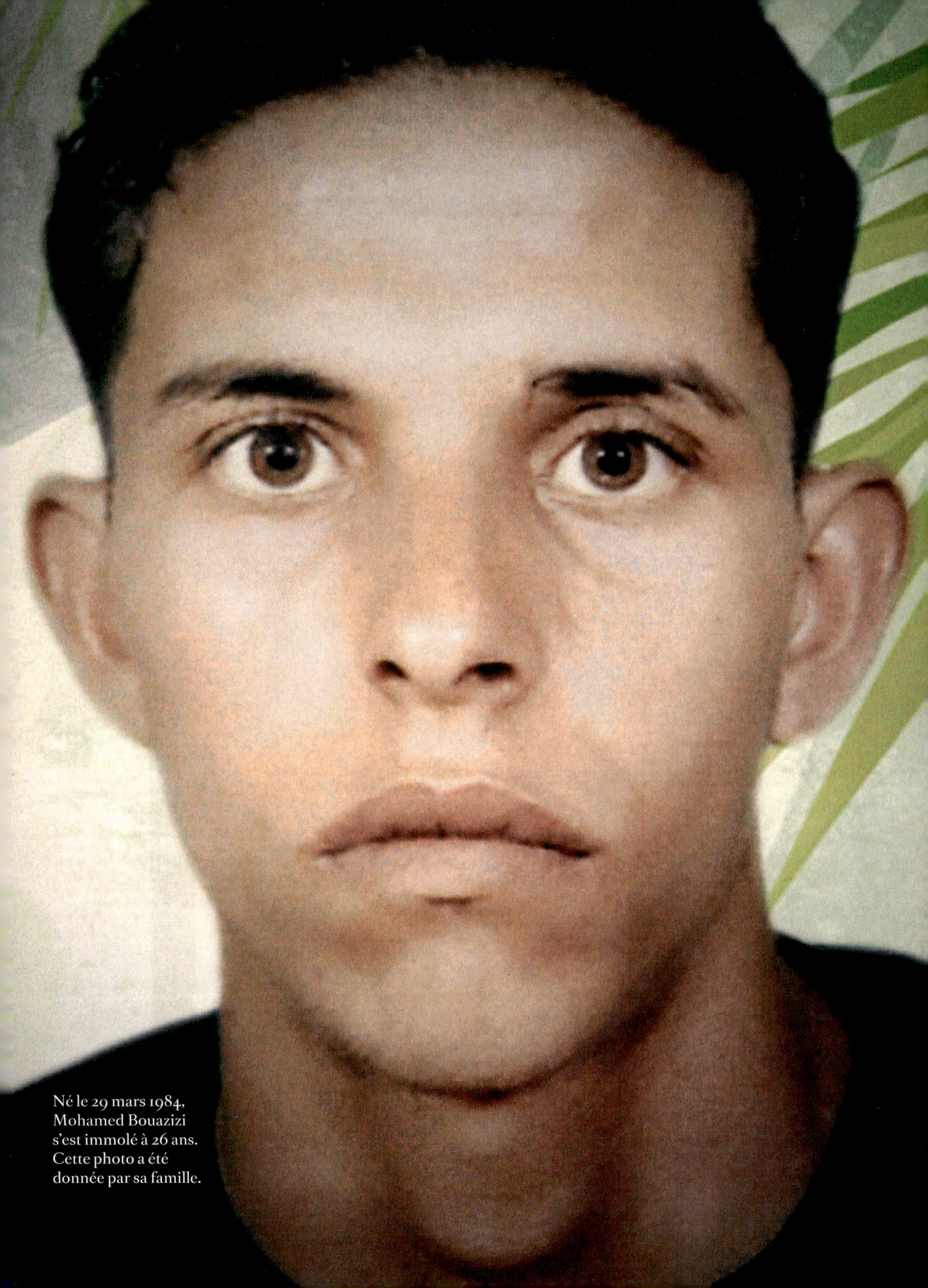

Né le 29 mars 1984, Mohamed Bouazizi s'est immolé à 26 ans. Cette photo a été donnée par sa famille.

REUTERS, AFP

La colère explose au lendemain de l'immolation du jeune homme à Sidi Bouzid, petite ville de quarante mille habitants. Au centre du pays, loin des plages et des touristes, la population crie sa rage. En quelques jours, le mouvement gagne la région.

Retour

L'HOMME QUI MIT LE FEU AU MONDE ARABE

Vendeur ambulant dans une petite ville de Tunisie, Mohamed Bouazizi s'immole par le feu le 17 décembre 2010. Ben Ali tombe un mois plus tard, puis, en Egypte, Moubarak s'en va. En Algérie, au Yémen, en Iran, en Libye et dans le Golfe, la population descend dans la rue.

Onze jours après l'immolation de Mohamed Bouazizi, le président tunisien Zine Ben Ali se rend à son chevet. Le pays s'est soulevé et Ben Ali fait diffuser l'image de sa visite à l'hôpital. Mohamed Bouazizi s'est aspergé d'essence pour protester contre une énième saisie de sa marchandise. Il avait été giflé et insulté par une employée municipale, il voulait se plaindre, personne ne l'avait reçu à la mairie et au gouvernorat.

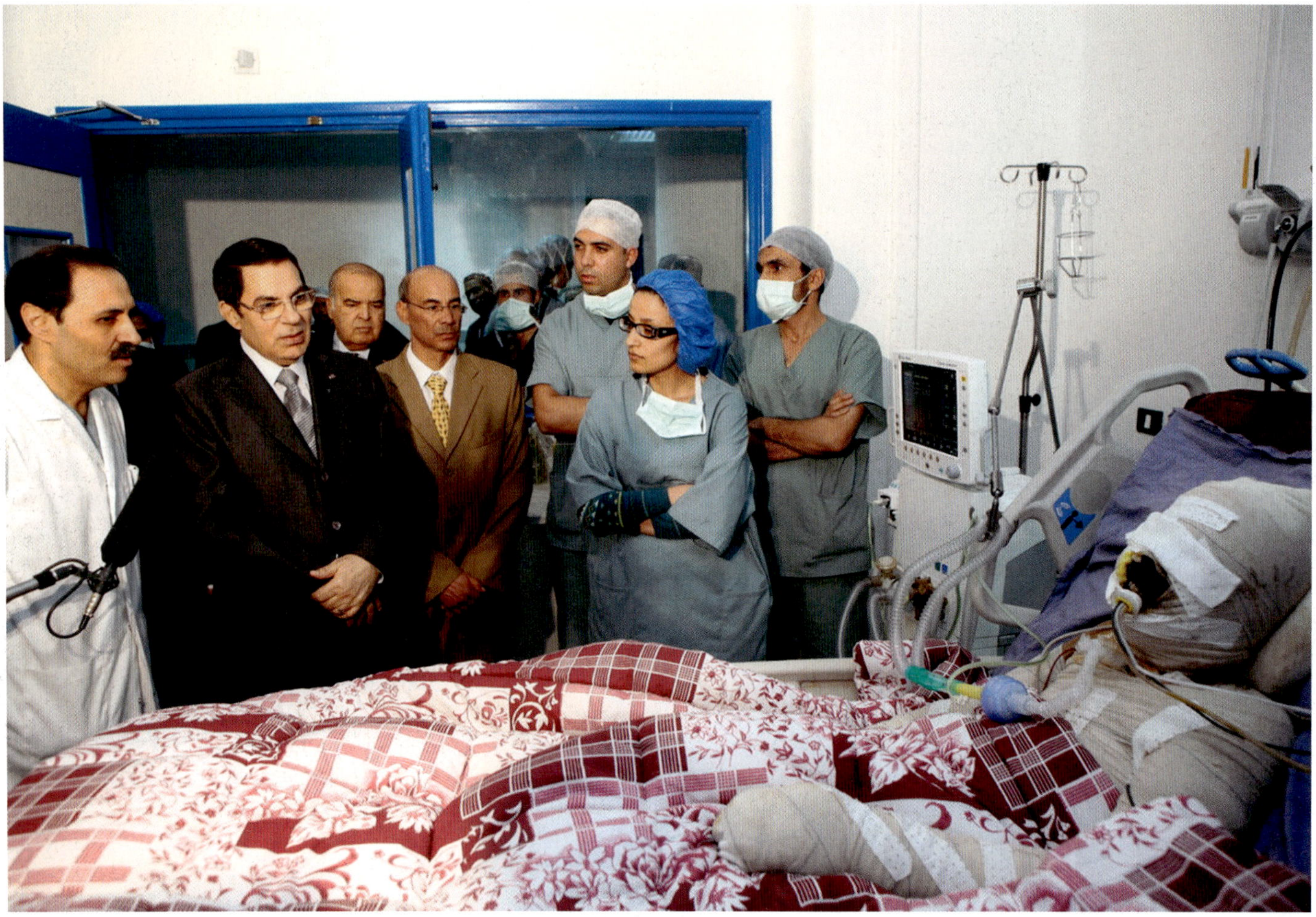

PRÉSIDENCE TUNISIENNE/AFP, OLIVIER COULANGE/VU, FETHI BELAID/AFP

Une semaine après la visite de Ben Ali à l'hôpital, Mohamed Bouazizi est inhumé, à seize kilomètres de Sidi Bouzid. L'accès est interdit aux photographes (capture vidéo).

Zine Ben Ali quitte le pays pour l'Arabie saoudite le 14 janvier 2011. A Tunis, les manifestants réclament un changement de gouvernement.

ZOHRA BENSEMRA/REUTERS, ARNAUD ROBIN/FÉDÉPHOTO

Deuxième des sept enfants de Mannoubia Bouazizi, 49 ans (à droite), Mohamed avait passé le bac avant de travailler quelques années avec son oncle agriculteur. La famille s'est fait confisquer ses terres, le père est mort. Mohamed Bouazizi est devenu marchand ambulant. Plusieurs de ses frères et sœurs sont diplômés, tous sont au chômage.

La famille Bouazizi vit à El-Nour, un quartier pauvre de la ville. Près de la maison, un graffiti rend hommage au «*martyre*». Après sa mort, des habitants venaient tous les jours présenter leurs condoléances.

BENOÎT SCHAEFFER/FÉDÉPHOTO, FRED DUFOUR/AFP

Sur la façade des bâtiments officiels, dans les manifestations, en photo ou en profil sur les affiches, Mohamed Bouazizi devient une icône.

Quand l'employée municipale qui l'avait giflé a été arrêtée, elle a dit : *« J'ai rien fait. »* Selon *Libération*, le procureur lui aurait répondu : *« Tu rigoles, tu as mis le feu à la Tunisie. »*

ARNAUD ROBIN, BENOÎT SCHAEFFER/FÉDÉPHOTO

Une non-photo. *Le « visuel » WikiLeaks conçu par l'agence allemande DPA.*

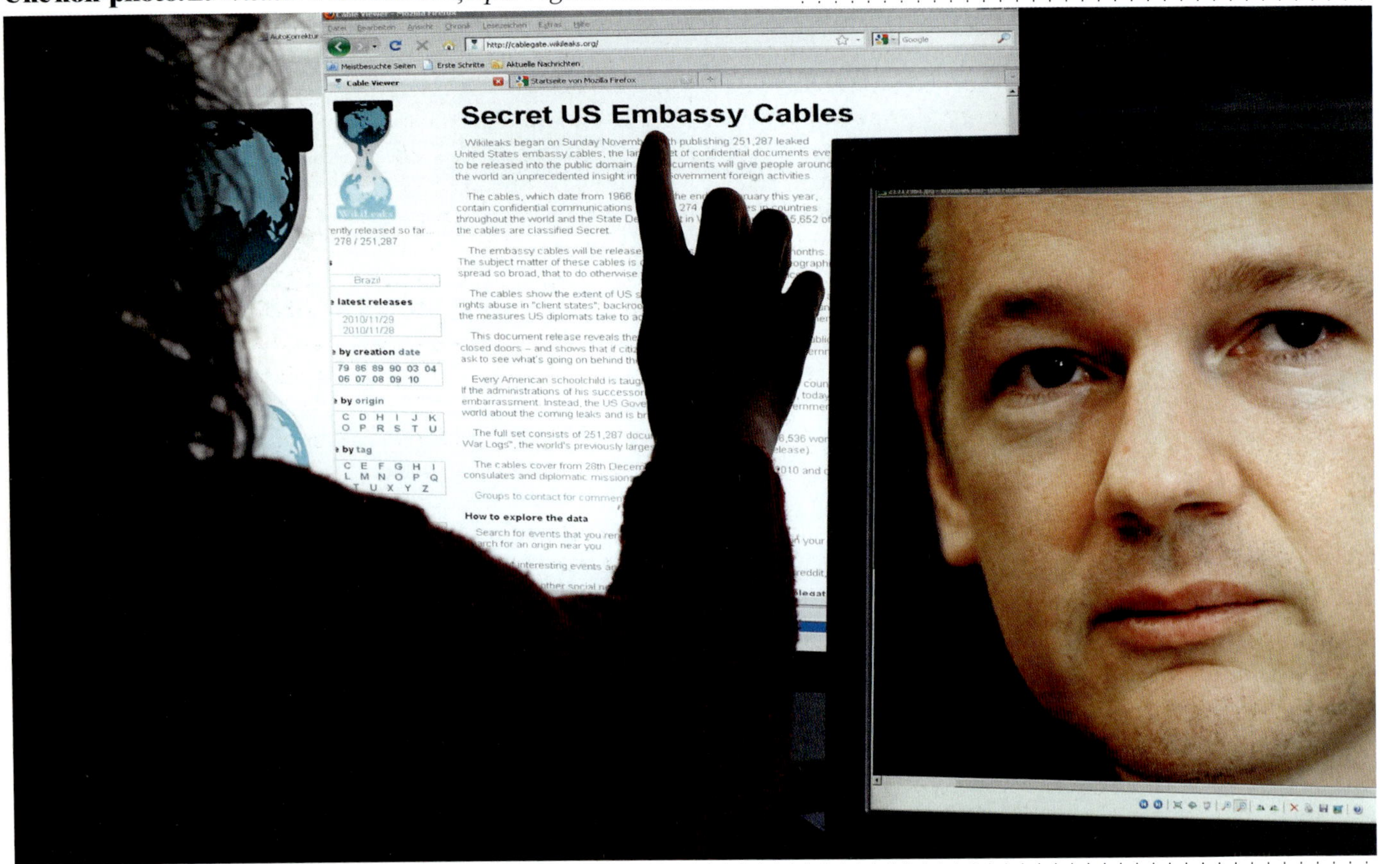

JENS BUETTNER/DPA/AFP

METTRE EN SCÈNE WIKILEAKS...

Le chemin d'une image

Pour illustrer WikiLeaks, la presse a choisi une non-photographie. Imaginé par l'agence DPA, un « visuel » a fait l'affaire des médias du monde entier.

L'image la plus publiée ces six derniers mois, dans le monde, n'est pas une photographie, mais une photo montée. Et celle-ci fut réalisée à la demande d'une presse qui cherchait à représenter l'« affaire » WikiLeaks. La « photo » a été fabriquée fin novembre 2010 dans le nord-est de l'Allemagne, à Schwerin, par Jens Buettner pour la Deutsche Press Agentur (DPA). L'assemblage est simple : une femme photographiée de dos désigne de la main un écran affichant une dépêche titrée « Secret US Embassy Cables », un autre écran placé à côté montre un portrait de Julian Assange, le fondateur de WikiLeaks. Pourquoi en est-on arrivé à cette mise en scène ? Pour répondre à la demande du marché médiatique, gros consommateur d'images. WikiLeaks n'est pas photographiable.

Comme dans la crise financière, l'événement, immatériel, se dérobe.

Il fallait donc inventer une représentation.
Le site WikiLeaks a commencé à faire parler de lui avec la diffusion d'une vidéo établissant que deux journalistes irakiens travaillant pour l'agence Reuters ont été tués à Bagdad par l'armée américaine en 2007. Le site a récidivé peu après en rendant public des éléments sur les « dégâts collatéraux » civils et les tortures. La presse anglaise décide alors d'établir une carte géographique des bavures.

250 000 télégrammes, un scoop

Fin 2010, l'affaire se corse. Cinq grands journaux, *The New York Times*, *The Guardian*, *Der Spiegel*, *Le Monde* et *El País* décident de placer leur expertise au service de WikiLeaks. Des dizaines de journalistes épluchent et trient la masse de documents fournis par le site. Des deux cent cinquante mille télégrammes du département d'Etat américain, ils puisent quelques éléments justifiant une publication. Cela est présenté comme un scoop, la divulgation des télégrammes devient sensationnelle, il faut « représenter » cet « événement ».
Le paradoxe est à son comble. Par son volume, son austérité et sa confidentialité, la masse de documents échappe à toute préhension. Comme dans la crise financière, l'événement, immatériel, se dérobe.
Insaisissable par nature, WikiLeaks affirme très vite être devenu une cible.
Face aux « menaces », le site se fait errant. L'hébergeur change. Le fournisseur d'accès coupe l'adresse. On parle de codes d'accès, de cryptage, d'interfaces de visualisation, de sites miroirs, de réseau Anonymous… Dans ce climat digne de George Orwell, comment arrêter le regard du lecteur, avec quoi ? Souvent démunis de service photo car économiquement fragiles, les journaux dépendent de plus en plus – en textes tout comme en photos – des agences d'information. Ils s'adressent donc à leurs fournisseurs traditionnels pour trouver une « image » WikiLeaks, pour demander que leur soient transmis des documents qui, d'un clic de souris, synthétiseraient cet « événement » où se mêlent thriller, film biographique, information, secret et nouvelles technologies. Le marché est mondial, les enjeux financiers sont énormes.
La Deutsche Press Agentur décide de passer à l'acte. A peu de frais, elle « crée » une composition. Cette « représentation » est un non-événement photographique – l'agence allemande n'a d'ailleurs pas souhaité s'exprimer.
Il s'agit juste d'une photo mise en scène, un « visuel » comme on dit aujourd'hui. Ce « visuel » suscite-t-il la réflexion ? Pas vraiment, car il livre peu d'informations. Crée-t-il de l'émotion ? Pas plus, puisqu'il fut jugé nécessaire d'y intégrer la figure iconique du porte-parole de WikiLeaks, Julian Assange, pour incarner humainement l'« affaire ».

Un bon client au physique de rocker

Il sera pourtant repris partout, et diffusé sur des milliers de blogs. Jusqu'à ce qu'émerge l'image de Julian Assange. Affamée, la presse se jette sur l'Australien.
Le hacker rebelle se prête au jeu : il se met en scène, organise des *photo calls* et négocie son autobiographie. Affublé de fans, d'un physique de rocker, d'une mèche en pétard, il est un bon « client ». Et devient, avant les fêtes du nouvel an, la coqueluche des médias.
La rédaction du *Monde magazine* le nomme « *homme de l'année* ». Les lecteurs de *Time Magazine* également, bien que la direction refuse d'entériner ce choix.
C'est alors que la photo montée allemande émerge vraiment. Déjà diffusée partout, elle est reprise et publiée dans la presse du monde entier : de la BBC au guatémaltèque *Prensa Libre*, le « visuel » est reproduit, avec quelques variantes, à des millions d'exemplaires par des titres comme *Life*, *The* (*Hürriyet*) *Daily News*, *L'Express*, *The Toronto Star*… •

Magali Jauffret

30 NOVEMBRE 2010

Le site du « Christian Science Monitor » *(Etats-Unis) illustre un article sévère, intitulé : « Que veut le fondateur de WikiLeaks, Julian Assange ? »*

2 DÉCEMBRE 2010

Sur le site de « L'Express », *une dépêche de l'Agence France Presse : « WikiLeaks : son fondateur recherché par Interpol, Washington poussé à jouer l'apaisement ».*

6 DÉCEMBRE 2010

Le site du quotidien guatémaltèque « Prensa Libre » *titre : « Les comptes bancaires du fondateur de WikiLeaks en Suisse sont fermés ».*

LA PHOTO DE REPORTAGE DOIT-ELLE TOUT DIRE ?

Débat

Ce n'est pas une de ces images chocs auxquelles nous a habitués le photoreportage. Une autre façon de raconter apparaît.

La photo, aux apparences douces, est d'un jeune reporter italien indépendant, Pietro Masturzo. Pris à la tombée du jour, dans la quiétude d'un été iranien, le paysage urbain de Téhéran est rendu pictural par la lumière. Il faut s'imprégner un moment de la pénombre qui règne sur les toits-terrasses pour y distinguer la présence de femmes. Et réaliser, qu'avec leurs mains placées en porte-voix, elles protestent. Tous les soirs, ces femmes crient des slogans hostiles au régime : « *Makbar diktator !* », « mort au dictateur ! ». Rompu à la sélection de clichés chocs, le 53ᵉ jury international du World Press Photo, formé de chefs de services iconographie, de représentants d'agences de presse et de photographes expérimentés a retenu, l'an dernier, cette image atypique comme photo de l'année.

Emmené par la vice-présidente de l'agence Reuters, Ayperi Karabuda Ecer, le jury s'est efforcé de justifier ce choix, immédiatement contesté : sans légende et un minimum de connaissances de la crise iranienne, l'image ne parlerait pas, a-t-il été dit. « *Avec cette photo, on perçoit qu'on est au début d'une histoire qui va aller crescendo. Elle apporte un autre regard sur l'information, elle lui donne une perspective* », a assuré la responsable de Reuters. Editrice au *Guardian Weekend*, l'Anglaise Kate Edwards l'a appuyée : « *Cette photo a un puissant sens de l'atmosphère, de la tension, de la peur, mais aussi de la tranquillité et du calme. Ce choix a été un défi : nous étions à la recherche d'une photo qui attire, touche au plus profond. Cette image fait réfléchir, elle ne se contente pas de montrer ce que nous savons déjà.* »

« Mauvais signal »

Le photographe sud-africain Guy Tillim, membre du jury, a également défendu ce choix. Pour lui, cette image « *est une excellente tentative, honnête et réussie, d'évoquer le quotidien de gens placés dans des situations de conflits. Elle fait évoluer notre vocabulaire d'expression visuelle* ».
Les arguments du jury n'ont pas convaincu le directeur du festival de photojournalisme Visa pour l'image. Jusqu'au dernier moment, Jean-François Leroy a menacé de ne pas exposer la photo à Perpignan. S'il a fini par céder, il maintient son sentiment : « *Je déteste cette photo. Elle envoie un très mauvais signal à la profession. Son auteur*

PIETRO MASTURZO

veut montrer que l'on peut faire du reportage sans être dans la rue. Résultat, cela n'a pas de fond, pas de sens. Je prétends que les jurés qui l'ont choisie ne mettraient jamais pareille image sur leur fil d'agence!»

La génération montante est plus nuancée, comme les jeunes reporters français Corentin Fohlen ou Olivier Laban-Mattei, arrivé deuxième du World Press pour une photo, prise dans le même contexte, d'un Iranien en chemise, cravate et attaché-case brandissant une pierre contre les forces de police.

Sans information sur la crise en Iran ni légende, l'image ne nous dirait rien.

Comme beaucoup, Corentin Fohlen est d'abord passé par la *«surprise»* et *«l'incompréhension»* face à cette image qui ne correspond pas aux critères habituels de *«la photo forte, marquante, explicite»*. Il s'est ensuite interrogé: fallait-il lire dans ce choix *«un revirement, une nouvelle volonté éditoriale du World Press»*? Au final, il y voit *«une autre façon de raconter»*.

Dans son hebdomadaire, le directeur photo de *Télérama*, Laurent Abadjian, relève que *«rares sont les images qui nous laissent cette liberté de lecture, qui parlent à notre imaginaire sans rien nous dicter et qui finissent par s'imposer, loin des clichés trop vite vus et très vite oubliés»*.

«Un choix courageux»

Avec le recul, la vice-présidente de Reuters, Ayperi Karabuda Ecer, estime aujourd'hui que *«le jury a eu l'occasion de se poser de véritables questions grâce à cette photo qui ne joue pas avec nos sentiments, positionne les femmes différemment et présente une grande valeur journalistique. La preuve, c'est qu'on n'avait encore jamais vu s'exprimer cette contestation, alors que cette tradition remonte à l'époque du shah»*.

Le président du World Press, Michiel Munneke, n'a, lui aussi, pas la moindre hésitation: *«Ce choix du jury est courageux et inattendu. Cette image, qui n'est pas immédiatement identifiable, m'intrigue et m'incite à réfléchir à ce qui est réellement en train de se passer.»* La décision de couronner ce travail, poursuit-il, est *«un encouragement donné à un photographe qui, en des circonstances passablement difficiles et dangereuses, a choisi une approche créative pour raconter les manifestations de Téhéran. Le photojournalisme est clairement en train d'évoluer. Que le World Press récompense différents styles et approches m'apparaît comme une conséquence logique»* •

Magali Jauffret

Concours de baisers à la Saint-Valentin, **Chine**, *février 2011.*

Souvenir de Moscou, **Russie**, *novembre 2010.*

Clins d'œil

STRINGER/REUTERS, JEREMY NICHOLL/REA, LEWIS WHYLD/POOL/REUTERS

Le Premier ministre David Cameron, **Royaume-Uni**, *février 2011.*

Acheminement d'urnes, **Afghanistan**, *septembre 2010.*

Violoncelliste à Kinshasa, **République démocratique du Congo.**

AHMAD MASOOD/REUTERS, ANDREW MCCONNELL/PANOS-REA

Pêche fructueuse, **Somalie**, *septembre 2010.*

FEISAL OMAR/REUTERS, JO YONG-HAK/REUTERS

Manœuvres navales, **Corée du Sud**, *septembre 2010.*

Dans le train pour Montevideo, **Uruguay**, *octobre 2010.*

Forum économique de Davos, **Suisse**, *janvier 2011.*

Gymnastes à l'entraînement, **Chine**, *août 2010.*

Camouflage d'échafaudage, **Espagne**, *janvier 2011.*

ANDRES STAPFF/REUTERS, FABRICE COFFRINI/AFP, STRINGER/REUTERS, ODD ANDERSEN/AFP

Triptyque

CHINE L'EMPIRE JEUNE

30

Les brigades du jean

Les entreprises qui font de la Chine l'atelier du monde n'ouvrent pas facilement leurs portes. Né à Hong Kong, **Justin Jin** *a pu photographier les ouvriers des usines de jean au plus près, au plus juste.*

62

Profession concubine

Pour aborder les concubines dans les bars, **Axelle de Russé** *repérait les couples d'une grande différence d'âge. Les jeunes femmes se voient comme des amoureuses. La réalité est moins romantique.*

84

L'Afrique chinoise

Raconter la vie des Chinois en Afrique était une gageure. Obstinément, **Paolo Woods** *a travaillé pendant plus d'un an dans douze pays d'Afrique. Il nous raconte ces pionniers en terre lointaine.*

SYNTHÈSE

LES ENFANTS DU « MILIEU »

Ils sont deux Anglais, un frère et une sœur. Ils habitent dans la banlieue de Londres, ignorent tout de la Chine, n'y sont jamais allés et ne connaissent pas un Chinois. Ils viennent pourtant de découvrir la clé des mystères de Pékin, celle-là même que tant d'experts et de politologues recherchent avec ardeur depuis des années.

Cela s'est produit pendant l'été 2010. Lancés dans une vaste entreprise de rangement du grenier familial, le frère et la sœur tombent sur un vase en porcelaine d'une quarantaine de centimètres de haut posé sur une armoire. Apparemment de style chinois, l'objet traîne dans la poussière. Qu'en faire, sinon s'en débarrasser ?

Une modeste salle des ventes du quartier en hérite. Une expertise est demandée à l'Art's Club de Londres. Le fragile vase, bleu et jaune, décoré de poissons, atterrit sur un coin de table où il reste entreposé des semaines, sans précautions

particulières. Quand il est identifié, stupeur : le vase date du règne de l'empereur Qianlong (1735-1796), il porte le sceau de la collection impériale de la période Qing.

C'est un vestige de la plus brutale bascule historique jamais connue dans le monde, jamais oubliée par la Chine. Etablie en 1644, la dynastie Qing est la dernière de l'empire du Milieu. Affaiblie par le jeu des puissances occidentales venues établir leurs comptoirs d'opium, elle disparaît au tournant du XXe siècle après avoir déclenché la « révolte des boxers ». Quatre mille ans d'une histoire, initiée par « l'Empereur jaune » en 2100 av. J.-C., sont alors balayés.

Le vase retrouvé par le frère et la sœur dans leur grenier londonien témoigne de ce moment. Son histoire est reconstituée : il serait arrivé à Londres dans les malles d'un soldat anglais qui aurait participé au pillage du palais impérial de la Cité interdite pendant la seconde guerre de l'opium (1856-1860). L'hypothèse est convaincante, la pièce proposée aux enchères. Mise à prix : 800 000 dollars. Valeur estimée : entre 1,2 et 2 millions de dollars.

La vente a lieu le 12 novembre 2010. Des dizaines de Chinois sont présents dans la salle. Elle dure une heure et demie et, quand elle se clôt par le fracas du marteau, l'assistance reste quelques secondes yeux écarquillés : les enchères ont atteint le prix astronomique de 69 millions de dollars. 86 millions avec les taxes ! Jamais la valeur d'une œuvre d'art chinoise n'avait grimpé à un tel sommet. Jamais, surtout, une œuvre anonyme n'avait rejoint le panthéon mondial des dix pièces les plus disputées, toutes signées Picasso, Van Gogh, Renoir, Klimt, Rubens et Giacometti.

Ce 12 novembre 2010, deux faits incroyables se conjuguaient : l'omniprésente empreinte culturelle européenne sur l'art était, pour la première fois, remise en question, l'hégémonie américaine sur ce même marché de l'art était brisée.

La saga du fragile vase bleu et jaune de quarante centimètres de haut découvert sur une armoire londonienne témoigne du mouvement en cours. Cette porcelaine est la clé du retour de l'empire de Chine.

Les enfants du « Milieu » sont les moteurs du XXIe siècle. Cela nous choque, nous surprend et nous rend incrédules. L'œil rivé sur les convulsions de la guerre froide, nous avions fini par croire que les millions de morts du maoïsme avaient façonné la Chine. Nous avions tort : le XXe siècle marque à peine une virgule dans les 4 000 ans d'histoire de « l'Empire céleste ».

Tout, jour après jour, nous ramène à cette réalité. La Chine est aujourd'hui dotée du plus long et du plus rapide réseau ferroviaire au monde : 7 431 kilomètres de voies pour trains à grande vitesse, 13 000 d'ici à deux ans. Toutes les semaines, la Chine construit une centrale à charbon de très grosse puissance ; tous les ans, dix centrales nucléaires. Depuis l'été 2010, ses 1,3 milliard d'habitants et son industrie en voie de transformation accélérée consomment plus d'énergie que les Etats-Unis.

Encore plus stupéfiant : la Chine pourrait être le premier pays au monde à rendre obligatoire la voiture électrique dans les grandes villes. Deux mille nouvelles voitures sont mises tous les jours en circulation dans les artères déjà encombrées et surpolluées de Pékin ! La Chine est également le principal promoteur mondial de l'énergie éolienne : 16,3 gigawatts étaient produits en 2009, dix fois moins que dans dix ans.

La liste, sans fin, pourrait s'égrener à la manière d'un inventaire à la Prévert. Ce n'est pas forcément utile. Le constat découle de l'évidence. Il suffit de regarder un vase de porcelaine •

Patrick de Saint-Exupéry

Triptyque

LES BRIGADES DU JEAN

En face de Hong Kong, de l'autre côté du delta de la rivière des Perles, il est une ville qui s'appelle Zhongshan. Préfecture de la province la plus riche et la plus peuplée de Chine, cette ville a une particularité : la majorité des jeans vendus dans le monde y sont fabriqués.

Justin Jin

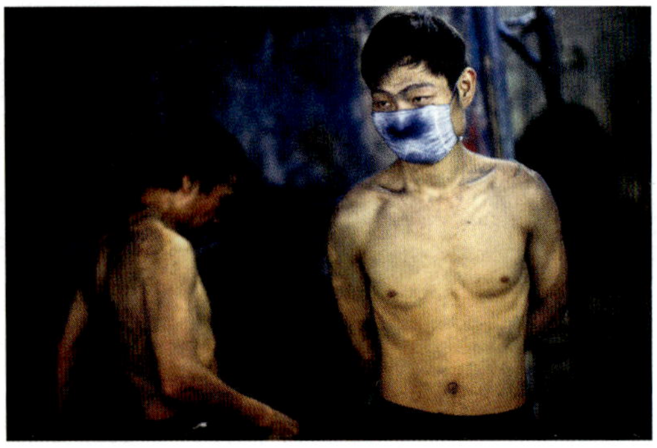

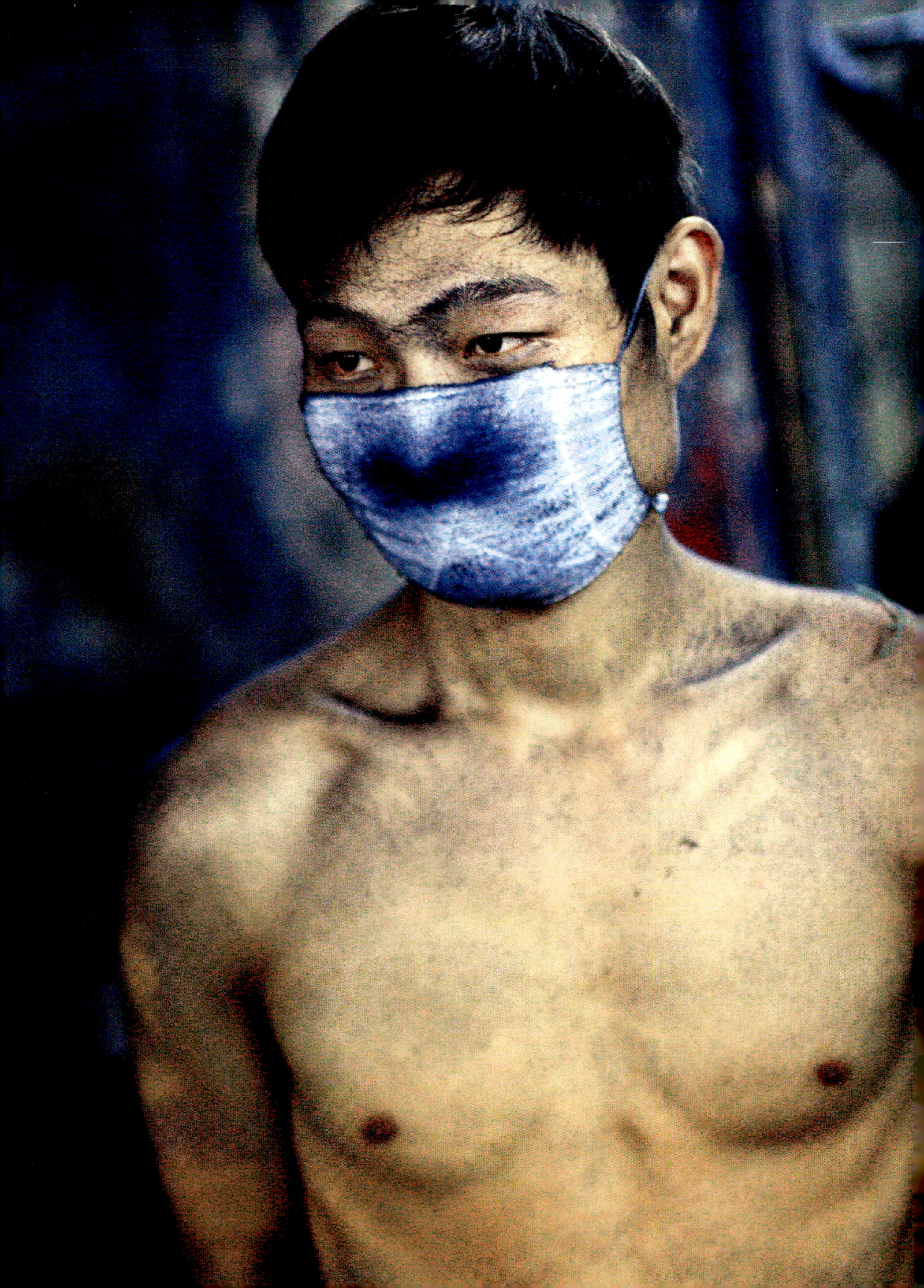

« Nous sommes à Zhongshan,

pas très loin de Hong Kong. Il y a dix ans, la ville n'existait pas, il y avait des champs, des mares aux canards et des petits villages. En débarquant de l'avion, j'ai découvert une ruche. A Zhongshan, il y a cinq mille usines de jean, parfois grandes, parfois petites. Les machines tournent jour et nuit, l'activité dans la rue est frénétique et la ville ne cesse de s'étendre. C'est un labyrinthe. Les chauffeurs de taxi n'ont même pas le temps d'apprendre le nom des nouvelles rues. Pour aller quelque part, il ne faut pas dire "*Je veux aller à telle rue*" mais "*Je veux aller à telle usine*". Alors, le taxi y file directement, sans hésitation.

Je suis resté un mois et, au début, il était impossible d'entrer dans la moindre usine. J'ai tout essayé : j'ai frappé aux portes, j'ai multiplié les contacts, j'ai prétendu être un travailleur à la recherche d'un emploi, j'ai participé à d'innombrables dîners avec les patrons… Rien à faire. A la fin de mon séjour, l'un d'eux m'a invité à visiter sa fabrique. Alors seulement, j'ai pu entrer dans le monde du jean. »

« Dans cet atelier, les ouvriers

élaborent le tissu denim utilisé pour les jeans. J'ai pu me rendre dans cette usine grâce au patron chinois rencontré à la fin de mon séjour. Ce patron, M. Huang, m'a d'abord fait visiter sa fabrique, puis celles de ses amis. Là, nous ne sommes pas chez lui.

Le travail est particulier, difficile. Il faut faire tremper les fibres du tissu dans des bains de colorant appelé "noir de soufre" (*sulphur black*). Plus on veut un jean noir, plus il faut d'acide caustique. Souvent, les ouvriers n'ont aucune protection contre les émanations toxiques. »

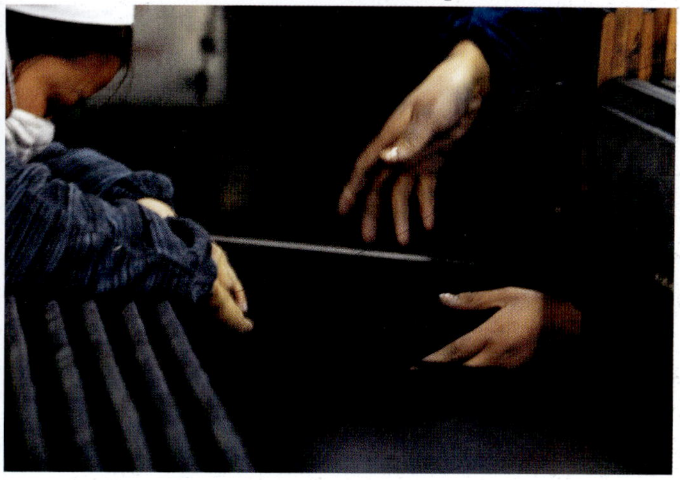

« J'ai croisé cette femme dans l'atelier de M. Huang. Nous étions au milieu de la nuit, elle venait de déposer son fils sur une pile de jeans tout juste cousus. Il s'était endormi. Je ne connais pas le nom de cette femme ni celui de son enfant. Je sais seulement qu'elle est venue de la campagne. Migrante de l'intérieur, elle n'a pas le droit de scolariser son fils, elle n'a pas non plus les moyens de le faire garder, elle ne connaît personne en ville. Alors, elle l'emmène avec elle à l'usine, quelles que soient les heures de travail. »

« Les cadences de production

sont très élevées. Les machines sont dangereuses et les employés doivent être concentrés en permanence sur leur tâche. Dans l'usine de M. Huang, ils travaillent jusqu'à dix-huit heures par jour et gagnent de l'ordre de 150 euros par mois, ce qui est mieux que dans les autres industries. J'ai croisé, à Zhongshan, un ouvrier de 24 ans qui venait de se faire transpercer le doigt par une machine. Depuis huit ans, Dou Yong Wen travaillait au perforateur. Il faisait dix mille boutonnières par jour.
Un matin, après une longue nuit de travail, il a eu un moment d'inattention. Cela a suffi. Paf, l'accident… Et donc un congé, le premier de sa vie.
Quand j'ai rencontré Dou Yong Wen et qu'il m'a raconté ce qui lui était arrivé, il m'a dit qu'il "*en [avait] assez de faire des boutonnières jour et nuit*". Mais il continuait. Il voulait "*apprendre le métier*" et espérait, "*si tout va bien*", ouvrir son propre atelier. Il économisait pour le jour où il aurait "*assez*". »

« Au nom de l'efficacité,

les employeurs créent de plus en plus de cantines dans les entreprises. Le repas est offert.

Quand il n'y a pas de cantines, les ouvriers mangent à côté des machines ou s'installent dans les dortoirs. Les patrons chinois ont compris qu'il fallait faire des efforts. Les employés, qui travaillent sept jours sur sept, ont maintenant une pause déjeuner d'une heure. "*On fait ce boulot entre trois et cinq ans et on finit comme une épave, totalement lessivé*", m'a dit Li Hui, un ouvrier de 40 ans. »

STAFF ONLY

« La situation des ouvriers s'améliore

mais elle reste rude.
Là, nous sommes dans une blanchisserie de Zhongshan. Après avoir été teintés et cousus, les jeans sont plongés dans des machines à laver géantes remplies d'eau de Javel, d'enzymes et de pierres ponces afin de casser la teinte indigo et d'apporter la patine finale. Une fois passés dans ces "concasseuses", les jeans sont sortis des machines et transportés dans des salles de séchage à plus de 40°C.

Quand je dis que la situation s'améliore, c'est parce que les conditions de vie évoluent dans tout le pays. La Chine devient un géant industriel et la demande de main-d'œuvre qualifiée explose. Les patrons le savent. Ils savent aussi qu'au moindre problème – accident, mauvaises conditions de travail, non-paiement... – les ouvriers se préviennent entre eux grâce aux téléphones portables. Des réputations se font et se défont. »

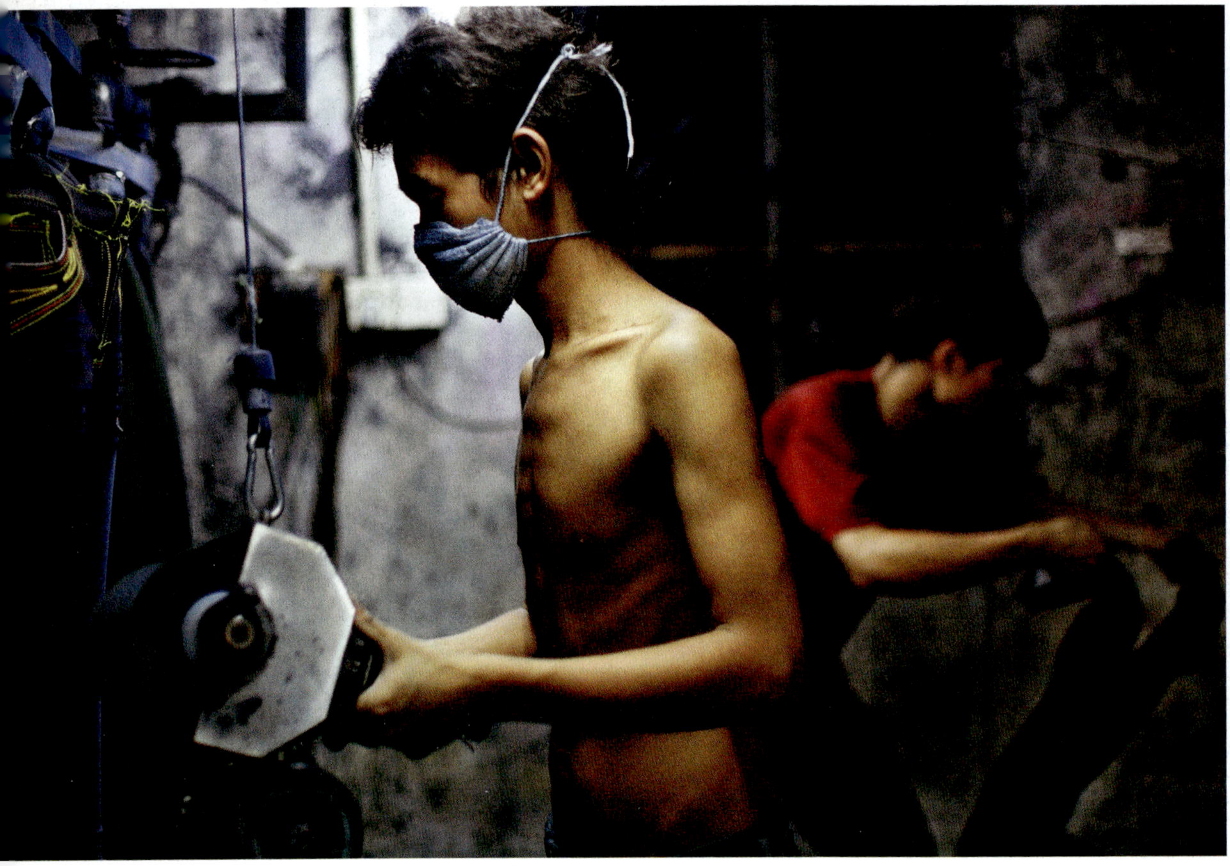

« Nous sommes dans l'usine de M. Huang

ou plutôt sa fabrique. M. Huang – c'est un pseudonyme – est ce patron qui m'a ouvert ses portes. Quand je l'ai croisé pour la première fois dans un restaurant, il était en compagnie d'amis, également patrons dans le textile. Nous avons sympathisé et il m'a raconté qu'il était arrivé à Zhongshan il y a vingt ans. Il avait alors 16 ans et Deng Xiaoping vivait encore. M. Huang venait d'un village de la province du Sichuan, son père était fermier et pauvre. *"Je suis arrivé ici avec deux chemises en tout et pour tout et je rêvais d'avoir le ventre chaud."*

M. Huang est aujourd'hui propriétaire de son atelier. Il a fait venir sa parentèle et il emploie quatre-vingts personnes. Sa fabrique tourne 24 heures sur 24. Il travaille dur, croit en l'avenir et fait un chiffre d'affaires de l'ordre de 100 000 à 150 000 euros par an avec une marge bénéficiaire de 20 %. Les ouvriers touchent 0,01 euro pour chaque jean passé entre leurs mains. »

« Un jour, la police est venue

pendant que je visitais une grosse usine familiale qui travaillait pour des marques internationales et produisait 4 000 à 5 000 jeans par jour.

Les responsables m'avaient assuré qu'ils observaient les lois du travail et étaient très stricts. L'usine était grande, j'y suis resté bien après le départ des cadres. Vers minuit, la patronne a déboulé. Elle venait d'apprendre que j'étais toujours là, à faire des photos, et elle a appelé la police.
"Qu'est-ce qui se passera si vous dites que nous travaillons tard dans la nuit et que nous exploitons les ouvriers?" m'a-t-elle lancé, avant d'ajouter qu'elle ne voulait *"plus [me] voir ici"*. Elle m'a fichu à la porte et ne m'a jamais autorisé à revenir.

Je suis passé à plusieurs reprises, depuis, devant cette même usine au petit matin. A chaque fois, derrière les gardes et les portes closes, je voyais les lumières allumées et j'entendais le bruit inimitable des machines à tisser lancées à plein régime. »

« Les ouvriers dorment dans

des dortoirs installés dans les fabriques. En général, une pièce de 20 m² est occupée par huit personnes. Les ouvriers payent l'électricité, l'eau et un loyer de l'ordre de 10 à 20 euros par tête. C'est un des seuls endroits où ils peuvent se reposer, discuter ou se distraire en jouant aux cartes.

Le dortoir où fument les ouvriers est celui de l'usine de M. Yang. Là où ils jouent aux cartes, nous sommes chez M. Huang. Dans les dortoirs, on mange et on se repose aussi ; on le voit sur la dernière image, prise dans une usine de Zhongshan. »

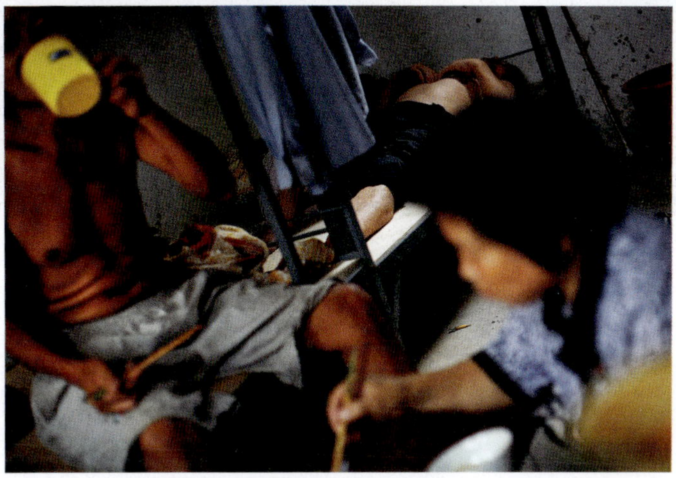

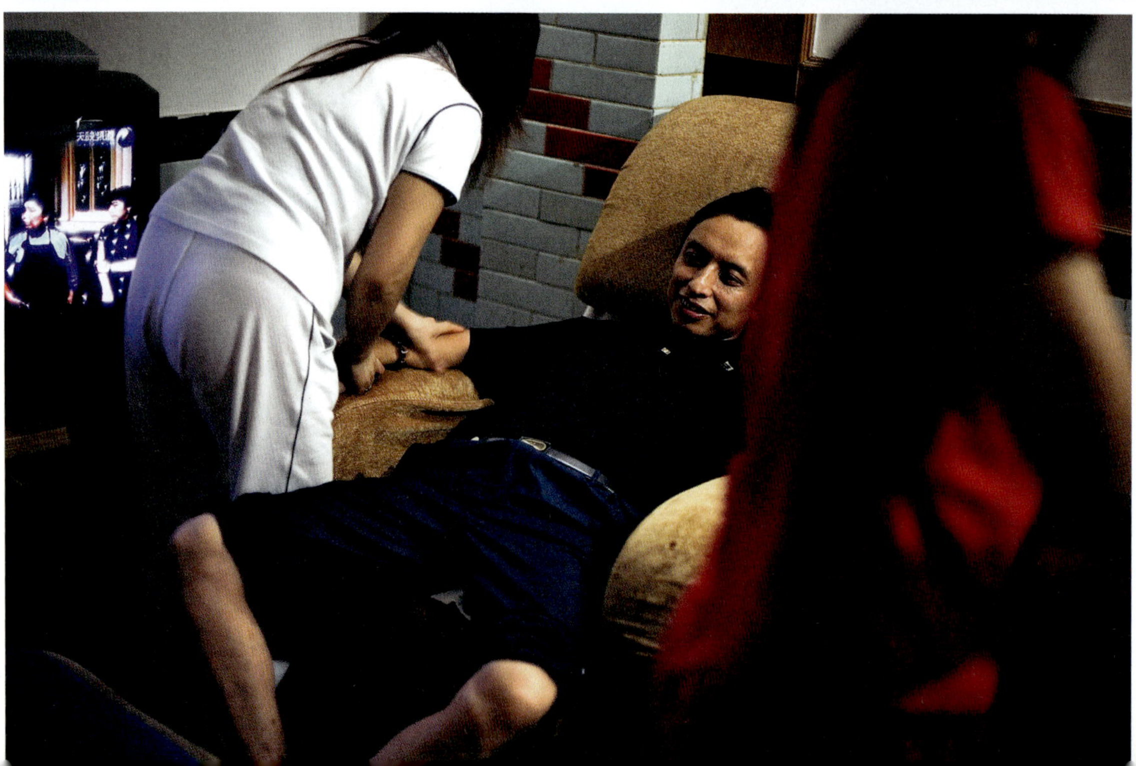

« Les patrons se retrouvent

entre eux. J'ai parlé de M. Huang, celui qui m'a ouvert ses portes. Jusqu'ici, il n'apparaissait nulle part à l'image. On le distingue sur la photo où les hommes jouent aux cartes. Le profil qui se découpe dans l'ombre, c'est lui. Petit et charpenté, il apprécie la discrétion. C'est un *self-made man*. Méfiant, il est comme incrédule : *"Je n'aurais jamais pensé que la vie pouvait être si bonne en Chine. Si vous avez un million de yuans [près de 100 000 euros], vous n'avez plus besoin de travailler."*

M. Huang a une maison pas loin de son usine. Il dépense son argent au jeu, au karaoké ou aux massages. Il vit dans un monde d'hommes. Quand il va au restaurant avec sa famille et ses amis, femmes et enfants s'assoient à une table éloignée. Pendant ces soirées, l'alcool de riz et la bière coulent à flots. On déguste des truites braisées, des tortues, des langues de canard...

L'homme allongé en train de se faire masser est M. Yang. Il a la quarantaine et possède une fabrique de taille moyenne.

"Il faut investir, investir, investir", lance souvent le patron que l'on voit, debout, en train de trinquer. Wei Fang aime les bretelles et les chemises blanches. Il se plaint des nouvelles règles du travail : *"On ne peut plus forcer les ouvriers à travailler des heures durant, ni à rester dans la même entreprise. S'ils ne sont pas contents, ils vont se plaindre à la police et on a des ennuis"*. »

« Le nouvel an chinois

est une période essentielle. A Zhongshan, c'est le seul moment de l'année où les ouvriers ont droit à des vacances. Les fabriques ferment. Les milliers d'employés de la ville rejoignent alors les cohortes de deux cents millions de Chinois entassés dans des bus et des trains. Ils vont passer quelques jours ou quelques semaines chez eux, avec leur famille, et transportent, dans leurs bagages, des télévisions, des jouets et des accessoires de téléphones portables. Autant de cadeaux venus de la grande ville...
Là, nous sommes à la gare de Zhongshan, au départ du train pour Guangzhou. C'est la cohue, la bousculade, mais l'atmosphère est bon enfant. »

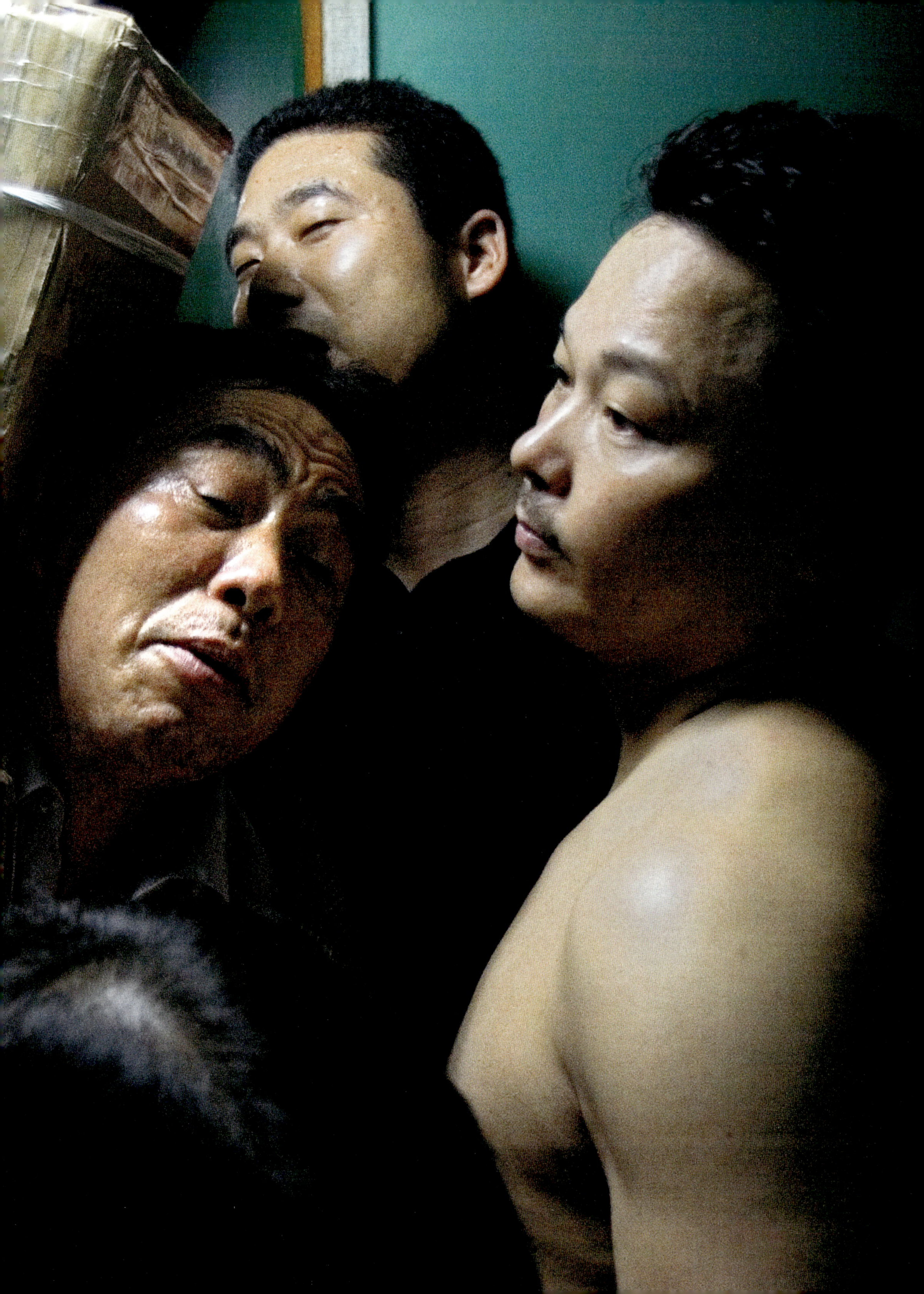

« Les meilleurs employés

sont félicités, au nouvel an, pour leur performance. On rit, on est un peu ivre, on mange. C'est la fête...

Ouvriers, cadres, personnel administratif : tout le monde est content. Il y a des buffets, des toasts, des petites réjouissances. »

« "Aux millionnaires de Zhongshan !",

m'a dit un jour un patron, en portant un toast. »

ECLAIRAGE

« L'IMAGE DE L'OUVRIER-ESCLAVE EST EN PARTIE FAUSSE »

Jean Ruffier *« traîne [ses] bottes » en Chine depuis une vingtaine d'années. Directeur d'un programme universitaire à Canton, il dispose d'un accès privilégié à toutes les usines du pays.*

6 Mois Les images plutôt dures du reportage de Justin Jin, qui sembleraient presque tirées du XIXe siècle européen, vous semblent-elles refléter fidèlement la réalité que vous connaissez ?
Oui, c'est tout à fait cela, et les images sont magnifiques. Mais ce qui est peut-être un peu trompeur, ce sont les légendes qui les accompagnent. Elles correspondent sans doute à des observations faites à un endroit et un moment donnés. Mais il serait ridicule de prétendre que les ouvriers chinois triment dix-huit heures par jour alors qu'il s'agit de situations limites. Il est vrai que, lorsqu'on vit et dort sur le lieu de travail, il n'est pas facile d'établir précisément la durée du travail. Mais, même si les horaires sont très longs, le rythme est plutôt « peinard ». En revanche, ils travaillent dans des conditions très dommageables à leur santé et, à cela, personne ne prête attention.
D'autre part, à propos des patrons, je dirais que les commentaires apportés sont presque trop « chinois ». En fait, les patrons ne sont pas si riches que ça. En comparaison avec l'Occident, ils gagnent même peu d'argent et sont sans cesse sur la brèche, sans aucune journée de repos. Au Maroc, par exemple, vous ne trouverez aucun entrepreneur prêt à créer une société pour un revenu de cet ordre.

Commençons par les ouvriers. Qui sont-ils, d'où viennent-ils ?
De la campagne. D'ailleurs, on s'en rend compte sur les photos. Ils n'ont pas le type de la région de Canton. Ce sont des paysans devenus ouvriers. Et pour eux, la ville, l'usine, représentent une promotion sociale. Le village, dans le tiers-monde, c'est bien pire. Ils le quittent très jeunes, arrivent le plus souvent par des filières, habitent des dortoirs. Ce sont des travailleurs immigrés, qui souvent ne parlent même pas la langue, le mandarin. Et ils jouent le rôle qu'avaient en France les travailleurs immigrés.

Eux aussi envoient donc de l'argent à leur famille, au village ?
Oui, en tout cas au début. Tant qu'ils sont jeunes, qu'ils logent en dortoir et se nourrissent sur place, ils ont très peu de frais. Ensuite, au bout de quelques années, quand ils se fixent en ville, ils ont plus de besoins pour eux-mêmes, pour leurs propres dépenses, et en général ils n'envoient plus d'argent.

Sont-ils dans une situation de dépendance vis-à-vis de leurs employeurs ?
Les ouvriers ont une seule arme, une seule réponse en cas de conflit : partir. Et ils le font en très grand nombre. Le turn-over est considérable, et ils trouvent facilement du travail. L'image de l'ouvrier-esclave est donc en partie fausse. Certes, ils sont dépendants de leur patron et leurs salaires sont bas, mais ils augmentent très fortement. Il y a de plus en plus de grèves, y compris dans de petites usines.

On a tout de même l'impression qu'ils font preuve d'une abnégation, d'une dureté au travail exceptionnelles. Cette discipline serait-elle l'héritage du régime maoïste ?
Plutôt de la Chine ancestrale, du confucianisme. Oui, les Chinois faisaient ce qu'on leur demandait de faire, sans discuter. Mais c'est en train de changer, en particulier dans cette région.

Jean Ruffier
Agé de 61 ans, il est chercheur au CNRS, en sociologie et en économie. Il s'est spécialisé dans l'étude du fonctionnement des usines et dirige, à l'université Sun Yat-sen de Canton, un programme de formation de chercheurs. Il a publié « Faut-il avoir peur des usines chinoises ? » (L'Harmattan, 2006).

En cas de conflit, ont-ils un recours – en dehors du départ ou de la grève – ou l'administration prend-elle toujours le parti des patrons ?
C'est plus compliqué. Il y a plusieurs niveaux de pouvoir. Le pouvoir central, dont l'objectif principal est le développement économique du pays. Les autorités de la ville, qui veulent que des usines s'implantent pour percevoir plus d'impôts, et qui en général, c'est vrai, soutiennent les patrons. Mais il y a aussi les responsables régionaux, qui seraient plutôt favorables à des augmentations de salaires, pour que leur région se développe et puisse fonctionner sans « travailleurs immigrés ».

Et les patrons, comment les caractériser ?
Ils sont un peu *borderline*, un peu à la limite du système. Dans ce secteur de l'habillement, les patrons ne sont pas des communistes, plutôt des rebelles, des déviants. Souvent d'anciens ouvriers. Au départ, pour se lancer, pour constituer un petit capital, ils ont volé. Par exemple, les matériaux ou la main-d'œuvre des entreprises publiques. Ils ont triché, corrompu des fonctionnaires. On ne constitue pas légalement un capital dans une société socialiste. Mais ils ont tout réinvesti dans leur usine, et c'est pourquoi les autorités les tolèrent. Les Chinois sont pragmatiques.

Quand on voit les photos de Justin Jin, on a tout de même un peu mauvaise conscience. Ces gens travaillent si dur, dans de telles conditions, pour nous procurer des jeans pas cher...
En fait, le prix de fabrication en Chine d'un jean de bonne qualité ne dépasse généralement pas 5 % de ce que paie l'acheteur – et encore, les Chinois sont de plus en plus concurrencés par le Vietnam, le Cambodge, le Laos ou même l'Afrique noire, qui proposent des tarifs encore plus bas. Ce sont le marketing et la publicité qui constituent l'essentiel des dépenses engagées par les marques occidentales, le design représentant rarement plus de 1 %. Cela signifie qu'on pourrait augmenter sensiblement le prix de fabrication du jean, et le porter à un niveau qui permettrait de le produire chez nous. Ma conviction est qu'on a trop délocalisé. Et qu'à terme, on le paiera, en matière de savoir-faire et de capacité d'innovation.

Tout en gagnant beaucoup d'argent, les grandes firmes occidentales seraient donc en train de se tirer une balle dans le pied ?
Pour l'instant, les patrons chinois du privé ne sont pas capables de trouver les fonds nécessaires à la modernisation de leurs usines, ni de lancer de bonnes études de marché : ils n'auraient donc aucune chance dans un affrontement avec les marques occidentales. De plus, ils sont soumis à la concurrence, et subissent les effets de la nouvelle politique industrielle du gouvernement central, qui essaie de leur faire payer des charges sociales, des équipements antipollution, ce qui réduit leurs marges déjà étroites. Mais l'histoire n'est pas terminée. Les fabricants chinois peuvent tenter de conquérir leur marché de proximité, de créer des marques chinoises. Certains se lancent dans cette stratégie avec succès. Il leur suffirait de conquérir le marché local pour devenir des grands, capables ensuite de démarcher les pays occidentaux •

POUR EN SAVOIR PLUS

Le cœur des exportations chinoises

Au sud de la Chine, la province du Guangdong est irriguée par le delta de la rivière des Perles. Avec Hong Kong et Macao en sentinelles de part et d'autre de l'estuaire et Canton au sommet du triangle, la province est une énorme place industrielle et financière, largement ouverte sur la mer. C'est le lieu privilégié de l'industrialisation récente de la Chine, et surtout son cœur (40 % des exportations chinoises, soit 12 % du PIB national).
Hong Kong, ancienne colonie britannique, et Macao, naguère portugaise, ont fourni à la Chine communiste des modèles d'entrepreneurs, publics et privés. Les deux ex-colonies vivent aujourd'hui sous autorité chinoise, avec un régime administratif distinct. Vingt ans ont suffi à transformer la province. Au début des années 1980, le Guangdong était une terre agricole, couverte de rizières. A la fin de la décennie, le président Deng Xiaoping ouvre l'économie chinoise au monde. En 1992, à l'occasion d'un voyage hautement médiatisé, il lance son fameux slogan *« Enrichissez-vous »*.

La capitale mondiale du jean

Zhongshan a beau être la première place au monde pour la production de jeans et de T-shirts, un seul quartier de la ville, Shaxi, se consacre à l'industrie textile. Les autres ont chacun leur spécialité : Dachong pour les meubles, Dongfeng pour le petit électroménager, Guzhen pour les luminaires, Huangpu pour l'alimentaire, Xiaolan pour la quincaillerie...
Le quartier textile de Shaxi compte 162 000 habitants, dont 43 000 sont employés dans 710 usines. La majorité des ouvriers sont des travailleurs migrants, venus des zones rurales déshéritées de la province du Guangdong, mais aussi de plus loin. Selon des chiffres publiés en avril 2010 par l'Organisation internationale du travail, le delta de la rivière des Perles, qu'on appelle parfois « l'atelier du monde », emploie plus de 60 millions de travailleurs ruraux déplacés.

Code du travail et réalité

Depuis 2008, la Chine dispose d'un nouveau code du travail, plus favorable

ÉDIGRAPHIE

FREDERIC J. BROWN/AFP

En 2006. *Liang Fengying continuait à faire pousser ses légumes au milieu des usines et des immeubles. Mais la terre qu'elle cultivait depuis quarante ans avait été réquisitionnée. C'est aujourd'hui un terrain industriel.*

aux employés. S'il n'autorise pas le droit de grève ou la liberté de se syndiquer, ce texte apporte tout de même des avancées, notamment l'obligation d'établir un contrat de travail écrit, ce qui permet de prouver, en cas de conflit ou d'accident, qu'une relation lie le salarié et son patron. Dans les faits, de nombreuses entreprises n'établissent pas de contrat, et les travailleurs peu éduqués venus des régions pauvres ne connaissent pas leurs droits. En cas de litige, ils hésitent avant de se lancer dans une procédure et préfèrent soit régler le conflit à l'amiable, soit se taire.

Une ébauche de liberté syndicale

Le 9 juin 2010, à Zhongshan, deux tiers des 1 500 ouvriers de l'usine Honda Lock, qui fabrique les systèmes de verrouillage des portières de la marque, se mettent en grève. Ils réclament, et obtiennent, une hausse de salaires. Surtout, pour la première fois en Chine, ils réussissent à négocier par l'intermédiaire de délégués qu'ils ont eux-mêmes designés, et non par le biais d'un syndicat officiel.

La fin de la ruée vers le Guangdong

Le sens des migrations s'inverserait-il dans le Guangdong? A en croire un article paru fin novembre 2010 dans le *China Daily*, quotidien officiel en anglais, des usines auraient décidé de quitter la région pour s'établir à l'intérieur des terres. Confrontées à un manque de main-d'œuvre, à la hausse des coûts salariaux et, de plus en plus, à une contestation sociale, les industriels préféreraient aller là où l'on trouve des travailleurs. Les paysans, eux, hésitent à partir pour le Guangdong, où la vie est devenue trop chère.

DR

En 2006. *Ce chromo a été peint en 1972, en pleine Révolution culturelle. Mao, entouré de paysans radieux, visite le Guangdong encore totalement rural. Il a récemment été adjugé aux enchères pour 10 millions de yuans (environ 1 million d'euros), un record pour un tableau chinois vendu en Chine.*

Film

China Blue
de Micha Peled, 2005.
Tourné clandestinement – c'est-à-dire sans autorisation officielle –, *China Blue* raconte la vie d'une jeune fille de 17 ans, venue à Zhongshan depuis sa province du Sichuan pour travailler dans une fabrique de jeans. Logée dans un dortoir avec douze autres ouvrières, elle passe dix-huit heures par jour à l'atelier. Ce documentaire long-métrage montre aussi la pression exercée sur le patron de l'usine: pour satisfaire une commande occidentale, celui-ci est contraint de baisser considérablement ses prix et, pour cela, diminue le salaire de ses ouvriers tout en allongeant démesurément leur temps de travail.

DANS LES COULISSES

Le photographe Justin Jin a consacré trois mois à ce travail. *« Il m'a fallu un mois de préparation, un mois de réalisation, un mois pour l'écriture et l'éditing. »* Originaire de Hong Kong, Justin Jin est chinois, mais il est de l'autre Chine: pas celle de Mao, mais celle issue de la couronne britannique, récemment intégrée à Pékin. Au départ, il n'aurait jamais imaginé devoir affronter de telles difficultés. Il a parfois frôlé le désespoir mais sa pratique de la langue, sa ténacité et la relation de confiance qu'il est parvenu à développer avec M. Huang lui ont finalement permis de réaliser ce travail magnifique.
Quand on lui demande son point de vue, Justin Jin dit: *« Je ne pense pas que l'idée d'un boycott des jeans produits en Chine soit une bonne idée. D'abord parce que les mauvaises conditions de travail ne se limitent à la production des jeans. Ensuite, parce que l'environnement général (santé, salaires, droit du travail...) s'améliore. Si les acheteurs de jeans veulent agir, mieux vaut choisir des produits agréés "équitables" ou soutenir les organisations non gouvernementales qui enquêtent et dénoncent les mauvaises pratiques des marques internationales, qui exigent des producteurs des marges irréalistes ou extrêmement faibles. »*

Triptyque

PROFESSION CONCUBINE

Mao et sa Révolution culturelle les avaient bannies. Les concubines sont réapparues avec le boom économique des villes, un mirage pour les jeunes filles des campagnes.

Axelle de Russé

Dazhu

« Dazhu m'avait dit : *"Au village, ne raconte à personne ce que je fais."* Elle habite à Shanghai et voit ses parents tous les deux ou trois ans. Elle est partie à 15 ans, elle en a 23. La maison familiale, dans la province du Hubei, au centre de la Chine, est isolée au milieu des rizières. Dazhu n'est pas allée à l'école. Son père est alcoolique, il n'a pas de terres. Sa mère alterne les petits travaux. Elle leur donne tout ce qu'elle économise. La famille et les voisins ignorent comment elle gagne sa vie. »

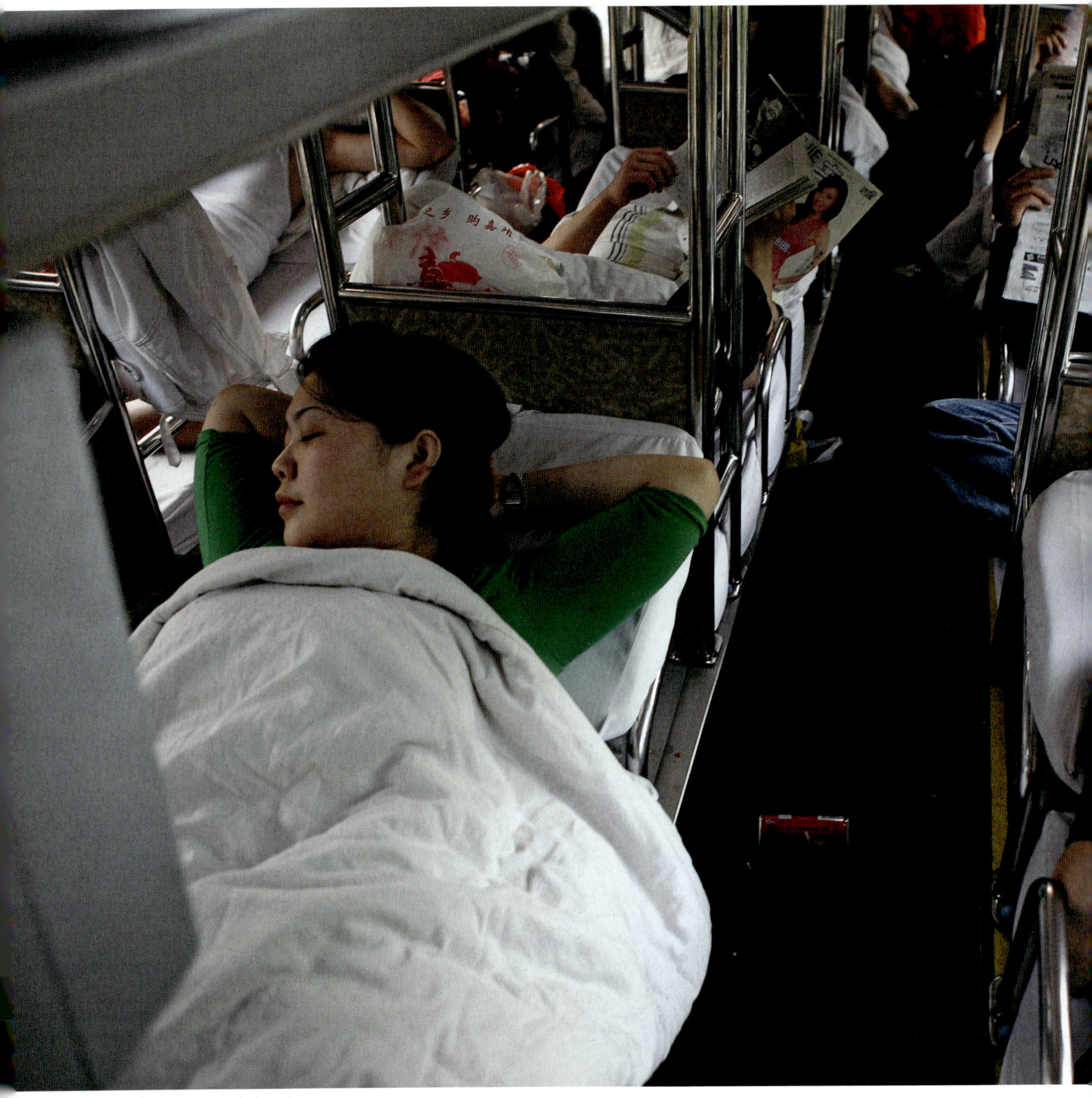

« Le voyage en car pour retourner à Shanghai dure vingt-quatre heures. Dazhu y partage une pièce de 15 m² avec trois amies de sa province. Toutes ont pris un prénom occidental. Dazhu se fait appeler "Kathy". Elle pousse les clients à la consommation dans une salle de billard et repart, les bons jours, avec l'équivalent de 20 euros. Quand elle quitte les lieux un client au bras, elle gagne le double. Comme beaucoup, "Kathy" préférerait dépendre d'un seul homme. »

SRIXON
SRIX
SRIX
SRIXON

Nanhua

« Nanhua rêvait d'être mannequin, elle est devenue concubine. Il a fallu du temps pour qu'elle l'admette, le sujet est tabou. Toutes les concubines disent qu'elles l'ont été, jamais qu'elles le sont toujours. A Shanghai, Nanhua a d'abord été secrétaire pour un avocat d'affaires. En fait, elle accompagnait ses clients contre une indemnité pudiquement baptisée *"frais de taxi"*. L'homme qui l'entretient aujourd'hui vit à l'étranger. Il l'a installée dans un "village de concubines". Ces résidences sécurisées ne leur sont pas réservées mais, en semaine, elles sont pratiquement seules à y habiter. Le week-end, les parkings de ces belles cages dorées sont pleins de voitures de luxe. »

« La première fois que nous nous sommes rencontrées, c'était dans un bar, dans un quartier huppé de Shanghai. Nanhua (ici de dos) tenait un homme plus âgé par la main. Elle a 20 ans. "*Etre concubine*, dit-elle, *c'est échanger de la beauté et de la jeunesse contre de l'argent*." Etudiante, elle cherchait "*juste quelqu'un qui [l]'aime*". Elle a renoncé : "*La vie est trop dure quand on est avec quelqu'un de pauvre.*" »

NATURALLY

« Nanhua est une concubine riche. Son "ami" lui offre des vêtements Dior, des sacs Vuitton... Il règle le coiffeur et la manucure, prend en charge son loyer dans le nouveau quartier d'affaires de Pudong, mais ne lui donne que très peu d'argent. En semaine, avec ses amies, elle repère les cadeaux qu'il lui offrira le week-end. Elle les revend discrètement pour payer ses sorties dans les bars chics ou le salon de beauté de son chien. La dernière lubie de Nanhua : se faire appeler "Vanessa". »

Xiang

« Petite, elle s'appelait Xiang Feiyan, "oiseau qui vole". Aujourd'hui, elle est Xiang Mengfei, "rêve de réussite". Xiang a d'abord été ouvrière dans une usine d'électronique, puis vendeuse et réceptionniste. Il lui est arrivé d'avoir *"très faim"*, mais elle s'était promis de ne jamais devenir concubine. Elle a fini par demander à des amies de lui présenter des hommes. Le premier était trois fois plus âgé qu'elle, il a réglé les dettes de ses parents. Son nouvel amant est trader à Hong Kong. Elle vit dans un nouveau quartier chic, Ban Do Cheng Bang, au bout du pont qui relie Hong Kong à Shenzen. Son "ami" lui rend visite tous les week-ends. »

« “Rêve de réussite” a 21 ans et veut devenir femme d’affaires. Son “ami” lui a offert un local où elle aménage une école de musique. Elle sait qu’en cas de rupture, l’homme conservera le local et l’appartement. »

« Un jour, elle est allée passer la journée dans son hameau natal. C’était triste. Elle avait mis des talons hauts, comme pour montrer sa réussite. Les villageois étaient froids. Tout le monde sait comment elle gagne sa vie. »

« Les voisines la regardaient d'un œil désapprobateur. Ses parents ont pu ouvrir, grâce à elle, une boutique d'huile d'olive, ils vivent dans la plus belle maison du hameau. Même eux sont restés distants. De toute la journée, quasiment personne ne lui a adressé la parole. »

ECLAIRAGE

Le retour des concubines en Chine a entraîné la floraison d'un métier longtemps disparu, celui de détective privé, et l'apparition d'un concubinage transfrontalier – à travers une frontière qui n'a pas totalement disparu, celle qui sépare Hong Kong de la Chine proprement dite. Nous reproduisons ici deux articles de Frédéric Bobin, alors correspondant du « Monde » à Pékin, sur ces aspects « annexes » du concubinage à la chinoise.

UN FILON POUR LES DÉTECTIVES PRIVÉS

On les surnomme les « *tueurs de concubines* ». Formule un peu rude : ils n'assassinent personne. Mais ces pisteurs de l'ombre sont une corporation avec laquelle il faut compter : influente, controversée aussi. Avec les psychologues, les vétérinaires et les notaires, les détectives privés font partie de ces nouveaux métiers en plein essor dans la Chine de la « réforme ». Ils prospèrent sur les carences de la police traditionnelle, impuissante à s'ajuster à la sophistication croissante de la loi. Qu'il s'agisse de détecter la contrefaçon ou de traquer les amours illicites, les « privés » se plient aux *desiderata* des clients. Mais ces Sherlock Holmes version empire du Milieu manquent encore quelque peu d'épaisseur romantique. La fiction – roman ou cinéma – les ignore. Il y a bien quelques stars, tel Wei Wujun. Ancien soldat de l'Armée populaire de libération (APL), puis journaliste, M. Wei s'est taillé de beaux succès d'enquête à Chengdu, capitale de la province du Sichuan. Il a ensuite étendu ses réseaux à Shanghai, où la présence de près de trois cent mille hommes d'affaires taïwanais – entretenant des maîtresses chinoises dans des quartiers entiers – offre un marché potentiel considérable. « *Je veux offrir*, déclare-t-il à la presse, *mes services aux infortunées compatriotes taïwanaises.* » Des perspectives mirifiques s'offrent aussi autour du delta de la rivière des Perles, à proximité de Canton, où travaillent un nombre croissant d'investisseurs hong-kongais. Le train assurant la liaison entre Hong Kong et Canton est du reste baptisé le « Concubine Express ».

Les pisteurs pistés

Mais pour un Wei Wujun consacré, combien d'obscurs demi-solde végétant dans la précarité ? Car la profession n'a aucun statut légal. Elle est même officiellement proscrite par un oukase du ministère de la Sécurité publique (police) datant de 1993. « *Nous sommes surveillés de très près par la police* », se plaint un détective de Chengdu au *Quotidien de la jeunesse de Pékin*. Pisteurs pistés, les « privés » chinois adoptent un profil bas, préférant s'identifier dans les publicités de presse sous le prosaïque label d'« *agence de consultation* ».

La contre-attaque

Après tout, qu'importe la clandestinité. La profession ne cesse de gagner des parts de marché. Depuis la révision au printemps 2001 de la loi sur le mariage – un amendement accorde le droit à des compensations financières au conjoint trompé en cas de divorce –, c'est même la frénésie. Les liaisons extraconjugales représentent aujourd'hui près de 80 % des dossiers soumis aux détectives. Planqués dans leur camionnette de surveillance ou glissés dans les cages d'escalier, armés d'une caméra digitale, les « privés » s'épuisent à fixer sur la pellicule la preuve d'une « *cohabitation illégale* ». Les tribunaux acceptent désormais – mais sous certaines conditions – les enregistrements sonores ou vidéo. Mais une réaction commence à s'esquisser devant ces inquisiteurs de l'ombre au nom de la protection de la vie privée. Les adultérins contre-attaquent. Quel embrouillamini ! •

(*Le Monde* du 17/02/2002)

LE « SECOND FOYER » DES HONG-KONGAIS

C'est dit crûment dans une petite annonce du quotidien *Apple Daily*, un journal populaire de Hong Kong : *« Ceux qui veulent une deuxième ou une troisième femme, étudiez ma suggestion. Cela coûte seulement 5 000 dollars HK [4 000 francs français] de vivre avec moi. »* La proposition émane d'une Chinoise de la province du Hunan. D'autres encarts de la même eau emplissent la rubrique. En échange d'une rente, la concubine chinoise s'offre. Deuxième ou troisième, peu importe. La flambée du concubinage transfrontalier est en train de semer la discorde dans les foyers hong-kongais. C'est le fruit empoisonné des épousailles entre Hong Kong et la Chine. Le phénomène ne date pourtant pas de la rétrocession à la Chine, le 1er juillet 1997. Il a commencé il y a une quinzaine d'années, quand les hommes d'affaires du territoire se sont rués vers un continent bon marché. Soixante-quatre mille Hong-Kongais s'y sont installés. Quinze mille camions franchissaient chaque jour la frontière entre Hong Kong et Shenzhen. Le petit entrepreneur local était sacré mandarin en Chine. Environ 42 % des affaires de concubinage à Hong Kong concernent des liaisons en Chine, estime l'association humanitaire Caritas.

La coutume du jet d'acide

Double vie, mais aussi double famille. Le mâle hong-kongais finance ses deux lignées jusqu'au jour où la découverte de la vérité vire au drame. Il suffit de lire les gazettes populaires. Les disputes conjugales peuvent se conclure par des jets de bassine d'acide sulfurique au visage, une coutume de Hong Kong. Ou, harcelées de coups de téléphone de concubines prédatrices, de nombreuses épouses craquent. L'association Samaritans a relevé que le nombre de suicides a été multiplié par dix en un an, entre 1996 et 1997, dans la catégorie des « femmes au foyer ». L'infidélité transfrontalière est citée comme l'un des ressorts du vertige fatal.

Le sujet est si explosif que même les maris bien rangés redoutent que le moindre malentendu déchaîne la suspicion des épouses aux aguets. Un ouvrier d'un chantier de construction victime d'un retard de salaire s'est ainsi mis en grève pour officialiser sa protestation. *« Je ne veux pas que ma femme pense que mon salaire sert à financer une concubine du continent »*, a-t-il déclaré, affolé, au quotidien *South China Morning Post*.

Après les éclats, les épouses finissent souvent par se résigner. Peu divorcent (15 %). Si le concubinage a formellement disparu du code civil rédigé en 1931, il reste ancré dans les pratiques locales. Les femmes sont d'autant plus sommées de s'y plier qu'elles n'ont pas « su » enfanter un garçon. *« Je me déteste, je me hais »* : ainsi s'exprimait une gamine en difficulté à des éducateurs de Caritas. Elle s'accusait de ne point être un garçon. Elle s'accablait de l'humiliation de sa mère, contrainte d'accepter que son mari fonde un deuxième foyer en Chine.

Mais, depuis six mois, la donne est en train de changer. La crise asiatique assèche les portefeuilles et l'on s'inquiète du coût de la concubine. Un nombre croissant de Hong-Kongais songent à se délester des bijoux de la deuxième famille •

(*Le Monde* du 24/05/1998)

POUR EN SAVOIR PLUS

Le renouveau d'une pratique impériale

A l'époque impériale, épouses et concubines vivaient sous le même toit. La pratique fut interdite sous Mao Zedong, qui la considérait comme un reliquat du *«féodalisme»*. Les concubines ont réapparu avec l'ouverture économique et la naissance d'une nouvelle élite. Mais la pratique a changé. La concubine est aujourd'hui souvent entretenue dans une autre ville, où l'homme se rend régulièrement pour affaires. Il paie l'appartement et la voiture, mais en garde la propriété.

«Les fleurs» de Shenzhen

A la fin des années 1970, la Chine est cadenassée. Pour tester l'ouverture économique, le président Deng Xiaoping crée trois zones économiques spéciales, ouvertes aux technologies et aux capitaux occidentaux, dont Shenzhen, aux confins sud du pays. Depuis, les jeunes filles des campagnes ne cessent d'y affluer, pour échapper aux travaux des champs, et à la désolation des campagnes. Elles espèrent s'enrichir vite, attirées par la réputation d'une ville champignon où tout est possible, où tout s'achète et se vend. Dans la province, les concubines seraient près de cent mille selon les médias chinois. Comme le dit un détective privé qui les traque pour le compte d'épouses délaissées, elles sont aussi nombreuses que *«les fleurs au printemps»*.

Un signe de promotion sociale

Grosse fortune ou chauffeur de taxi, à chaque porte-monnaie correspond une concubine: plus ou moins grande, plus ou moins blanche de peau, et parlant plus ou moins bien l'anglais. Car la jeune femme peut être conviée aux dîners professionnels, comme signe extérieur de richesse. Il arrive d'ailleurs parfois que les hommes d'affaires ou les responsables politiques cumulent les concubines pour étaler leur opulence. Comme Pang Jiayu, un cadre du Parti de la province du Shaanxi, que la presse chinoise a surnommé le *«maire fermeture Eclair»*, en référence à ses onze concubines. Ce sont elles qui l'ont dénoncé, et il a perdu son poste.
Face au phénomène, le Parti communiste chinois (PCC) s'est résolu à *«rehausser le niveau moral de la fonction publique»*. Vaste programme. *Les Nouvelles de Pékin* ont révélé en 2007 que la quasi-totalité des hauts responsables limogés pour corruption cette année-là entretenaient des «deuxièmes épouses».

La hiérarchie de l'industrie du sexe

Dans l'industrie du sexe, les jeunes migrantes venues en ville découvrent une hiérarchie. En bas de l'échelle se trouvent les prostituées régulières qui travaillent dans la rue, puis viennent les

AXELLE DE RUSSÉ

ouvrières qui se prostituent occasionnellement, avant les hôtesses des salons de massage, peu payées, puis celles des karaokés, et les hôtesses de bar, mieux rémunérées. Les concubines sont tout en haut de l'échelle. Autres attraits du statut: elles entretiennent une relation avec un seul homme, et sont libres pendant la semaine.

Des droits oubliés

«Par le passé, les concubines et leurs enfants avaient des droits, constate Pan Suiming, chercheur à l'Institut de recherches sur la sexualité et le genre, de l'Université du Peuple de Pékin. *Mais c'est terminé. Il y a quelques années, un tribunal a autorisé l'enfant d'une concubine à toucher un héritage de son père biologique. La foule a protesté et un nouveau jugement a privé l'enfant de droits. Il a même dû quitter la ville avec sa mère...»*
La pratique est désormais mal vue, au moins officiellement. En 2001, une nouvelle loi sur le mariage a intégré la notion de *«faute»* en cas de *«second foyer»*, ou même de *«relation stable»* illégale. Aujourd'hui, les concubines évoluent donc dans une zone de non-droit, isolées. Elles ont peu de vie sociale, mentent souvent à leurs parents, vivent d'attente et de solitude, partageant leur quotidien avec quelques amies.

Les femmes trompées se défendent

Le retour des concubines fait les affaires des détectives privés. La loi chinoise autorise les divorces en cas de bigamie depuis 2001. Mais, pour obtenir des dédommagements, les épouses doivent fournir de nombreuses preuves de la double vie de leur mari. Preuves difficiles à recueillir. L'Alliance contre les concubines de la République populaire de Chine, regroupant des épouses trompées de plusieurs régions, organise clandestinement des réunions d'information sur les droits des femmes. Leurs maris sont pour la plupart des membres du Parti communiste, hostile à l'association.

AXELLE DE RUSSÉ

▲ Xujing ne peut pas raconter son histoire sans pleurer. Son mari entretient une concubine depuis cinq ans. Aucun avocat ne veut la défendre car il est magistrat et membre du Parti communiste chinois. Elle participe à des réunions de femmes trompées qui ont lieu plusieurs fois par an, dans une auberge de jeunesse à Xian, capitale de la province du Shaanxi, dans le centre de la Chine.

AXELLE DE RUSSÉ

▲ C'est en traquant la « deuxième femme » de son mari que Zhang Yufen est devenue détective privé. Surnommée la « tueuse de concubines », elle est régulièrement menacée de mort, mais ne recule devant rien pour récolter des preuves. Régulièrement, elle planque. Dans son minivan aux vitres teintées, elle peut passer plusieurs jours à surveiller une femme pour obtenir des photos compromettantes qui serviront de preuve lors du procès.

Le maire aux 29 maîtresses

« A 63 ans, Qian, le maire de Daqing, marié depuis de nombreuses années et l'un des hommes les plus riches de la région, était si énergique et si fort qu'il entretenait vingt-neuf maîtresses âgées de 19 à 40 ans. Il avait acheté un appartement pour chacune d'entre elles (parmi lesquelles on trouve trois fonctionnaires de l'administration), et aussi une voiture. Deux d'entre elles lui ont même donné deux enfants. Il est ridicule que, pendant que le Parti communiste fait appliquer strictement sa politique de planning familial, le maire Qian ignore la discipline du parti et les lois de l'Etat, et mène une vie si corrompue »...

Ces quelques lignes sont extraites d'un long article du journaliste chinois Jiang Weiping, publié en 1999 dans un magazine de Hong Kong, *Qian shao*. Il illustre un aspect du train de vie de cet officiel, alors que l'essentiel de l'article décrit les turpitudes financières, accompagnées d'un assassinat, dont se seraient rendus coupables le maire et plusieurs autres responsables du parti et de l'administration de la ville. L'article a été publié après l'arrestation du maire et de ses acolytes. Mais, avec d'autres reportages sur les agissements de responsables officiels, il a valu à son auteur d'être condamné, en 2002, à huit ans de prison pour *« révélation de secrets d'Etat »*.
Jiang Weiping a été libéré au bout de six années d'incarcération, et vit désormais au Canada.

Film

Epouses et concubines
de Zhang Yimou (1991).
Songlian, instruite mais pauvre, sera la quatrième épouse de Chen. Elle fait la connaissance des autres femmes du maître : l'ancienne chanteuse Meishan, qui l'accueille en rivale ; l'amicale et bavarde Zhuoyun, et la plus âgée, Yun, qui semble gouverner sur ce monde et l'engage à l'obéissance.

DANS LES COULISSES

Axelle de Russé l'avoue : elle a failli baisser les bras plusieurs fois. Il a fallu des mois de préparation et deux séjours de six semaines sur place à cette photographe de 32 ans pour mener à bien son projet. Elle avait entendu parler des villages de concubines deux ans avant de se lancer dans l'aventure. Le prix de l'Association des femmes journalistes, doté de 8 000 euros, lui a permis d'aller au bout.
Elle a d'abord effectué des recherches à Shanghai avec l'aide de sa sœur Marina et d'une amie journaliste, Elsa Fayner. Première difficulté : trouver une interprète qui accepte de travailler sur ce sujet tabou – les Chinois, très pudiques, refusent de parler de leur vie privée et le concubinage est considéré comme de la prostitution.
Il a fallu écumer les blogs et passer des soirées dans les bars. Dans les boîtes de nuit, Axelle de Russé repérait chaque couple marqué par une différence d'âge et attendait que la dame aille se « refaire une beauté » pour la suivre avec son interprète. Restait alors, en quelques minutes, à convaincre la jeune femme d'accepter un rendez-vous. Une tâche ardue : les concubines ne se considèrent pas comme telles, elles sont souvent amoureuses. A Shanghai, Nanhua a joué le jeu parce qu'elle rêvait d'un book qui lui permettrait de se lancer comme mannequin.

Triptyque

L'AFRIQUE CHINOISE

Une nouvelle puissance prend pied en Afrique. La Chine investit le continent. Pékin a faim de matières premières, de chantiers et d'influence.

Paolo Woods

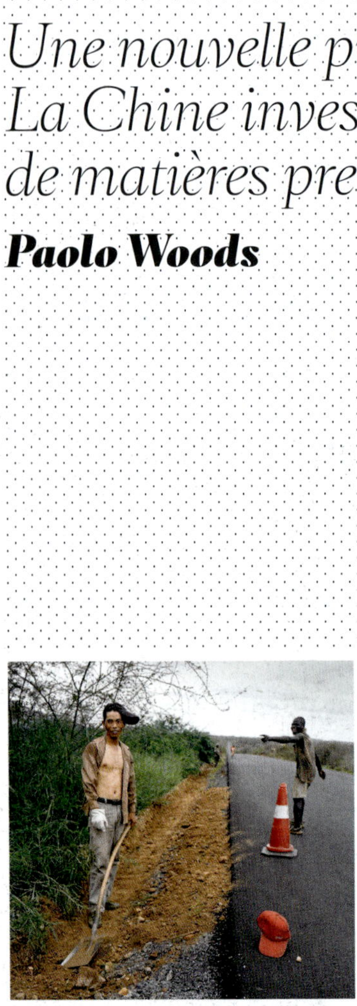

«"Fais-toi beau, t'es photographié!" *plaisante un ouvrier angolais à l'intention de son collègue chinois, sur le chantier de la route entre Luanda et Lobito. Le consortium chinois CIF a mis six mois pour reconstruire ces sept cents kilomètres de route.*»

« Jacob Wood, l'un des principaux patrons chinois au Nigeria, a finalement accepté de montrer ce chantier de 544 villas qu'il a construites pour les Américains de Chevron. Il s'est mis à pleuvoir. "Vous saviez qu'il faut jusqu'à dix-sept portes par maison ? *demande-t-il.* Alors, j'ai aussi ouvert une usine de portes." »

ILS METTENT LA MAIN À LA PÂTE.

Jamais les Africains n'avaient vu des expatriés comme les Chinois. Ils sont payés entre 200 et 500 dollars par mois, ils dorment à côté du chantier ou de l'usine, ils font les trois-huit et ne se promènent pas dans des 4x4 de luxe.

« Dans la chaleur de la fonderie d'acier d'Oga, au Nigeria, un technicien chinois forme un collègue africain. L'équipement des ouvriers locaux ne semble pas inclure de chaussures de sécurité. »

«A la sortie de Luanda, la capitale de l'Angola, des techniciens chinois soudent les rails de la ligne de Malange, qu'ils ont entièrement refaite après sa destruction pendant la guerre civile.»

LE CONTINENT VOIT ARRIVER DES BÂTISSEURS.

Le credo de Pékin est simple : pas de développement sans infrastructures. La Chine propose des routes et de l'électricité. L'Occident insiste sur la bonne gouvernance et la démocratie.

« L'entreprise chinoise CSCEC a construit trente mille logements dans la banlieue d'Alger. C'était nécessaire : il en manque cent mille dans la capitale. Les nouveaux propriétaires ne sont pas tous enchantés, certains ascenseurs sont déjà en panne. »

CE SONT SURTOUT LES RESSOURCES QUI LES INTÉRESSENT.

La Chine n'a pas d'histoire coloniale. Elle se déploie dans cinquante pays d'Afrique : francophones, anglophones, lusophones. La carte de ses investissements recoupe celle des minerais et du pétrole : Nigeria, Soudan, Angola, Congo-Brazzaville.

« Xie Kaishou, le patron de cette raffinerie de cuivre, en Zambie, nie toute tension avec les ouvriers locaux. Il les appelle ses "filles" *et ses* "fils" *mais exige qu'ils* "fassent preuve d'un esprit de loyauté, de diligence, d'amélioration de soi et de retenue". *Ces mots sont ceux du règlement interne, placardé un peu partout. »*

« L'homme d'affaires Y. T. Chu a racheté deux fonderies d'acier au Nigeria, spécialisées dans le recyclage. Il montre volontiers des photos où il pose avec l'ancien président Obasanjo, un ami et un voisin. "J'ai installé mon usine non loin de la résidence de campagne du Président. Comme ça, je bénéficie de la même ligne électrique que lui, qui n'est jamais coupée." »

« Zhang Ke Qian gère les plus grandes concessions forestières du Congo : huit cent mille hectares. Il était journaliste dans une vie antérieure et prend plaisir à faire visiter son nouvel empire, à commencer par sa villa de Pointe-Noire qui, jusqu'à l'an dernier, appartenait au consul d'Allemagne. »

LE TERME OFFICIEL, C'EST GAGNANT-GAGNANT.

Les élites africaines sont fatiguées de l'aide au développement et des sermons. Les entrepreneurs chinois ne sont pas là pour des raisons philanthropiques, et ils le prouvent. Les deux parties ont tout pour s'entendre.

« Wang Xin, responsable d'une fonderie de cuivre en construction, reçoit des parlementaires zambiens pour leur vanter l'avancée d'un chantier à 300 millions de dollars. Ici même, les ouvriers locaux se sont révoltés le mois dernier en raison de leur salaire : 3 dollars par jour. »

« L'empire Yé va de l'exploitation forestière aux boîtes de nuit, d'une usine de cadres de fenêtres en aluminium à l'importation de ciment, d'une chaîne de restaurants à la vente de sandales en plastique. »

JESSICA EST ARRIVÉE AU CONGO

SANS UN SOU EN 2000.

Aujourd'hui, elle a fait venir quatre-vingts membres de sa famille. Les Yé possèdent une douzaine d'entreprises à Brazzaville et à Pointe-Noire, les deux grandes villes du pays.

« Sicofor, la compagnie forestière familiale, a racheté une usine française décatie. Le contreplaqué est exporté en Europe et aux Etats-Unis. Le reste part en Chine, sous forme de troncs à peine équarris. »

« Jessica Yé, la patronne, Zhang Ke Qian, son mari et adjoint, l'ancien correspondant local de l'agence de presse Chine nouvelle. Leur fille s'appelle Bang Bang, ce qui signifie "super forte". »

« L'une de leurs concessions se situe dans le parc national de Conkouati, un trésor de biodiversité menacé. Cela ne semble pas déranger Zhang Ke Qian. Il craint seulement de ne pas arriver au quota qu'il a négocié : 335 000 arbres par an. »

PHILIPPE YÉ RETOURNE EN CHINE CLAQUER SES AFRODOLLARS.

Arrivé illégalement en France, il a d'abord travaillé dans les ateliers clandestins de Belleville avant de s'enrôler dans la Légion étrangère. C'est à l'Afrique qu'il doit aujourd'hui sa fortune et la considération de ses pairs.

« Au port de Pointe-Noire, les troncs coupés dans les concessions de la famille Yé attendent d'être chargés. Leur destination est Shanghai, sur les mêmes cargos que la famille utilise pour importer du ciment chinois au Congo. »

« Philippe retourne à Wenzhou, au sud de Shanghai. Il constate que sa « petite ville natale » a grandi en son absence. Pendant ses deux semaines de vacances, il lance trois nouvelles affaires : une filière de pièces de rechange chinoises pour les jeeps Toyota, une fabrique de meubles et une usine de cigarettes qu'il compte apporter au Congo en pièces détachées. »

CES AVENTURIERS PARLENT D'EXOTISME MAIS VIVENT (PRESQUE) COMME EN CHINE.

Pour construire vite, bien et pas cher, les ouvriers chinois d'Afrique ont besoin de vivre entre eux et de recréer les rythmes de travail qu'ils ont connus, d'utiliser les engins dont ils ont l'habitude et de manger comme à la maison. Ils sont des soldats en mission.

« Dans la plaine de la Mitidja, en Algérie, le consortium chinois Citic-CRCC a décroché le mandat pour construire 528 kilomètres de la grande autoroute est-ouest. A une seule condition : tout terminer en quarante mois. »

« A la pause, sur le chantier des immeubles de Bananier Bis dans la banlieue d'Alger, les ouvriers de l'entreprise CSCEC ont droit à une heure de télévision chinoise. »

ELLES PEUVENT ÊTRE DOUCES, LES NUITS AFRICAINES.

Pour beaucoup de Chinois, l'objectif du séjour est d'accumuler un peu de capital pour démarrer une affaire à leur retour. Certains se laissent pourtant tenter par les charmes d'une vie à deux.

« Ce soir, à Lobito, en Angola, le gardien de la société Jiangsu a reçu de la visite. Son chef martèle pourtant que les cultures chinoise et angolaise sont incompatibles et que, s'il surprend ses ouvriers avec des femmes locales, il les renvoie immédiatement en Chine. »

« A Lagos, le club des jeunes entrepreneurs chinois, deux cents membres, se réunit chaque mois dans un restaurant chic. Le dernier convive parti, Roy Chang, le patron, demande : “Comment cela s'appelle déjà, ce truc chez vous où tout le monde décide et qui ne marche pas ?” *La démocratie ?* “Oui, voilà. Eh bien, on n'en a pas besoin en Chine, et en Afrique non plus !” »

« Le long du chantier de l'autoroute est-ouest en Algérie, des "bases de vie" ont été installées pour accueillir 12 878 ouvriers chinois. La visite est écourtée. "Sortez immédiatement!" *hurle un responsable. Pour lui, ce camp est un territoire chinois et seules les autorisations de Pékin sont valables. »*

L'HABITAT EST SOMMAIRE : DORTOIR OU CAMP DE TRAVAIL.

Sur la quasi-totalité des chantiers chinois en Afrique, les ouvriers sont logés en collectivité, juste à côté de leur travail. Le budget dépend du prestige du contrat. Seul confort : il y a toujours un cuisinier chinois avec eux.

« A Lobito, en Angola, la Guangxi Construction Company a remporté un contrat pour construire des socles où seront fixées des antennes de téléphone. Mais elle n'a pas les moyens de loger ses vingt-cinq ouvriers ailleurs que dans le hangar où ils découpent les fers à béton. C'est aussi leur réfectoire. »

« L'ingénieur Yechang Wang dirige la production d'une usine de biscuits au Nigeria. Il gagne 500 dollars par mois contre 120 pour ses ouvriers et dort chaque nuit sur une natte au pied de ses machines, pour éviter les vols. En privé, il qualifie les Africains de "paresseux" *et fait signer une note de 3 dollars pour les cafés offerts à la fin de la visite. »*

PÉKIN INVOQUE L'AMITIÉ ENTRE LES PEUPLES.

Derrière la propagande, il y a souvent des relations de travail tendues, une méfiance réciproque, voire du racisme. En cause : l'absence d'une langue commune, l'inexpérience des ouvriers chinois à l'étranger et le choc de deux cultures.

« Dans la fonderie Federated Steel, entre Lagos et Abuja au Nigeria, un contremaître chinois donne ses ordres. »

« L'entreprise chinoise WIETC construit un quartier de villas pour les riches Congolais, à Brazzaville. Elle a été obligée d'engager des ouvriers locaux et s'en plaint amèrement. "Les Chinois sont agressifs. Ils nous traitent de singes. Quand on fait une erreur, ils nous frappent avec des planches ou des pelles. Ils frappent pour faire mal", *disent les ouvriers. »*

POUR L'AFRIQUE, C'EST AVANT TOUT UNE RELATION PAR DÉFAUT.

Que vaut-il mieux : un travail mal payé par les Chinois ou pas de travail du tout ? Qu'est-ce qui est plus efficace : les médicaments occidentaux hors de prix ou les plantes médicinales qui soignent plus d'un milliard de gens ?

« Les Congolaises de l'establishment viennent se faire masser et bichonner au salon La Beauté chinoise, qui vend aussi des plantes médicinales. La patronne, madame Li, est aussi la conseillère en beauté d'Antoinette, l'épouse du président Sassou Nguesso. »

« C'est le jour des examens au lycée Savorgnan de Brazza. Les classes de mandarin ont un succès fou. Il a fallu recruter des profs parmi les traducteurs utilisés par les entreprises chinoises dans le pays, comme Jean de Dieu Malanga. Dans les années 1980, il a eu la bonne idée d'aller étudier en Chine alors que tous ses amis allaient en URSS. »

LES AFRICAINS ONT COMPRIS QUE LES CHINOIS SONT VENUS POUR RESTER.

L'offensive chinoise en Afrique n'est pas seulement une affaire de gros contrats. Pékin a ouvert vingt-six instituts Confucius dans dix-sept pays d'Afrique pour enseigner le mandarin et se montre très généreux dans l'attribution des visas. Il y a ainsi plus de Sénégalais en Chine que de Chinois au Sénégal.

« Amy (debout), la première des deux épouses de Jacob Wood, s'occupe de l'hôtel et du restaurant géant de son mari à Lagos. Ce soir, elle offre au sénateur Anthony Mogbonjubola Soetan, qui fête ses 70 ans, un buffet pour trois cents invités, membres de l'élite économique et politique nigériane. »

ECLAIRAGE

« MONSIEUR, VOUS AVEZ DÉJÀ MANGÉ DU SERPENT ? »

Arrivé de Chine voici six mois, monsieur Luo Zushi enseigne le mandarin dans l'établissement le plus prestigieux du Malawi, petit pays de l'Afrique anglophone.

Au Malawi, petit Etat d'Afrique australe, la Kamuzu Academy est un collège entièrement construit sur le modèle des pensionnats britanniques. Comme à Eton, fleuron des *public schools* d'Angleterre, les murs de l'Academy sont de brique rouge. Six cents élèves de 10 à 18 ans y apprennent l'anglais (*of course*), mais aussi le latin, le grec ancien, le français…

En cette terre africaine anglophone baignée de traditions britanniques, une petite révolution s'est produite sans crier gare. En octobre 2010, monsieur Luo Zushi a posé ses valises à la Kamuzu Academy. Il venait d'être recruté come professeur de… mandarin. *« Jamais je n'aurais imaginé accueillir des professeurs chinois dans cet établissement »*, confie, un brin amusé, le proviseur, Frank Cooke. Monsieur Luo Zushi se souvient de son arrivée : *« Le premier matin, l'air était encore frais et le vent dispersait des odeurs inconnues. C'était étrange : je n'avais jamais mis les pieds en Afrique. »* Il avait à peine 30 ans et venait de trouver *« par hasard »* ce poste alors qu'il comptait partir enseigner à Singapour.

Aujourd'hui, l'air est lourd sous les arcades de l'école, les salles de classe sont grandes ouvertes. Des rires résonnent au fond du couloir. Luo Zushi enseigne les chiffres à une classe de sixième. *« Répétez après moi : "Liu". »* Et les élèves de reprendre : *« Liuuuuu »*, en mimant les montagnes russes avec leurs mains.

Les livres et les cahiers pour les cours de mandarin ne sont pas encore arrivés. Les élèves se débrouillent, ils recopient les sigles *« bizarres »* sur des bouts de papier piochés au fond des cartables. L'enthousiasme est général : *« Mon père m'a dit que, si j'apprenais le chinois, je pourrais aller en Chine avec lui. Il y va tous les mois pour ses affaires »*, dit un gamin. Tous rêvent d'obtenir une des trois bourses d'études offertes chaque année à la Kamuzu Academy par les autorités de Pékin. *« Il fait trop froid en Europe… »*, glisse un élève.

« Le monde change »

Pour la fin du cours, Luo Zushi a préparé une surprise : il veut apprendre à sa classe à manger avec des baguettes. Hilarité générale.

« Monsieur, vous avez déjà mangé du serpent ?

– Moi non, répond tranquillement le professeur, *mais certains Chinois en mangent. »*

Stupeur et consternation : des *« beurk ! »* et des *« ahhh ! »* circulent entre les pupitres. Luo Zushi calme les esprits : *« Au Malawi, vous mangez bien des souris, non ? »* Silence. *« Eh bien, pour un Chinois, c'est inconcevable. Vous devez apprendre à connaître les autres cultures, sans les juger. »* La cloche retentit. Les élèves filent. En passant devant le bureau du maître, ils lancent courageusement des *« zai jian »* (« à la prochaine ! »).

L'arrivée de Luo Zushi en Afrique australe s'est jouée en 2008. Cette année-là, le gouvernement du Malawi rompt ses liens avec la République de Taiwan pour reconnaître le principe d'une seule Chine, autrement dit se rallier à Pékin.

Le petit pays de quinze millions d'habitants reçoit presque immédiatement un déluge de cadeaux. Au nombre des remerciements, trois bourses pour les meilleurs élèves de la Kamuzu Academy, qui pourront partir étudier cinq ans en Chine. *« Le monde change,* note le proviseur, Frank Cooke. *Il faut bien participer à son changement. »* Frank Cooke est arrivé au Malawi au début des années 1980. Il venait de Manchester et le Dr Kamuzu Banda, président « à vie » du Malawi, cherchait un proviseur pour « son » nouveau collège. Un vieux rêve : la Kamuzu Academy est érigée autour de l'arbre où le jeune Banda avait appris à lire et à écrire. Le dictateur croyait à la rigueur britannique, il voulait former des «*leaders*» pour l'Afrique, apporter l'Angleterre au Malawi. A Londres, dans les couloirs de Downing Street, le président du Malawi avait gagné le surnom de «dictateur inoffensif».

Des liens historiques

Le proviseur fait visiter l'établissement. Ici, un grand salon avec de confortables canapés: «*La pièce où monsieur Kamuzu Banda venait parfois se reposer.*» Là, une bibliothèque à l'architecture «*copiée sur celle du Congrès américain*». Frank Cooke prend délicatement un magnifique dictionnaire relié, gardé sous verre: «*Nous l'avons reçu il y a vingt ans*», annonce-t-il, ému. Le proviseur ouvre le volume. Sur la première page, une dédicace à la plume, «*Au président Banda, pour ses élèves de la Kamuzu Academy, Yours sincerely*», et une signature, «*Ronald Reagan*». Dans son bureau, quelques photos: la reine d'Angleterre le décore de l'ordre du Mérite britannique.

L'établissement n'a pas changé depuis sa fondation. Un grand lac artificiel sert de terrain d'entraînement pour l'aviron. Pas loin, sur un terrain «dix trous», les élèves jouent au golf et au cricket. Issus de l'élite du Malawi ou boursiers – les frais de scolarité sont de 7000 dollars par an, une fortune dans un pays où la majorité de la population vit avec moins de 50 dollars par mois –, ils ont tous oublié depuis longtemps leur langue maternelle, le chichewa.

Dans les couloirs, des exposés d'histoire sont affichés: une biographie d'Adolf Hitler, «Qui était Joseph Goebbels?» ou encore «Les conséquences de la Seconde Guerre mondiale dans l'Europe des années 1950». Dans une classe de latin, une vingtaine de pensionnaires en uniforme récitent, en chœur, le *Pater noster*.

«*Ça sert à rien*, lance un élève du fond de la salle.

– *Mais si!* reprend le professeur, un prêtre malawien formé à Rome. *La langue anglaise vient du latin. Ce sera plus simple d'apprendre la médecine ou le droit. Et vous pouvez trouver des liens entre la mythologie et l'histoire de votre peuple!*»

L'adolescent reste perplexe: «*J'sais pas moi... J'ai jamais appris l'histoire du Malawi.*»

Le matériel pédagogique, livres et feuilles d'examens, vient directement d'Angleterre. Les élèves se souviennent-ils qu'ils sont en Afrique? Une jeune fille en jupe plissée, au premier rang, prend la parole avec un accent *british* parfait: «*Parfois, oui... Il fait tellement chaud ici!*»

Chaque soir, monsieur Luo Zushi donne des cours bénévoles. Des enseignants, des membres du personnel d'entretien et des villageois y assistent. L'idée est née d'une rencontre: «*Un jour, un garde de l'école est venu me demander de lui apprendre le mandarin. Il voulait trouver un emploi dans une entreprise chinoise qui s'installait pas loin.*»

Le jeune enseignant a déjà demandé au proviseur de reconduire son contrat pour deux ans. Frank Cooke a approuvé.

Le proviseur a été invité en Chine à la fin de l'année dernière pour participer au sommet de l'enseignement du mandarin dans l'Afrique anglophone. Quinze pays africains étaient représentés. Frank Cooke est revenu ébranlé. Il veut se rassurer: «*La Grande-Bretagne a des liens historiques très forts avec le Malawi.*»

L'ancien dictateur préféré de la reine d'Angleterre est mort depuis plus de dix ans. Grand ennemi du communisme, Kamuzu Banda repose au centre de Lilongwe, la capitale, dans une gigantesque sépulture... financée par Pékin •

Sophie Bouillon

POUR EN SAVOIR PLUS

Combien de Chinois en Afrique?

En 2007, un haut responsable de Pékin a chiffré la présence des Chinois en Afrique à 500 000, contre 250 000 Libanais et 100 000 Français. La plupart des experts occidentaux lui donnent raison. Mais la moitié des Chinois du continent africain sont des *coolies* installés en Afrique du Sud et sur la côte est depuis les grands chantiers de la fin du XIXe siècle. Ils ont, pour la plupart, perdu l'usage de leur langue d'origine. Un quart serait des pionniers arrivés ces dix dernières années dans l'espoir de faire fortune. Le dernier quart est formé par les ouvriers venus pour des chantiers spécifiques, avec des contrats de deux ou trois ans.

Beaucoup d'argent… et beaucoup de pétrole

En 2009 et 2010, la Chine a prêté au moins 110 milliards de dollars (80 milliards d'euros) aux pays en voie de développement, contre 106 milliards pour la Banque mondiale.
Son principal bras financier en Afrique, la banque Exim, finance 259 projets dans 36 pays du continent, pour une valeur totale de 20 milliards de dollars. Des lignes de chemin de fer en Angola, des barrages au Congo, des routes au Mozambique : impossible d'avoir une vue d'ensemble des 600 projets chinois en cours (estimation).
Le commerce entre la Chine et l'Afrique est passé de 10 à plus de 110 milliards de dollars par an dans la dernière décennie.
Le Soudan, qui couvre 10 % des importations chinoises de pétrole, a bénéficié des plus gros flux financiers, estimés à 18 milliards de dollars. Là, l'or noir est produit par des sociétés chinoises.
L'Angola, où Pékin aurait investi 14,5 milliards de dollars, fournit davantage de pétrole à la Chine : 15 % de ses besoins, soit l'équivalent de 22,3 milliards de dollars en 2010, mais il s'agit d'achat de brut produit en grande partie par des sociétés occidentales. Les participations chinoises, minoritaires pour l'instant, dans l'off-shore angolais se limitent à quatre zones.
Au Nigeria, la Chine a acquis des participations pétrolières en 2007 et 2008. Elle a surtout signé, en mai 2010, un accord de 23 milliards de dollars pour construire trois raffineries et une usine pétrochimique.
Au Ghana, le pétrole est une découverte récente, mais la Chine a déjà pris 23,5 % du premier champ off-shore.

Jonathan, fruit de l'amour déçu

Lorsqu'il a vu le jour, en 2004, Jonathan Kalunga a provoqué la consternation de sa famille : il était à moitié chinois. Sa mère, Vivien, avait travaillé quelques mois dans un restaurant chinois de Kitwe, la grande ville de la province zambienne de Copper Belt, où Pékin a investi massivement dans les mines de cuivre. Son père, un certain Cheng You, a quitté son restaurant sans laisser d'adresse.

PAOLO WOODS

Agé aujourd'hui de 7 ans, Jonathan souffre de malaria et est privé d'école, sa mère craignant la réaction des autres élèves. L'ambassade de Chine à Lusaka a refusé d'aider la famille malgré la création, fin 2008 à Pékin, d'un fonds spécifique pour soutenir les enfants métis en Afrique. Par peur de la multiplication des cas de métissage, la Chine n'a jamais confirmé l'existence de ce fonds.

Le fâcheux épisode zambien

La Zambie devait être pour les Chinois une partie de plaisir. En 1970, Mao y avait envoyé 25 000 ouvriers pour construire le Tanzam, une liaison de 1 870 kilomètres entre Lusaka et Dar es-Salaam.
A la fin des années 1990, les Chinois sont donc retournés en toute confiance en Zambie, mais ont multiplié les bourdes.
Il y eut d'abord l'explosion, en avril 2005, d'une usine chinoise de dynamite dans la province de Copper Belt : 52 morts, tous zambiens. L'enquête fut bâclée et les indemnités versées misérables.
Trois ans plus tard, en 2008, des batailles rangées entre contremaîtres chinois et ouvriers zambiens sous-payés eurent lieu sur le chantier d'une raffinerie de cuivre. La population s'est alors mobilisée pour bloquer, à plusieurs reprises, la route utilisée par les camions chinois pour exporter le cuivre.
Le dernier épisode remonte au 15 octobre 2010. Ce jour-là, deux patrons chinois de la mine de charbon de Collum, au sud du pays, ont tiré à balles réelles sur les centaines de Zambiens venus réclamer leur salaire (4 dollars/jour). Il y eut treize blessés. Accusés de tentative de meurtre, les deux Chinois, Xiao Lishan, 48 ans, et Wu Jiuhua, 46 ans, ont réussi à fuir le pays avant le procès.

« *Une guerre du feu* » entre la Chine et les Etats-Unis

Wojciech Jagielski est grand reporter au quotidien polonais « Gazeta ». Il se passionne pour le Caucase, l'Asie centrale et l'Afrique et est l'auteur de livres sur l'Afghanistan, la Transcaucasie et la Tchétchénie. Son dernier ouvrage est consacré à l'Ouganda.

6Mois Dans les années 1960, les pays du bloc soviétique s'étaient engagés en Afrique, sans qu'il en reste grand-chose aujourd'hui. Pourquoi les Chinois, eux, semblent-ils réussir ?
Pour les pères de l'indépendance africaine, il y avait deux grandes forces en présence, l'Ouest et l'Est, et l'Est, c'était l'URSS. La Chine, à l'époque de Chou En-lai, apparaissait comme une troisième force, un pays du tiers-monde. Même cette notion de Grand Bond en avant, déconsidérée par la suite, était attrayante pour les Africains. Aujourd'hui encore, les Chinois tirent profit de ce passé. Et quand, à la fin de la guerre froide, l'Afrique a été laissée à elle-même, les Chinois sont apparus comme une option. Eux n'exigent rien, ne donnent pas de leçons ; ils apportent de l'argent, du savoir-faire et même de la main-d'œuvre. Certes, ils ne suscitent guère de sympathie, mais l'Etat chinois, lui, est très apprécié.

Les Chinois qui investissent en Afrique sont-ils étroitement contrôlés par Pékin, avec pour objectif majeur les matières premières ?
Les grands investissements, tout comme le grand capitalisme chinois, sont toujours pilotés par l'Etat. Et la course aux matières premières, c'est une sorte de guerre du feu entre l'Amérique et la Chine. Les Chinois sont allés voir les plus grands dictateurs pour leur proposer des *deals*. C'est pourquoi aujourd'hui ils sont si préoccupés par la perspective de la partition du Soudan, où ils ont énormément investi dans le pétrole. Pour eux, qui ont un besoin impératif de matières premières, l'Afrique est le seul terrain où ils peuvent rivaliser avec l'Occident.

Les Chinois ne se préoccupent pas de la nature des régimes africains ?
L'avenir de ces pays ne les intéresse pas. Leurs investissements sont par contre très visibles, ils construisent des routes, des stades, ils font venir leurs propres ouvriers. Mais il ne s'agit pas « d'aider ». Et ils ne s'intègrent pas, ils restent entre eux et ne considèrent pas les Africains comme des partenaires. En même temps, ils s'efforcent de manifester un peu moins leur mépris que les Européens (toujours présents en beaucoup plus grand nombre). Eviter d'afficher ses sentiments est une attitude typiquement asiatique. Mais comme en Afrique les Chinois font un peu ce qu'ils veulent, ils n'ont guère de respect pour elle. C'est aussi pour cela qu'ils font venir leur propre main-d'œuvre, plus fiable, plus facile à contrôler.

DANS LES COULISSES

Au Congo, ils sont allés jusqu'à manger du crocodile et du pangolin – un mammifère insectivore dont une simple photo suffit à couper l'appétit.
En Zambie, au bout de trois semaines de recherches désespérées, ils sont parvenus à leurs fins après plusieurs parties de foot, suivies de quelques bières, avec des travailleurs chinois.
En Angola, ils ont attrapé un taxi pour suivre un pick-up chargé d'ouvriers chinois jusqu'à leur hangar – *« c'est devenu une super histoire »*.
Le photographe Paolo Woods et ses amis journalistes, Serge Michel et Michel Beuret, ont enquêté plus d'un an dans douze pays d'Afrique, en allant trois fois en Chine.
Les Chinois sont réputés difficiles d'accès, les Chinois d'Afrique le sont encore plus. En Angola, leur était toujours opposé un : *« Ordre de Pékin, aucun contact avec les journalistes. »* Plusieurs fois, ils se sont fait mettre dehors manu militari.
Il y eut aussi de bonnes surprises. Une semaine passée avec une famille *« sympa »*, propriétaire de concessions forestières au Congo-Brazzaville. Une visite chez cette même famille en vacances en Chine. Le plaisir d'entrer dans une fonderie zambienne interdite, en se glissant dans une délégation de parlementaires.

ENTRETIEN *Laurent Van der Stockt*

«VOIR EN FACE»

Laurent Van der Stockt, 46 ans, est de la poignée de ceux dont les images ont marqué les esprits après la chute du mur de Berlin, en 1989. Membre de l'agence Gamma, le reporter est connu pour son intransigeance : « Dérange-t-on encore vraiment ? » s'interroge-t-il quand il parle de sa photographie.

Propos recueillis par Michel Guerrin

«D éranger», c'est, pour Laurent Van der Stockt, placer l'objectif sur des situations que seule l'image peut éclairer. Ce qu'il a fait dans la Roumanie de Ceausescu, dans la première guerre du Golfe, en Bosnie, en Tchétchénie, en Irak, en Afghanistan… Laurent Van der Stockt a été blessé trois fois. En 1991, à Vukovar (Croatie), un éclat d'obus lui déchire le bras gauche – il en conserve un bras plus court de cinq centimètres. En 2001, à Ramallah (Palestine), un sniper israélien touche son genou gauche. En 2005, à Falloujah (Irak), il est à nouveau blessé au bras gauche. Depuis, il a pris du recul et travaille à la mise en place d'ateliers de photographie. Cet entretien a eu lieu juste avant que la rue se soulève contre le régime de Moubarak, en Egypte.

6Mois Que faites-vous à Washington, qui n'est pas vraiment un centre de la photo de reportage?
Je vis, ce qui prend du temps. Je ne fais pas de photos depuis quelque temps. Mais c'est lorsque je ne fais rien que je travaille à ce qui compte le plus : regarder, écouter le monde autour, et y voir clair. L'endroit où je suis installé n'a pas beaucoup d'importance. Je suis à Washington pour vivre avec mon amie. Avec Internet et le numérique, il n'y a plus nécessité d'habiter dans un lieu particulier : un téléphone, une connexion, un aéroport suffisent pour agir.

Vous partez bientôt en reportage?
Demain, je serai au Caire. Une page se tourne en Egypte et je veux la voir. Nous sommes peut-être au début d'un processus qui me rappelle la chute du mur de Berlin. Pour des millions de gens, c'est l'espoir. J'ai assisté, il y a quelques jours à Washington, à une conférence du photographe britannique Don McCullin, invité par la National Geographic Society. C'était savoureux : ses images de guerre, noires et dures, au Vietnam, au Biafra ou en Irlande du Nord, sont à l'opposé des clichés en couleurs qui inondent la revue *National Geographic*. Pendant son intervention, McCullin a dit : *«Si j'étais un jeune photographe aujourd'hui, je n'irais pas courir le monde, je photographierais les banlieues, près de chez moi.»* Il a raison. Il y a un mal qui ronge la jeunesse en général, pas seulement en banlieue, pas seulement à Tunis ou au Caire. Le désarroi envahit ces jeunes qui ont travaillé, obtenu des diplômes, mais qui ne trouvent pas leur place dans une société dont ils ont pourtant accepté les règles.

A qui montrer les photos réalisées en Egypte?
Je ne sais pas, on verra. J'ai un peu l'impression d'avoir commencé

«C'est lorsque je ne fais rien que je travaille à ce qui compte le plus : regarder, écouter le monde autour, et y voir clair.»

ma carrière comme ça. Je discute avec *Newsweek*, mais ce magazine américain qui, il y a quinze ans, pouvait faire travailler plusieurs photographes sur un événement, a perdu beaucoup de moyens, comme tant d'autres.
Il y a de plus en plus de photographes dans le monde, amateurs ou professionnels, et la plupart des images sont dirigées vers les écrans numériques. Mais ces nouveaux médias ne participent pas encore à la production des informations. Jamais le fossé n'a été aussi grand entre le nombre d'images produites et les médias capables de les financer. La quantité d'images en circulation est telle que c'est presque un accident si telle photo ou telle autre est publiée.
Pour un indépendant, la survie est liée à la visibilité : il faut avoir un site Web sans cesse actualisé, entretenir le lien avec les rédactions, être commercial, communiquer, gagner des prix… Pour émerger, il faut se soumettre à une surenchère spectaculaire et émotionnelle au détriment de la justesse, de la vérité.

Pourquoi vouloir repartir alors que vous donnez l'impression d'avoir décroché du métier de reporter depuis quatre ou cinq ans ?
C'est vrai, je ne suis plus reporter de guerre, je ne passe plus la moitié de l'année sur le terrain. Ce travail, si on le fait bien, exige et coûte beaucoup aux siens, à soi-même. Il y a l'usure aussi, et la question de l'utilité.
Etre reporter de guerre n'est pas une activité comme les autres. Elle est ambiguë : de quel droit photographier l'humanité en souffrance ? Le doute est permanent, il faut des convictions, il faut aussi se remettre en question et il m'arrive d'être comme paralysé.
Le reporter d'un journal sait pourquoi il part – il a des articles à écrire, qui seront publiés dans un cadre précis, pour être lus par ses lecteurs.
Le photographe indépendant, lui, s'interroge sans cesse : quelle sera la destination des images ?
Donc, pour revenir à la question, je ne sais pas très bien pourquoi je pars en reportage. La raison nous sert à justifier nos actions, mais il y a parfois quelque chose de plus fort. C'est le cas pour l'Egypte.

Ce qui motive un départ ne vient que de vous ?
Que je photographie ou pas, c'est ma décision, j'ai toujours agi ainsi. Sauf, au début, quand je travaillais pour une agence photo en Belgique : on me donnait le matin deux ou trois petits reportages pour la journée.
Dès que j'ai rejoint l'agence Gamma, à Paris, j'ai assumé mes choix.
Quand je suis parti en Tchétchénie, en Afghanistan, en Irak, en Bosnie, ce fut mon choix, ma responsabilité.
Mes archives m'appartiennent, je me suis battu pour cela. Je ne pourrais pas aller sur le terrain avec, par exemple, le soutien d'une

« De quel droit photographier l'humanité en souffrance ? Le doute est permanent et il m'arrive d'être comme paralysé. »

« J'ai toujours été entraîné par les histoires, et j'ai appris que c'était bien de laisser l'histoire décider. C'est rendre possible ce qui n'existait pas. »

organisation humanitaire qui a ses propres motivations.
Je n'ai jamais rien programmé. Chaque décision s'est dessinée dans l'improvisation. Je ne considère pas la photographie comme un métier, je ne remplis pas un planning et je ne me demande jamais ce que je vais faire la semaine suivante. J'ai toujours été entraîné par les histoires, et j'ai appris que c'était bien de laisser l'histoire décider. Ne pas prévoir, c'est rendre possible ce qui n'existait pas.
Un exemple. Pour la guerre d'Irak, en 2003, je voulais être du côté de l'« attaqué », à Bagdad. Mais je n'arrive pas à me rendre dans la capitale irakienne et je me retrouve, un peu par hasard, au Koweït, à la demande du *New York Times* qui veut des images de l'invasion américaine. Pendant trois semaines, je fais la route avec la même unité américaine. C'était une bonne chose. Il était évident que cette guerre, dans cette phase-là, nous montrait plus l'Amérique que l'Irak.

Quelles sont vos préoccupations quand vous décidez de photographier?
Avant même de toucher à l'appareil, comprendre ce qui se passe, être perméable à la situation qui est devant moi. Chasser les réflexes, les *a priori*, les lieux communs. Et adopter une technique de prise de vue qui laisse la situation apparaître. La photographie, c'est surtout avant que cela se passe, quand « on ne fait rien ».
Bien voir en face, ne pas tourner la tête, c'est ma façon d'être. Ça vient de loin. A l'âge de 5 ans, je parlais peu mais je regardais, et je me posais souvent la question : *« Que se passe-t-il exactement autour de moi ? »* C'est la même chose quand j'accompagne les Américains en Irak : je remarque que, d'emblée, ils déchirent les affiches de Saddam. Je perçois tout de suite que c'est une erreur grave – c'était aux Irakiens de le faire.
Mes photos sont nourries de ce que j'entends, de ce que je vois du monde, de ce que dit et pense la femme que j'aime, des livres que je lis, de mes rencontres, de mes enfants, de ce qui est dans les journaux et de ce qui n'y est pas. Il est impossible de regarder la société si on n'a pas une existence. Comment un photographe pourrait-il parler du monde s'il ne l'habite pas ?

Vous êtes de ceux qui pensent que les images ont une influence sur le cours des choses?
Je suis dans l'entre-deux. Je n'affirme pas que les photos peuvent changer le monde. Je ne dis pas non plus qu'elles ne sont faites que pour soi. Le journalisme, avec ses défauts, est utile quand il arrive à dire et à montrer, et ce n'est pas affaire de militantisme : les meilleures raisons de prendre des photos ne donnent pas les meilleures images. Je veux croire que la photographie est capable de nous faire entrevoir le monde d'une autre manière que l'écriture et la télévision. En fait, la vraie question

« Le métier de photographe d'actualité demande beaucoup de sens pratique. Pour prendre les images, mais aussi pour être là où il faut, quand il faut. »

est celle-ci : est-il possible de faire dire quelque chose aux images ?

On sent que vous n'êtes pas loin de chercher le « scoop » ?
Le mot me dérange. Il inclut une notion de compétition que je trouve parasitaire. Révéler, c'est bien, forcément. Approcher la notion de preuve aussi, même si c'est fragile, surtout en photographie. Je pense qu'il faut chercher de son côté, qu'il faut être seul, et aller là où on ne regarde pas. J'ai du mal à rester là où sont réunis cinquante photographes qui ne pourront se distinguer que par la forme. La recherche d'originalité fait souvent mauvais ménage avec la réalité des choses.

Quelles sont vos photos qui peuvent avoir valeur de preuve ?
Peut-être mon premier reportage à l'étranger, dans la Roumanie de Ceausescu, en 1988. J'ai 24 ans, je pars pendant mes vacances – mon agence à Bruxelles ne couvre pas l'actualité étrangère. Je veux tenter de mettre des images sur ce qu'on lit dans les journaux : les files d'attente devant les magasins, les villes sinistres qui poussent comme des champignons… Je photographie en secret, le service de sécurité roumain, la Securitate, me surveille sans arrêt.
A l'école, j'avais suivi des cours de mécanique et je savais démonter et remonter une voiture. Je cache mes douze films dans le collecteur d'admission et dans le tableau de bord de mon véhicule. Je ne mets pas le chauffage pour qu'ils ne fondent pas. Je suis frigorifié, mais je réussis à revenir en Belgique. Mes photos paraissent dans *L'Express*.
Ce travail de photographe d'actualité demande beaucoup de sens pratique. Pour prendre les images bien sûr, mais aussi pour être là où il faut, quand il faut. Nous avons tous des milliers d'anecdotes : scier la serrure d'une fenêtre pour réaliser une prise de vue, réparer un téléphone, conduire un camion, parler à un voyou, passer une frontière interdite, décider de la bonne route pour ne pas se faire attaquer…
Je pense aussi à une autre série, en 1999, quand je me trouve dans Grozny vide et détruit. Les images que je fais alors sont la preuve que les Russes, malgré leurs déclarations officielles, ne contrôlent pas la capitale tchétchène. Il y a, en tout et pour tout, trois soldats russes dans la ville, dont deux morts.
Le dernier exemple est l'Irak, en 2005. L'unité américaine que j'accompagne vers Bagdad a pour devise *« Search and kill »* (« Chercher et tuer »). Dans la périphérie de la capitale, je vois des soldats abattre sans sommation une quinzaine de civils, des hommes, une femme ou un grand-père. Je cadre simplement, je sais que les mots sont également importants. Le *New York Times Magazine* publie mes images avec un texte du journaliste

Peter Maass. Je témoigne aussi dans *Le Monde* et c'est exceptionnel car je ne crois pas au journaliste qui prend des photos, écrit, tient une caméra… En fait, j'ai écrit une fois. C'était à Nadjaf, en Irak, en août 2004. Je me suis retrouvé seul journaliste avec mon amie dans la ville encerclée par les Américains. Les commentateurs faisaient leur analyse depuis Paris, Washington ou Londres. Je ne comprends pas que l'on puisse se permettre de raconter sans avoir vu, ça me dépasse. Mon texte n'a pas été publié, je crois.

Votre façon de cadrer a-t-elle évolué?

Je suis obsédé par l'idée de laisser la réalité apparaître d'elle-même, comme s'il fallait laisser la forme se construire par l'environnement, le lieu, la situation. C'est pourquoi mes sujets ont des formes différentes. J'ai photographié Grozny en plans larges pour montrer l'ampleur de la désolation et de la destruction. Il y a une formule de Robert Frank: *« It has to be shaped by itself »* (« L'image se cadre par elle-même »). Elle est tellement juste…
Je suis sceptique quand je regarde le travail d'un photographe qui traite toutes les situations de la même façon.

Y a-t-il des images que vous auriez aimé faire autrement?

Mes premières photos de reportage sont serrées comme l'exige le commanditaire, le journal. J'aurais voulu cadrer plus large, donner à voir du paysage, du décor, plus de détails. Mais si je l'avais fait, mon agence, qui est une entreprise commerciale, m'aurait dit: *« C'est quoi ce truc? »*
Il fallait produire des images pour alimenter la chaîne de l'information, être dans les normes pour paraître. C'est une autocensure terrible.
A un moment, j'ai dit stop. Le corps aussi a dit stop. Après ma première blessure, en 1991, il m'a fallu deux ans pour me reconstruire. Deux années de douleurs, de drogues et d'inquiétudes car je ne savais pas si j'allais retrouver la mobilité de mon bras. J'ai dû apprendre à vivre dans un corps modifié. J'ai pu réfléchir aussi. Peu à peu, je me suis mis à travailler contre les réflexes acquis, je ne cherchais plus à m'adapter à ce qu'imposent les magazines et les agences.

Par exemple?

En Irak, en 2005, je suis devenu très cru dans ma façon de cadrer. Je pense que j'ai réagi à la tendance générale des magazines, à cette époque, de chercher des images entre art et journalisme: des photos esthétisantes, des gestes formels, sans contenu véritable et oublieuses de la réalité de l'événement.
Ces photos de conflits, de camps de réfugiés ou de détails sur des gamins qui lancent des pierres n'étaient

« Je suis obsédé par l'idée de laisser la réalité apparaître d'elle-même, comme s'il fallait laisser la forme se construire par le lieu, la situation. »

plus là pour faire comprendre, elles devenaient de l'illustration pour attirer le lecteur. Ce n'était plus du journalisme.

Y a-t-il un lien entre vos publications et vos expositions ?
Les photos les plus publiées ne sont pas celles que je choisis d'exposer. Tout dépend de l'usage, du contexte, du statut et du sens qu'elles ont à porter.

Vous avez dit, en 1996 : « *Attention à ne pas se retrouver dans un vernissage au champagne avec du sang sur les murs.* » Pourquoi alors exposer des photos d'Irak ou de Bosnie à la Maison européenne de la photographie à Paris ?
Je suis parti de deux questions. Que peut signifier une image exposée sur un mur quand elle n'a pas été réalisée pour cela ? Comment le spectateur peut-il interpréter une photo faite il y a vingt ans, dans un contexte d'actualité oublié depuis ? Ma réponse a été de choisir des images qui dépassent la représentation de l'événement, des photos qui partent du visible pour finir par évoquer ce qui ne l'est pas. Pour donner cette liberté aux photos, je n'ai pas rédigé de légendes détaillées, juste la mention de quand et où.

Vous exposiez, par exemple, la photo d'un civil irakien tué par un tir américain. Sans explication, cette image ne perd-elle pas son sens ?
Au contraire : elle reprend du sens car j'oblige à la regarder pour ce qu'elle est. Que voit-on ? Un homme porte des sandalettes et une djellaba, il est vieux, sa canne est à côté de lui. Il gît sur le sol et dans la poussière, dans un lieu qui n'est pas celui du sommeil. On perçoit vite qu'il a été tué et qu'il n'allait pas lancer une bombe. Il y a tant à voir et à comprendre dans cette image...

De votre premier reportage en Roumanie jusqu'à votre exposition à la Maison européenne de la photographie, on sent...
... une forte évolution, oui.

Comment vous êtes-vous construit ?
Je suis né en Belgique, à Carnières, dans une région wallonne de grosse sidérurgie et de mines qu'on appelle « le Centre », entre Charleroi et Mons. Pour un enfant, c'est un peu la planète Mars. A l'âge de 5 ans, de ma chambre, je regarde le ciel, au-dessus des hauts-fourneaux, éclairé en rouge la nuit. Les énormes usines, on ne sait pas trop à quoi ça sert, ce qui se passe dedans. Plus loin, des façades noires, des rues sales et cabossées, des gens qui ont l'air un peu perdus. Beaucoup de chômage. Et puis une résignation qui me révolte, un vide de promesses ou de futur qui fait peur.
On dit que le décor des films des frères Dardenne – la région de Liège – est sombre. Il l'est beaucoup moins

« En Irak, en 2005, je suis devenu cru dans ma façon de cadrer, en réaction aux magazines qui cherchaient des images entre art et journalisme. »

« Enfant, il n'y a pas d'artistes, pas d'intellectuels autour de moi. Les livres, je les lis à la bibliothèque. Je suis fâché contre ce monde. »

que celui de ma région. Il y a des coins dans « le Centre » qui, aujourd'hui, ressemblent à l'Amérique : un paysage d'hypermarchés, des gens obèses. On a envie de fuir.
Enfant, il n'y a pas d'artistes, pas d'activistes, pas d'intellectuels autour de moi. La musique, je la découvre plus tard, chez les copains. Les livres, je les lis à la bibliothèque. Je suis fâché contre ce monde. Mais j'ai aussi une enfance libre et heureuse. Mes parents me laissent partir, je me perds dans les champs, je reviens toujours trop tard, je passe du temps avec un voisin marocain – un grand-père d'une immense gentillesse qui me raconte beaucoup de choses –, je grimpe dans les arbres.
Il y a la bonhomie des gens, la tradition surréaliste que l'on ressent dans le cinéma belge actuel. Je pense à *Eldorado* (2008), un magnifique film branque de Bouli Lanners, qui raconte l'errance de deux paumés dont un se confond avec le canapé…

La photographie arrive vite ?
Oui. J'ai 6 ou 7 ans quand mon oncle m'offre un Instamatic. Je photographie mon quotidien, mes copains. Je suis timide, sauvage et l'appareil me donne le moyen d'avoir un rapport au monde. Dès que j'ai trois sous de côté, à 12 ans, j'achète un appareil Zenit et un agrandisseur. Je veux voir. Et à 16, je sais que je veux devenir photoreporter.

Comment y arrivez-vous ?
Je fais une année d'école de journalisme, mais je ne me sens pas avoir les qualités pour écrire. Devant mon désir de photo, mon père n'est pas encourageant. Il me répète : *« Tu crois qu'on t'attend à Paris ? »* Mon premier sujet est sur un centre de désintoxication pour jeunes, dans une ferme du village. Et donc, à 16 ans, je m'invente en reporter : partir loin, en solitaire, pour rentrer en héros avec des images qui vont dénoncer la misère du monde.

J'arrive au Yémen dans cet état d'esprit. Je suis paumé, je ne parle pas la langue, je perds de l'argent, les photos n'ont aucun intérêt. C'est un voyage initiatique. Et puis je vends des images à un journal de Bruxelles, *Le Vif*, et j'intègre une agence de photo de presse, à Bruxelles.

N'est-ce pas le profil classique du photoreporter qui se fait tout seul, comme il y en a des dizaines depuis Raymond Depardon ?
C'est vrai, la photographie a donné sa chance à beaucoup et on peut y accéder sans longues études. Mais, quand je regarde mes amis, je ne vois pas de profil : ils sont tous tellement différents…
Pour ma part, j'ai été marqué par un magnifique petit livre, *Je pense à vous* de Michel Laurent, une figure de l'agence Gamma, tué aux derniers jours de la guerre du Vietnam, en 1975. Ce livre est un recueil des lettres qu'il envoie à sa femme. Au début, le jeune

« A 16 ans, je m'invente en reporter, au Yémen. Je suis paumé, je ne parle pas la langue, les photos n'ont aucun intérêt. C'est un voyage initiatique. »

photographe évolue dans les clichés – beau gosse, vêtements de marque, cigares, allure, panache... Puis, il est de plus en plus affecté par ce qu'il voit et fait, il est gagné par l'amertume et le doute, et il est tué.
Je regrette parfois de ne pas avoir suivi des cours d'histoire de l'art, mais je me dis aussi que c'est mieux ainsi. Excepté les photographes connus punaisés dans ma chambre – Cartier-Bresson, Doisneau, Edouard Boubat, Gilles Caron –, je n'avais pas de culture photographique.

Les quatre ans que vous passez dans une agence photo à Bruxelles vous aident à y voir clair ?
Non, ça m'aide à manger. A Bruxelles, je fais tout : la famille royale, les conflits sociaux, les faits divers... En noir et blanc ou en couleurs. Je développe, je tire en cinq séries et parfois je livre aux journaux. Je me lève tôt, je me couche tard. Je fais des photos formatées et adaptées à la demande des clients. Je pars de là, mais je suis attiré par autre chose.

Comment entrez-vous à l'agence Gamma ?
Mon marchepied est mon premier reportage en Roumanie : Gamma diffuse et vend mes photos. Un an plus tard, en décembre 1989, je suis à Bruxelles et la révolte contre le dictateur Ceausescu démarre. Au deuxième jour, je bous et, au milieu d'un dîner avec des amis, je pars en voiture. Le lendemain matin, je suis à Timisoara.
Je ne préviens pas mon agence à Bruxelles. Plus tard, ils apprennent que ma voiture est criblée de balles, on dit que je suis mort. J'appelle pour dire que je pense avoir de bonnes photos, ils sont furieux. Je confie mes négatifs à un reporter de *Paris Match* que je conduis à l'avion. Il dépose les rouleaux à Gamma. Là, on me demande si j'ai un logement, un téléphone, des appareils photo. Je réponds oui, tout est faux. Ils me prennent.

Vous êtes au Koweït fin 1990-début 1991 pour la première guerre du Golfe. C'est un moment charnière : la télévision devient omniprésente, la technique numérique déboule. C'est le début de la crise pour les photographes. Vous en rendez-vous compte ?
Je sens que l'époque change et la photographie aussi, mais c'est après que je comprends. Je suis dans ma première année à Gamma, c'est un peu un rêve. Mais il s'évanouit vite. Quel rapport y a-t-il entre l'idée que j'ai de Gamma – une ambition collective, une responsabilité individuelle – et ce que je vis ? Rien. Zéro. La structure est empêtrée dans des intrigues personnelles, le projet originel est oublié. Photographiquement, c'est pauvre. Le commercial domine : il faut faire des doubles pages dans *Match* ou

Le Figaro magazine, il y a les sujets rentables et ceux qui ne le sont pas. Je comprends que je suis envoyé à Bagdad parce que les autres ne veulent pas trop y aller. Je reste un mois et demi bloqué dans un hôtel à attendre avec des dizaines de journalistes, sans presque rien pouvoir photographier.
Puis arrivent les bombardements américains et il faut déployer une énergie folle pour contourner les règles imposées par les Etats-Unis et essayer de prendre des photos. Avec un résultat pauvre. La guerre se joue dans les airs, les civils sont tués par les bombardements, on les voit peu. Nous avons tous un sentiment de frustration. Je dois faire trois images acceptables. Dans ces cas-là, il ne faut pas s'en vouloir : il faut vite passer à autre chose.

On vous associe à une « génération Sarajevo », qui couvre la guerre en Bosnie, de 1992 à 1995, et qui a fait l'objet d'une exposition, en 2010 à Paris, sous le titre « Notre histoire ». Est-ce votre histoire ?
Oui, la guerre de l'ex-Yougoslavie a été un événement long, particulier. Blessé à Vukovar, je n'étais pas là au début de Sarajevo. Ça m'a miné, j'ai mal travaillé juste après. Mais je garde de cette guerre un sentiment jamais ressenti ailleurs : j'ai photographié des gens comme nous, comme ceux qui habitent au coin de notre rue.
Ils portaient les mêmes vêtements, roulaient dans les mêmes voitures, fréquentaient les mêmes bistrots, avaient les mêmes désirs.
C'était une guerre à une heure et demie d'avion de Paris et ça changeait tout. Débarrassées d'exotisme, les images prenaient plus de sens et contenaient des codes plus lisibles pour nous, Européens.

Certains pensent que vous prenez des risques inconsidérés. Cela a été dit quand, fin 1999, vous entrez clandestinement dans Grozny, en Tchétchénie, après des jours dans la neige, sous les bombes russes…
C'est difficile de juger quand on n'est pas dans l'histoire. Il faut être dedans pour apprécier les risques. Parfois, j'ai pu penser au pire mais je n'ai jamais imaginé une seconde perdre la vie. Quand j'ai été blessé au bras, en Irak en 2005, j'ai continué de photographier. C'est ainsi, c'est ma façon de ne pas subir.
Un ami caméraman, qui était avec moi en Tchétchénie pour la première fois, m'a dit un jour : *« Tu es fou, je te suis juste parce que je sais que tu as deux enfants. »* En fait, il savait que j'avais des années d'expérience de ce pays, des connaissances, que les précautions étaient prises.
J'ai retrouvé cet ami en Sierra Leone. C'était la guerre et je trouvais qu'il prenait des risques inconsidérés, qu'il aurait dû refuser les pressions de son bureau londonien qui lui demandait d'en faire plus. Nous avons

« La Bosnie, c'était une guerre à une heure et demie d'avion de Paris et ça changeait tout. Sans l'exotisme, les images prenaient plus de sens. »

beaucoup discuté de cela. Je suis parti de Sierra Leone, mon ami est mort le lendemain dans une embuscade.

Vous avez le désir d'aller voir, mais vous éprouvez aussi une grande méfiance sur l'utilisation de vos photos. Pourquoi ?
Mon désir d'aller voir cohabite avec mon doute sur la façon dont les images sont publiées. Comment ne pas douter de cette presse qui, pour survivre, cherche l'emphase, l'émotion facile et n'hésite pas à « théâtraliser » la réalité ? Nous rêvons tous de publier dans une presse qui se servirait intelligemment de l'image, mais elle n'existe pas. Alors ?... Il faut arrêter de publier ? Certains l'ont fait, moi, je suis dans le doute. L'important, c'est d'essayer encore.

Vous vous imposez des règles et des interdits quand vous photographiez ?
Ne jamais envoyer une image avec laquelle je ne suis pas d'accord, même si je sais qu'elle se vendra bien. C'est si facile de faire mentir une image...
J'ai assisté au début d'un petit cirque humanitaire en Somalie, en décembre 1992, pendant l'opération américaine *Restore Hope* (« Restaurer l'espoir »). Une distribution de sacs de riz avait été organisée autour d'un pick-up et quelques soldats. Cinquante journalistes ont suivi, photographié et filmé ces G.I. en train de distribuer de la nourriture quand la faim touchait des millions de personnes...
J'essaie aussi de ne pas mettre les gens en danger, de ne pas les dégrader. Je ne veux pas d'emphase, d'émotion ou de pathos. J'ai pu prendre, dans le passé, des images que je ne pourrais plus refaire parce qu'elles renforcent des stéréotypes. On ne peut plus photographier une unité américaine en Afghanistan comme on a pu le faire en Irak, où il était facile de produire une imagerie de type Vietnam avec des soldats américains qui avançaient vers Bagdad sans avoir vraiment d'ennemis face à eux. Le marché de la presse incite souvent à produire des photos spectaculaires et faciles, mais menteuses.

Quels sont vos projets après l'Egypte ?
Je vais aller à Sarajevo pour animer, avec Anne-Lise Large, un atelier qui n'est pas destiné à des professionnels, qui n'est pas payant. Il s'agit d'apprendre à utiliser la parole pour photographier, et d'apprendre à photographier pour écrire. Dans un monde où l'on parle de plus en plus pour dire de moins en moins – les SMS, Facebook, Twitter... –, cela doit permettre à chacun de réfléchir à ce qui compte vraiment.
Cette session s'appelle « Le monde comme il tourne ». Les ateliers vont réunir des adolescents de la banlieue de Washington, des jeunes femmes de Sarajevo, un étudiant de Cuba, un photographe syrien... Ils seront comme un instantané du monde •

« Nous rêvons tous de publier dans une presse qui se servirait de l'image intelligemment, mais elle n'existe pas. Alors ?... Il faut arrêter de publier ? »

POUR EN SAVOIR PLUS

L'agence Gamma

La création de Gamma, fin 1966 à Paris, marque une petite révolution dans la photo de presse. Des photographes prennent la tête de l'agence : Hubert Henrotte, Leonard de Raemy, Hugues Vassal et Raymond Depardon, vite rejoints par Gilles Caron. Ils ne sont plus des salariés, mais leurs propres patrons. Ils choisissent leurs sujets, partagent frais et gains des reportages avec l'agence, signent leur photo dans la presse.
En trois ans, Gamma devient la première agence photo au monde. Portée par une riche actualité – Mai 68, guerre des Six Jours, Vietnam, Biafra, Printemps de Prague, Jeux olympiques de Mexico, Irlande du Nord… –, Gamma règne sur le marché jusqu'à la fin des années 1980, avec Sygma et Sipa, françaises également.
La crise de la presse, la baisse du prix des photos, la révolution numérique, de mauvais choix industriels et des conflits internes accablent Gamma. Le dépôt de bilan est prononcé en 2009.
En avril 2010, le tribunal de commerce choisit un repreneur, François Lochon. Ancien de la maison, il devient responsable de l'agence Eyedea, qui coiffe Gamma, Rapho ainsi que le fonds d'archives Keystone. A lui de faire revivre le nom mythique de Gamma.

Les nouvelles agences

Journaux et magazines publient de plus en plus d'images piochées sur Internet. Gratuites ou presque, facilement accessibles, elles sont produites par des amateurs ou des semi-professionnels. Les agences en ligne Citizenside ou Demotix font leur beurre avec des photos réalisées par des témoins de faits divers, de catastrophes, ou de *people* au restaurant… La presse puise également dans les sites de partage. En décembre 2008, le prestigieux magazine américain *Time* a publié des photos de Barack Obama récupérées sur Flickr. L'auteur n'a pas été payé. En janvier 2010, le photographe haïtien Daniel Morel a mis sur Twitter treize images du tremblement de terre. L'AFP les a diffusées gratuitement, provoquant un conflit sur le droit d'auteur.
La presse achète aussi, pour quelques euros, des photos d'illustration (souvent scénarisées) auprès de petites banques d'images en ligne, comme Fotofolia ou iStock.
Il n'y a donc jamais eu autant de photos en circulation, mais leur fiabilité est incertaine, elles fragilisent le droit d'auteur et plongent un peu plus dans la crise les agences installées et les photographes professionnels.

Le photojournalisme au musée

Exposer des photos de presse ? Le festival Visa pour l'image, à Perpignan, a montré la voie à partir de

PIERRE ANDRIEU/AFP

1989 : révéler au public des reportages, souvent durs, de moins en moins publiés dans la presse. Le succès de ce rendez-vous a donné des idées.
Longtemps figés sur l'image d'art, les musées, festivals et galeries n'hésitent plus à exposer du photojournalisme.
Le musée des beaux-arts de Bâle a fait date, avec l'exposition « Covering the Real » (« Couvrir le réel ») en 2005 : des artistes projetaient sur un mur trois mille photos par jour, envoyées par l'agence suisse Keystone avant même qu'elles arrivent dans les journaux.
Plusieurs photoreporters, devenus auteurs, ont participé à ce mouvement : Salgado, Nachtwey, Depardon, Peress et, aujourd'hui, Van der Stockt.
La plus importante exposition de photos de presse, « Here is New York » sur les attentats du 11 septembre 2001, était paradoxalement en grande partie constituée d'images d'amateurs. Un million de personnes, dans vingt villes, ont visité l'exposition.
Le 11-septembre était également au centre de l'exposition « L'Evénement » au Jeu de Paume, à Paris en 2007, présentée comme une analyse de l'image médiatique.
Il y a enfin les photoreporters qui se servent du terrain de l'actualité pour nourrir une

œuvre. Leurs images sont destinées aux galeries et musées. Tel est, par exemple, le cas de Luc Delahaye, ancien de Sipa et Magnum.

« Génération Sarajevo »

Le 5 avril 1992, en pleine guerre civile yougoslave, la Bosnie-Herzégovine déclare son indépendance. Pendant quatre ans, les forces

L. VAN DER STOCKT

paramilitaires serbes font le siège de Sarajevo, bombardé jour après jour. Quand le blocus est levé, en février 1996, 15 000 personnes ont été tuées et 50 000 blessées. De nombreux photographes ont témoigné. Des jeunes, comme Alexandra Boulat, Enrico Dagnino, Luc Delahaye, Ziyah Gafic, Ron Haviv, Christopher Morris et Laurent Van der Stockt. Et des moins jeunes, comme James Nachtwey ou Patrick Chauvel. Tous, avec des styles différents, ont été associés à la « génération Sarajevo ». Pour le journaliste Jean Hatzfeld, *« beaucoup ont passé leur vie à courir le globe mais, à Sarajevo, ils se sont arrêtés, attardés, ont vécu avec des gens, ont noué des attaches »*.

Les deux guerres d'Irak

Le 2 août 1990, l'Irak envahit le Koweït. C'est la première guerre du Golfe, en Irak. Une coalition de 34 Etats, menée par les Etats-Unis, riposte à partir du 16 janvier 1991. D'abord par des attaques aériennes, puis au sol, à partir de l'Arabie saoudite. L'opération *Desert Storm* est rapide, et l'armée irakienne balayée. Des centaines de photographes sont présents, au Koweït ou à Bagdad. Tous en reviennent frustrés, tant le conflit a été verrouillé par les deux parties.

La seconde guerre d'Irak commence le 20 mars 2003, quand George W. Bush décide d'envahir le pays au motif que Saddam Hussein soutient le terrorisme et détient des armes de destruction massive. Aucune preuve n'est apportée par Washington. Cette seconde guerre d'Irak est marquée par l'apparition du

L. VAN DER STOCKT

journalisme *embedded* et le débat sur les photos, faites par les soldats américains, des humiliations et des tortures dans la prison d'Abou Ghraib.

Le nouveau cinéma belge

Le cinéma belge est dominé par le réalisme social des frères Luc et Jean-Pierre Dardenne (*Rosetta*, *L'Enfant*, *Le Silence de Lorna*) et par la veine plus onirique de Jaco Van Dormael (*Toto le héros*, *Le Huitième Jour*, *Mr Nobody*). Mais un autre style est en train de s'imposer, chez les francophones surtout, dominé par l'humour grinçant, l'outrance, la démesure, renouant avec la tradition surréaliste du royaume.
Bouli Lanners, 45 ans, est le meilleur représentant de ce renouveau, notamment avec *Eldorado* (2008), road-movie cocasse, tragique et sentimental, qui raconte l'amitié naissante entre un cambrioleur et le cambriolé. Il est également acteur, avec Yolande Moreau, dans *Louise-Michel* (2008), film français frappadingue de Benoît Delépine et Gustave Kervern, dans lequel un couple d'asociaux décide d'éliminer un patron

indélicat. Bouli Lanners prête aussi sa voix au long-métrage d'animation hilarant *Panique au village* (2009), de Vincent Patar et Stéphane Aubier. Cet esprit frondeur a gagné la Flandre avec *La Merditude des choses* (2009) de Felix Van Groeningen, film phénomène au « plat pays ».

JULIE

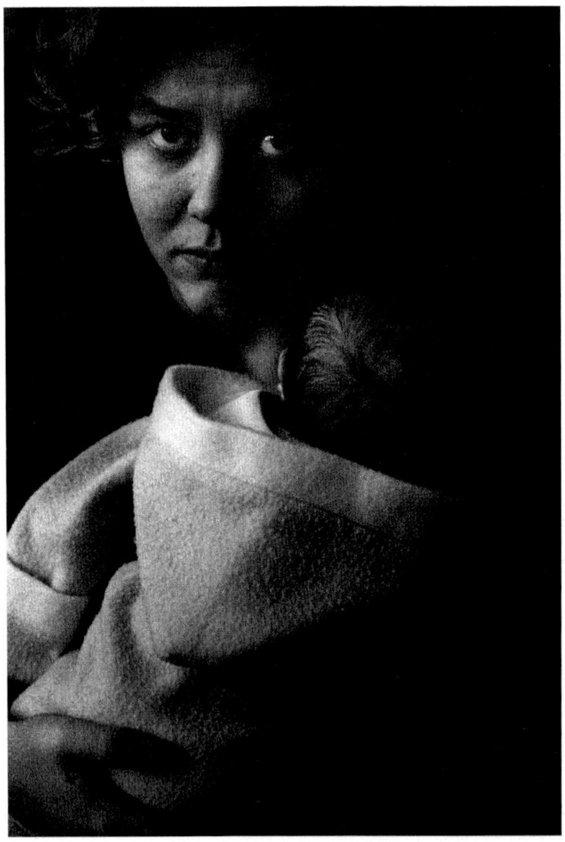

« J'ai rencontré Julie Baird le 28 février 1993. Elle avait 19 ans. Assise, elle tenait dans ses bras son premier enfant, de huit jours à peine. Julie était sans le sou, malade du sida et droguée. Elle avait quitté sa famille à 14 ans. Devenue "accro", elle avait vécu d'expédients dans la rue en se "collant" à plus d'hommes qu'elle ne pouvait s'en souvenir. De San Francisco à l'Alaska, j'ai photographié Julie pendant dix-huit années consécutives. Julie est morte le 26 septembre 2010. Je lui ai juré de raconter son histoire. »

Darcy Padilla

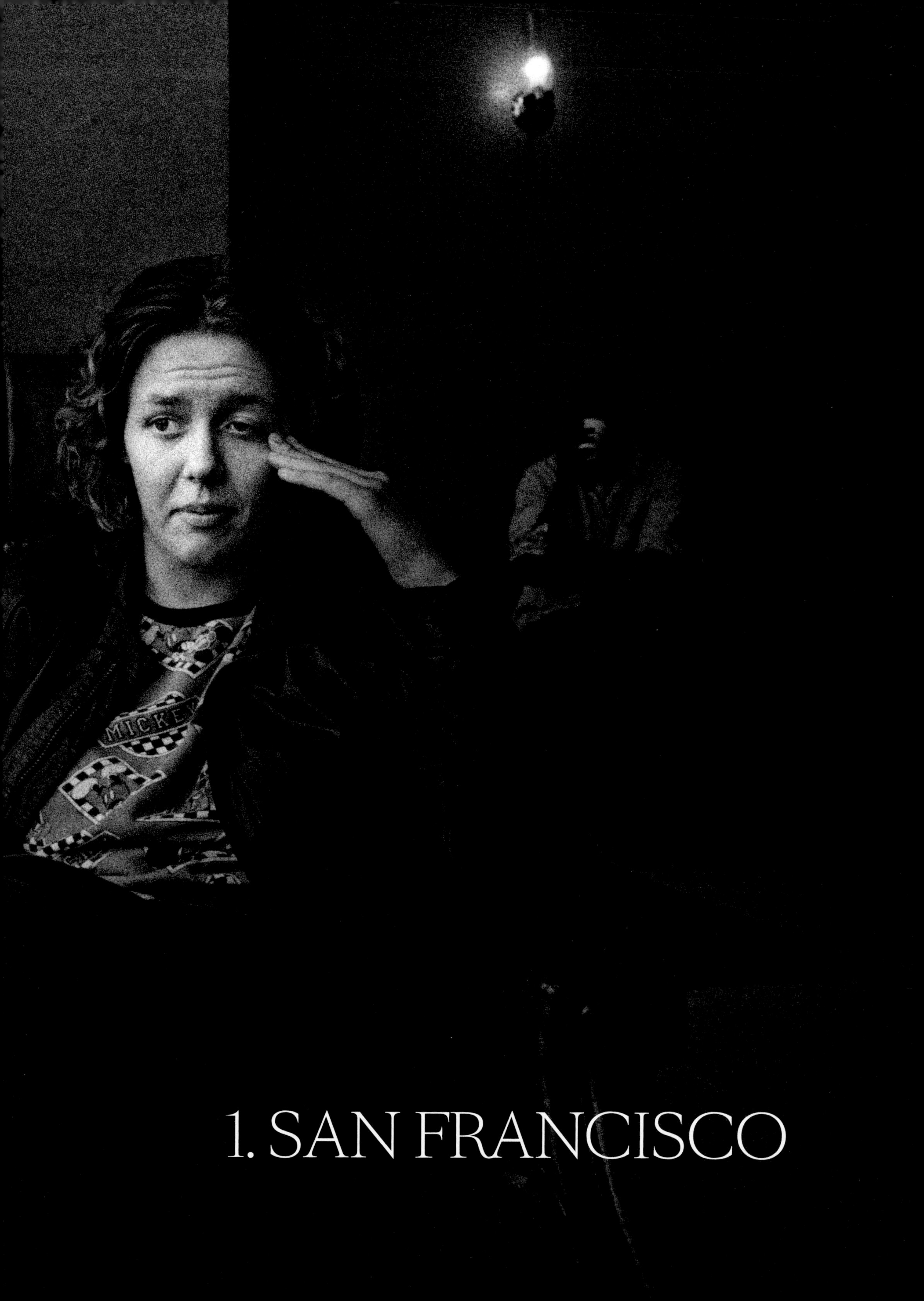

1. SAN FRANCISCO

EMPRESS
EMPRESS
HOTEL
HOTEL
TO LEASE
981-2844

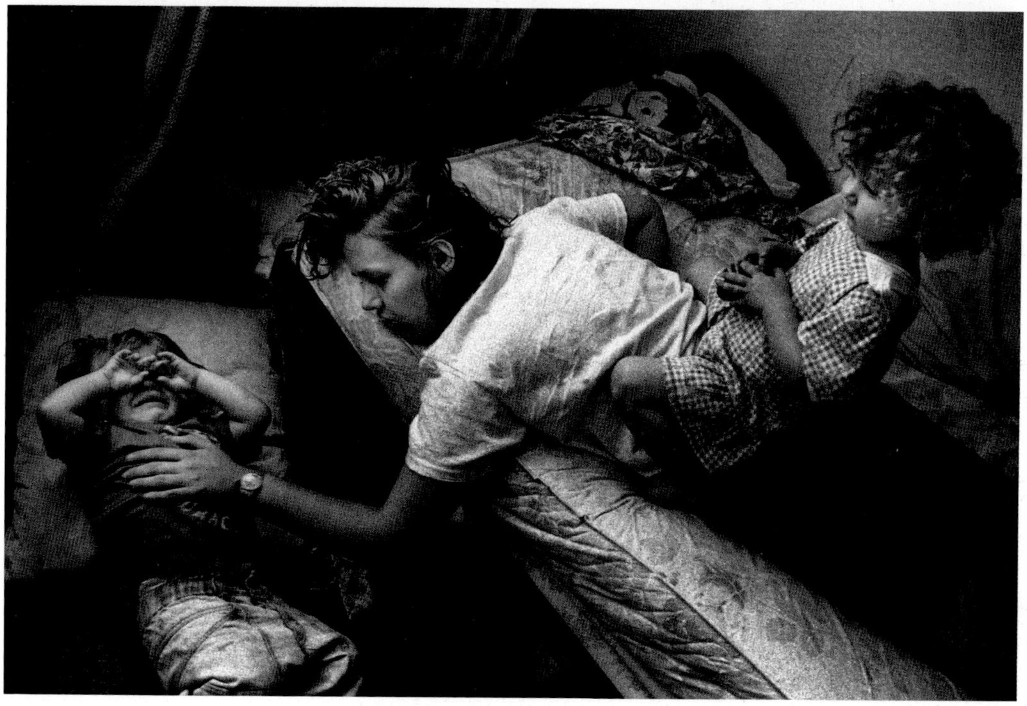

« En 1994, Julie quitte Jack, le père de Rachael. Devenu violent, il refuse d'essayer d'arrêter la drogue.

Julie tente de se désintoxiquer. Elle ne veut pas être séparée de sa fille, elle quitte l'hôtel. Mère et fille se retrouvent à la rue, avec presque rien. Elles errent un an, d'abris de hasard en hôtels sordides.

Elles déménagent douze fois. Pour gagner un peu d'argent, Julie garde les petits de ses voisins. Je la retrouve un jour dans sa chambre. Elle est allongée sur son lit et console un enfant qui lui a été confié pour une journée de "baby-sitting". Rachael est assise à cheval sur le dos de Julie. Le petit pleure : il attend le retour de ses parents partis *"se défoncer"* il y a une semaine. »

« L'année suivante, Julie trouve une petite chambre sans cuisine au *West Hotel* de San Francisco. Elle passe son temps dans l'entrée avec sa fille. Toutes deux mangent dans la chambre. Julie et Rachael se nourrissent de *fast food*, de restes que leur donnent les voisins. Parfois, elles vont à la soupe populaire. La chambre est infestée de puces et de cafards. Julie se bat. »

Julie

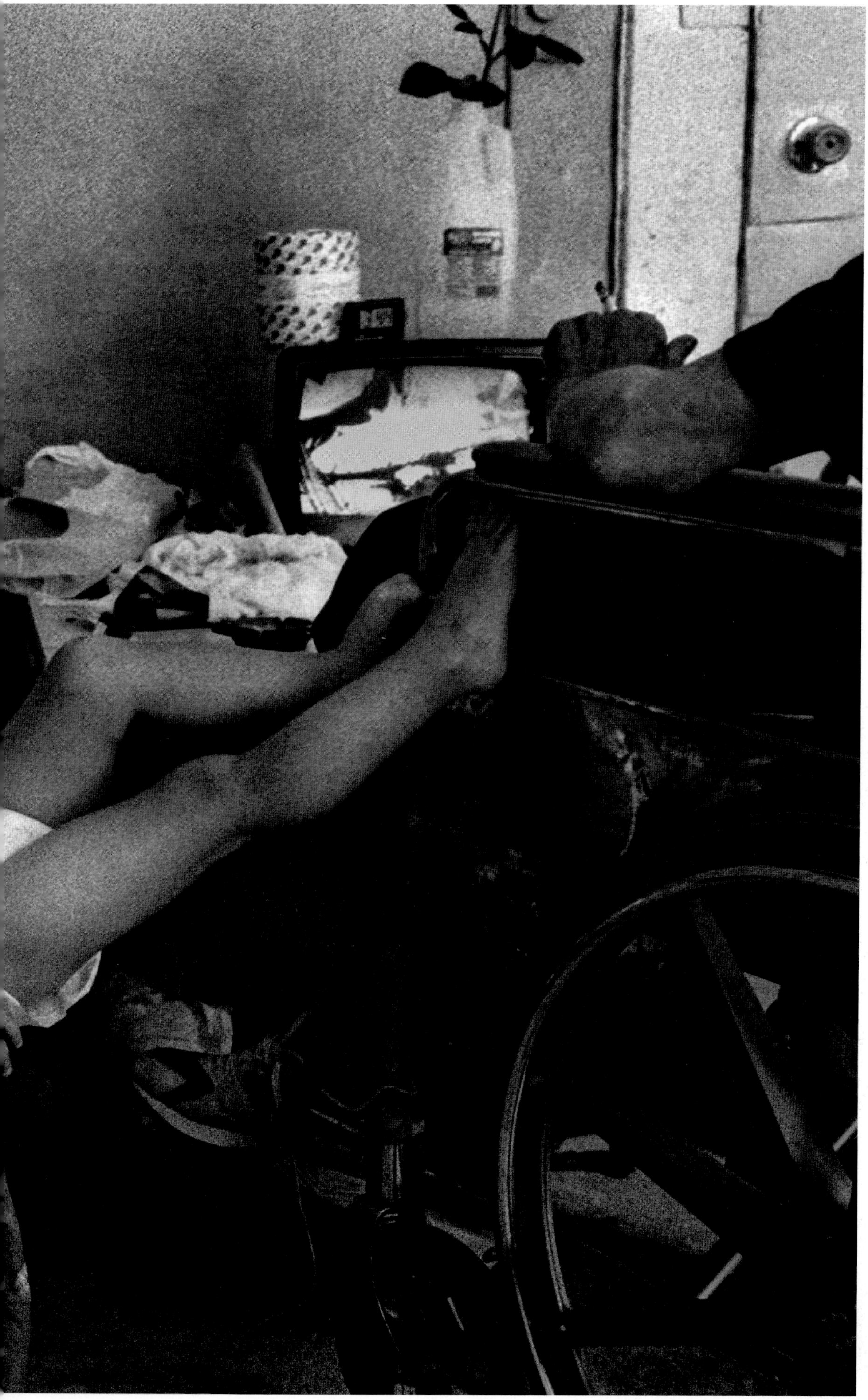

« Elles finissent par quitter la chambre, Julie n'en peut plus des bestioles. Un voisin handicapé les héberge. Ils vivent à trois : la mère, l'enfant, l'homme en chaise roulante. »

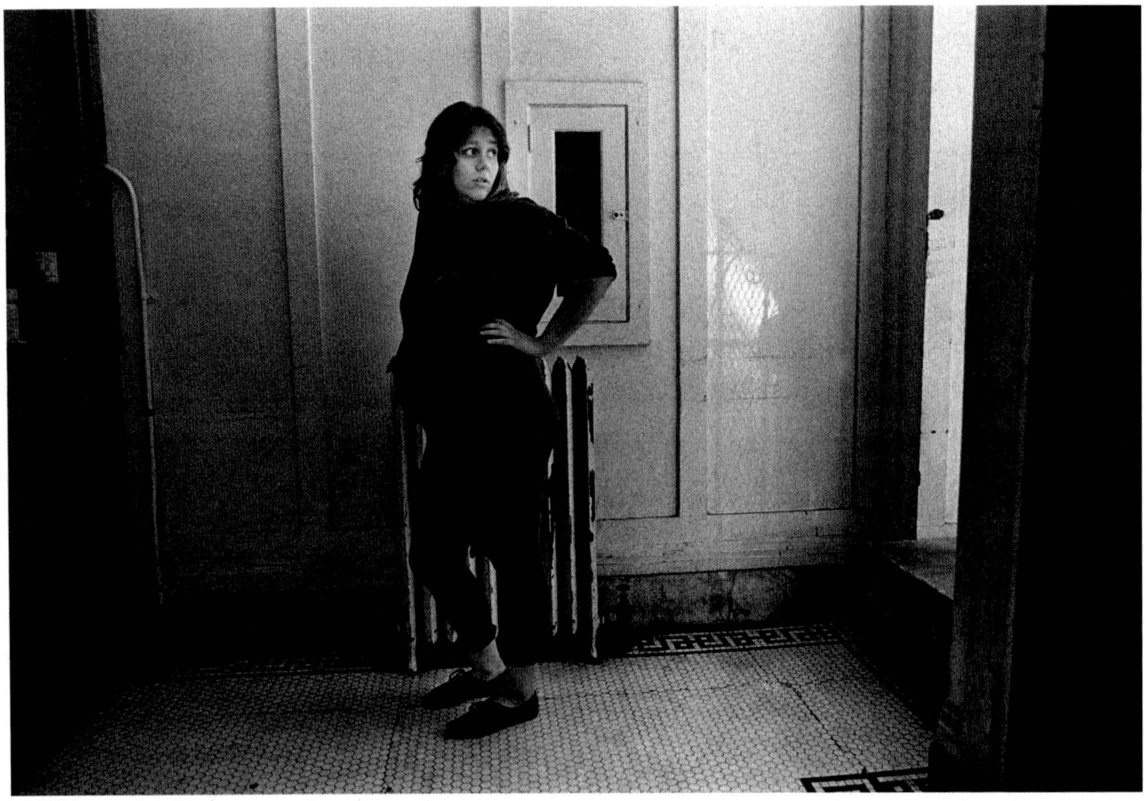

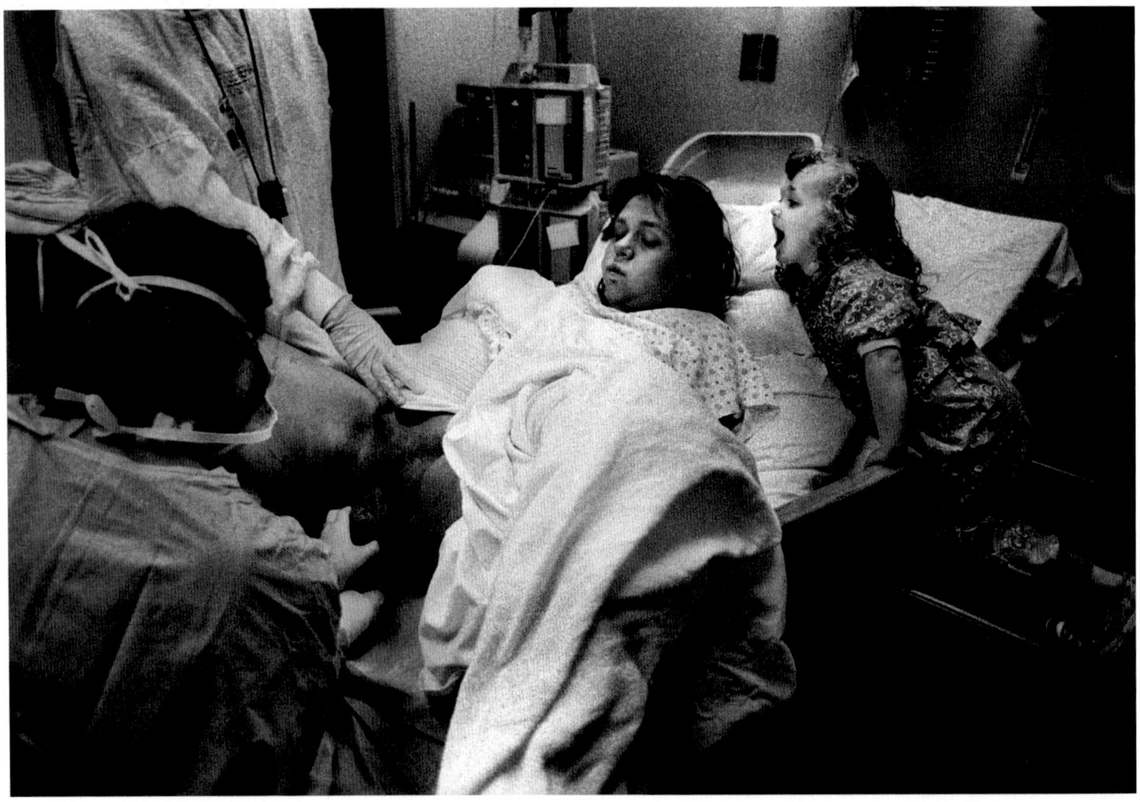

« Julie est enceinte. Elle s'en rend compte en 1996 et décide de garder l'enfant. Tommy naît le 7 avril, sous l'œil de Rachael. Dans la chambre où ils vivent, il n'y a pas d'eau. De peur de laisser Rachael et Tommy seuls, Julie ne profite pas de la salle de bain commune : "*Des fêlés [drogués] vont venir ennuyer mes enfants*". »

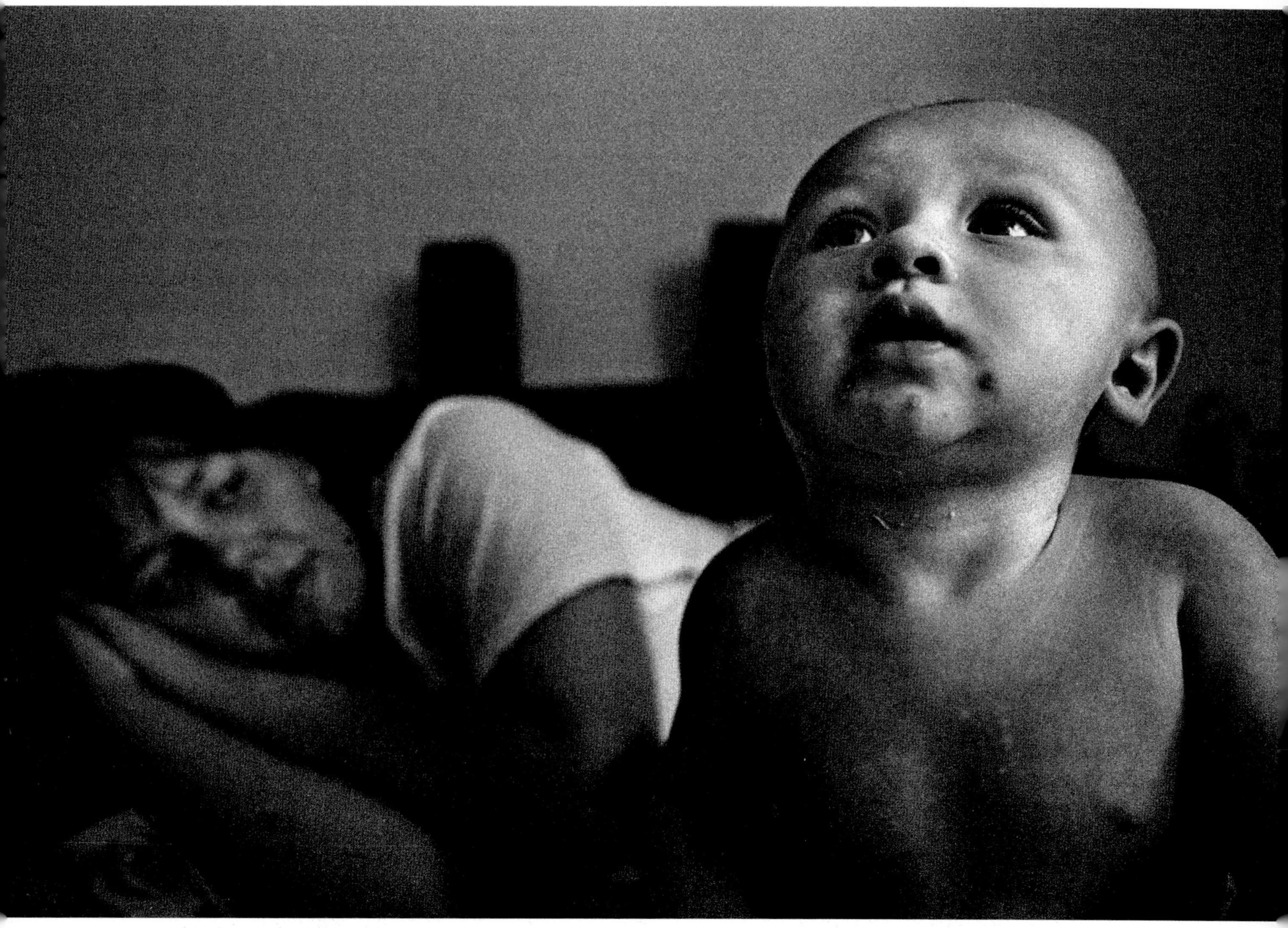

Julie

« Mes enfants… Je voudrais vivre pour moi.
Je ne peux pas à cause d'eux,
de cette chiennerie. Ma vie est foutue. »

Julie

« Pour recevoir des aides, Julie doit prouver que Tommy est son enfant. Deux mois après sa naissance, elle ne peut pas payer les 11 dollars qui lui permettraient d'obtenir un certificat de naissance. Je l'accompagne et je verse l'argent. Peu après, le téléphone sonne.
Julie : *"Je ne me shoote pas, je ne fume pas de crack, je ne m'enfonce pas une aiguille dans le bras, mais je perds le contrôle. Je suis en train de devenir une putain d'alcoolique comme ma mère. Je bois tous les jours."* »

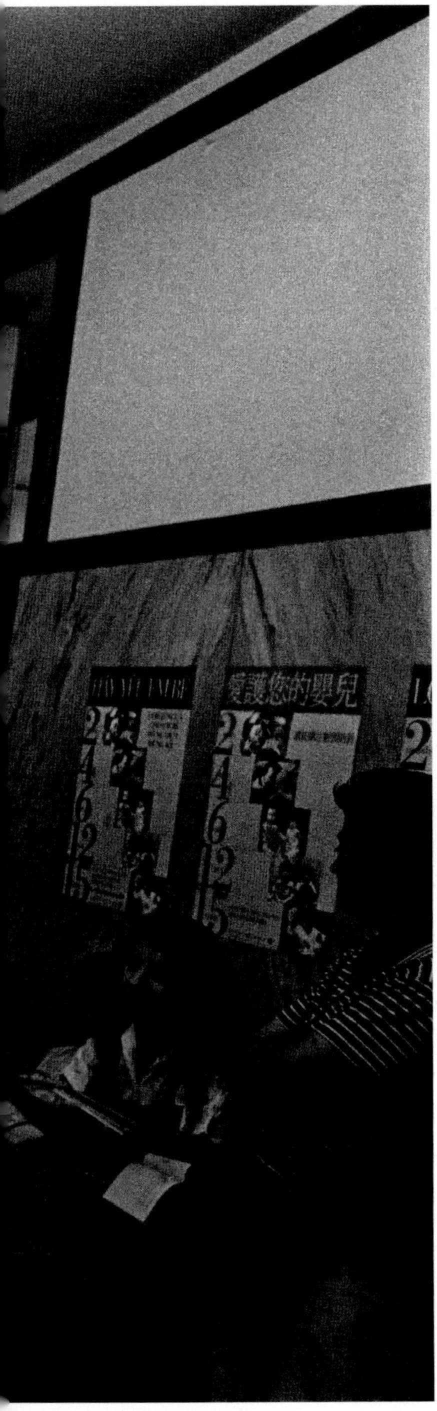

Julie

2. LES ENFANTS SONT PLACÉS

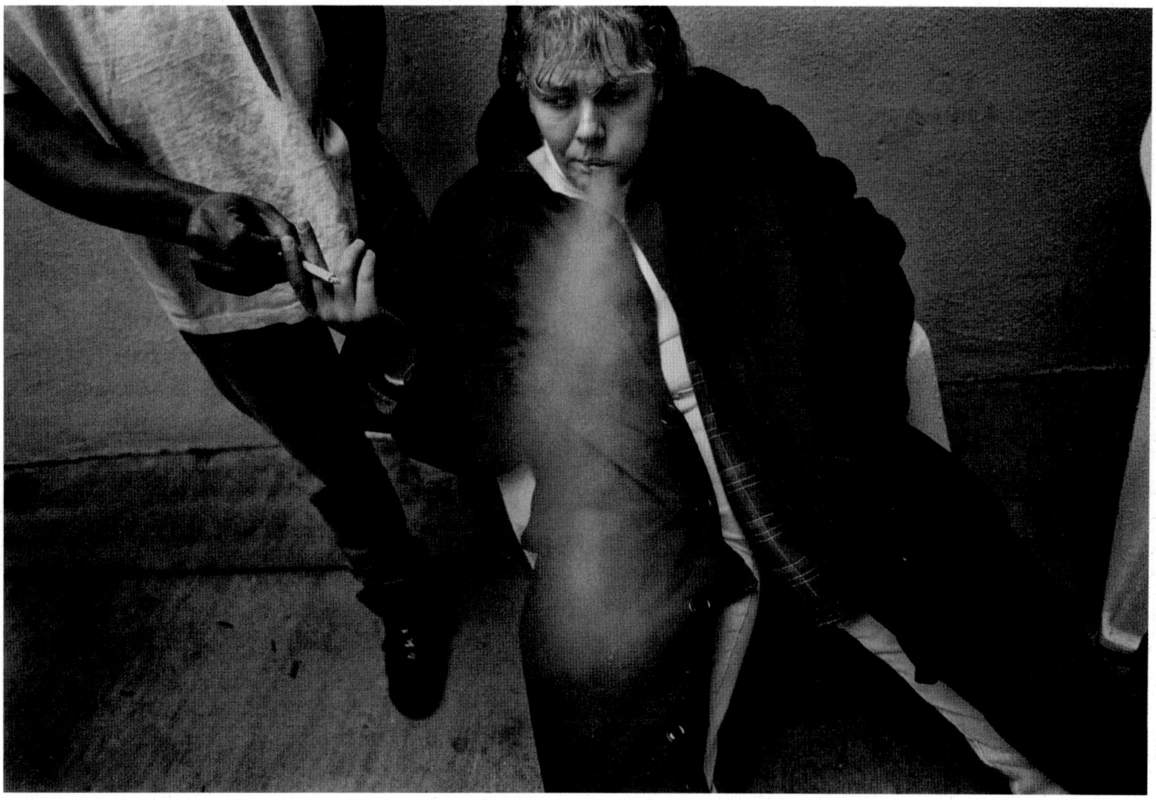

« Fin 1997, Julie se met à la colle avec Paul, rencontré à la soupe populaire. Le 14 janvier 1998, elle m'appelle, paniquée : *"Ils m'ont pris mes enfants, ils m'ont dit que Paul faisait du mal à Tommy. Un policier m'a dit : 'Il a frappé votre fils.' La police dit que Tommy a des bleus sur le visage et sur les jambes, que ça a l'air grave. Les voisins l'ont entendu crier, ils ont entendu des bruits de gifles. La police l'a trouvé, le visage couvert de vomi et de sang. Je peux pas y croire. Merde."*

Fin février, Julie rappelle : *"Darcy, je me sens mal. J'ai été au tribunal. J'ai vu des photos. J'ai crié, je veux que Paul aille en prison. Ce bâtard a fait du mal à mon fils."*

Paul est condamné à neuf mois de prison, Tommy et Rachael sont placés. Julie entame un programme de désintoxication dans l'espoir de retrouver la garde de ses enfants. »

« Un an plus tard, en février 1998, je retrouve Jack, le père de Rachael, à la demande de Julie. Elle voulait avoir de ses nouvelles. Jack est en phase terminale du sida. Il veut voir Julie, Rachael et Tommy avant de mourir.

Julie accepte. Elle apporte avec elle des photos des enfants, toujours placés. Quand Jack l'interroge, elle élude. Il dit de leur fille, Rachael, qu'elle est *"le seul cadeau que la vie [lui ai] faite"*.

Jack meurt au matin du 13 mars 1998, à 27 ans. »

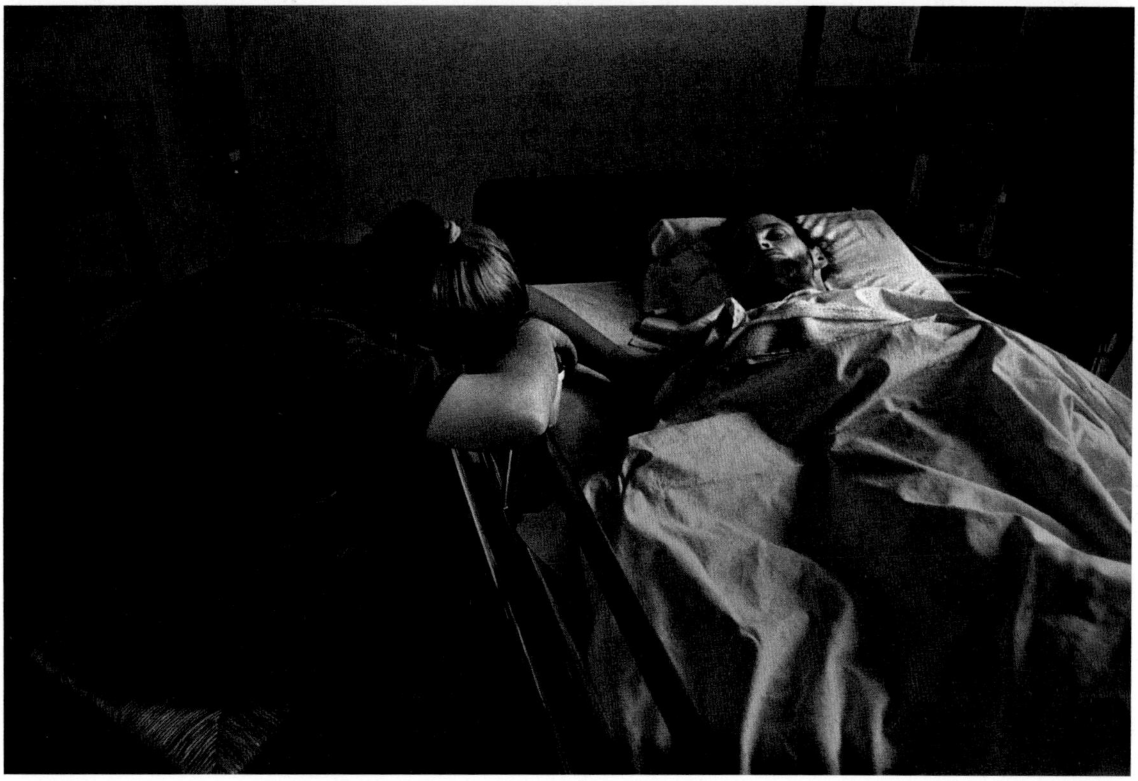

Julie

3. JASON

« Julie rencontre Jason Dunn en 1999. Jason a le sida et souffre de troubles mentaux. Ils s'installent au *West Hotel* avec un ami.

Elle m'appelle : *"Ils m'ont retiré mes droits parentaux. Tu sais ce que ça veut dire le retrait de mes droits parentaux ? Mes enfants vont être adoptés."* »

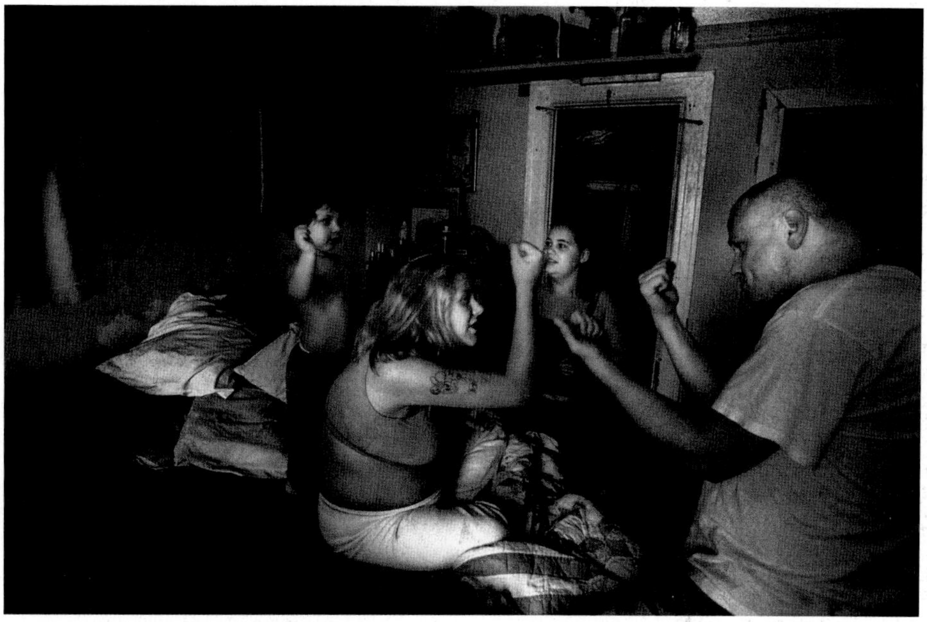

Julie

«Je savais que ça devait arriver. Je veux pas perdre mes enfants. J'ai peur, je flippe.»

« Jordan naît le 9 novembre 1999. Le lendemain, Julie et Jason s'enfuient avec le nouveau-né emmailloté dans un lange. Jason m'appelle : "*Ils voulaient prendre le bébé. A cause de moi et du sida de Julie... Les enfants sont déjà en famille d'accueil, ma fille n'ira pas. Julie t'appellera demain.*"

Julie téléphone : elle va bien, le bébé va bien. J'essaie de la convaincre de ramener sa fille. Elle est terrifiée, vraiment terrifiée. Quelques jours plus tard, le bébé est déposé à l'hôpital. Julie est arrêtée.

Accusés de kidnapping et de mise en danger d'enfant, Julie et Jason passent neuf mois en prison. »

4. ALASKA

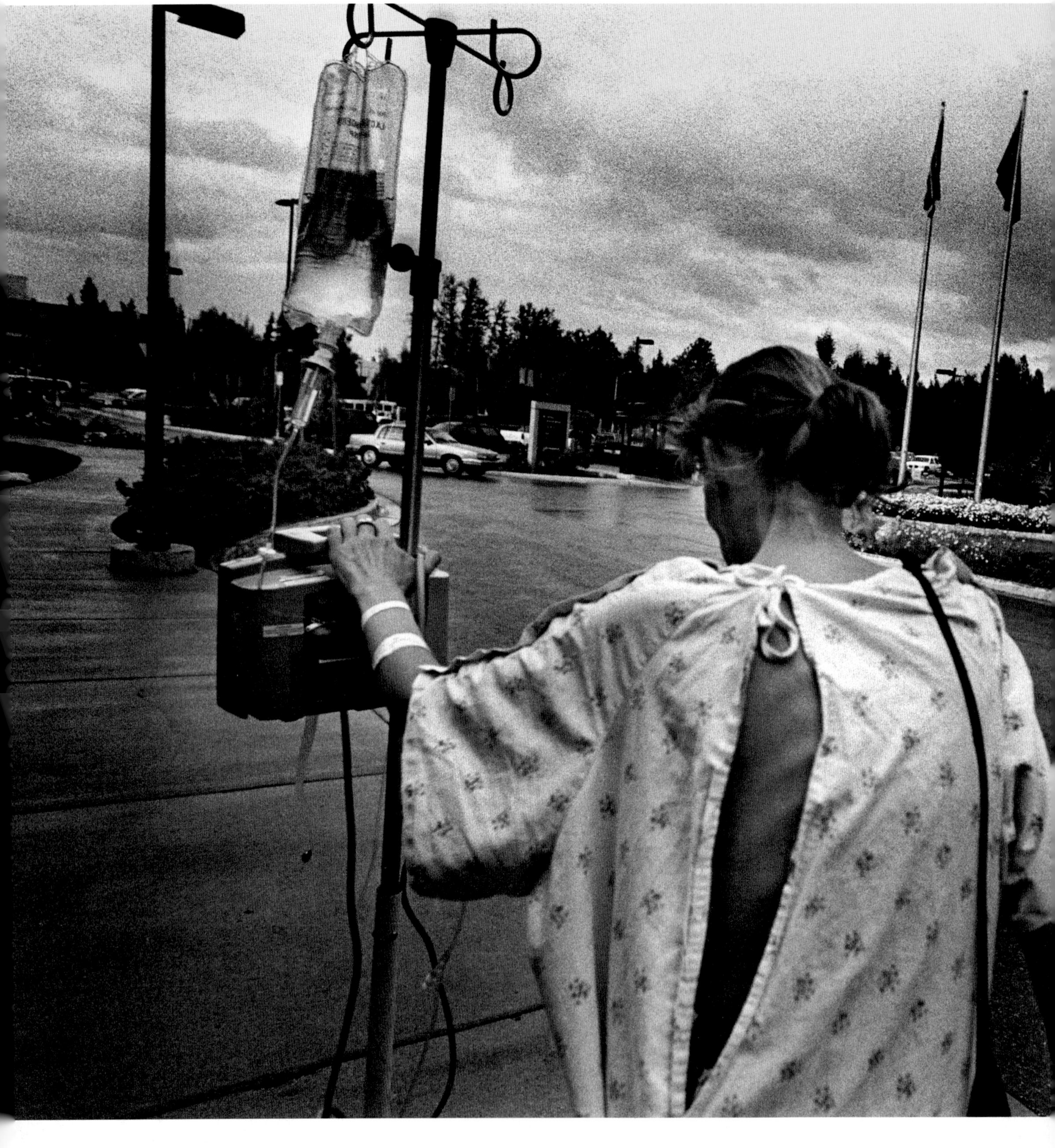

« En faisant des recherches sur Internet en 2005, je tombe sur un avis de recherche ainsi libellé : *"Si vous êtes Julie Baird, née le 10 août 1973 à Anchorage, Alaska, appelez-moi, je vous cherche..."*

J'ai appelé : c'était le père de Julie.

Il vit en Alaska. Julie l'y retrouve. A peine arrivée, elle tombe malade. Le sida. Elle n'ose rien dire à son père. Bill est heureux d'avoir retrouvé sa fille. Il l'aime. Droguée ou pas, malade ou pas.

Julie s'en tire, mais sa vie bascule. »

« Bill Baird, le père de Julie, est le gros homme équipé d'un appareil respiratoire qu'on voit sur la photo. Je l'ai tout de suite aimé, c'est un homme bon. A la disparition de Julie, son premier enfant, il s'est fait tatouer son prénom sur le bras.

Depuis, Bill s'est remarié. Il a quatre autres enfants et vit à Valdez, à une heure d'Anchorage (Alaska). Jusqu'à sa retraite, il était l'unique cuisinier de la pizzeria du coin. »

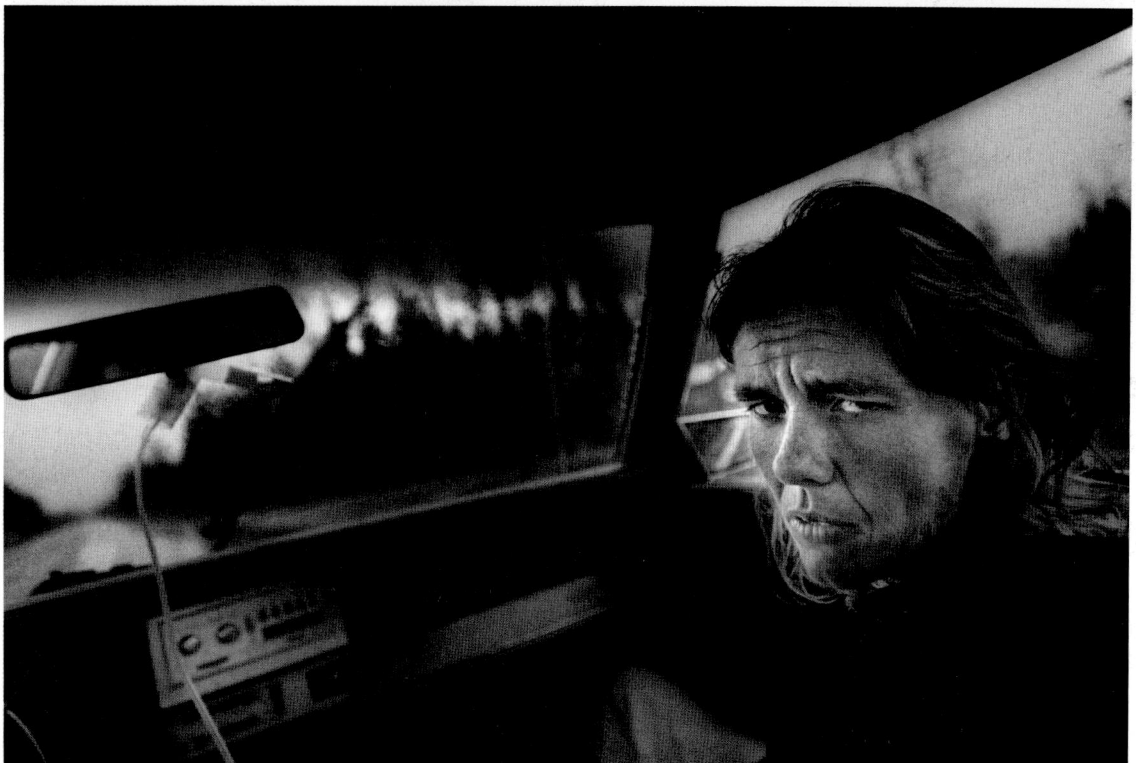

« Julie et Jason s'installent en Alaska, pas loin de Bill et de sa famille. Bill vient tous les jours voir sa fille. Il l'emmène pour de grandes promenades en voiture, lui montre les aigles, les glaciers, les lacs, la vie sauvage. Par bonté ou par candeur, il fait comme s'il était possible de tout recommencer à zéro. »

« Au dîner du dimanche de Pâques 2007, Bill meurt d'une attaque cardiaque. Julie se claquemure. Elle passe ses journées enfermée, à fumer et à dormir avec ses chiens. Une semaine après l'enterrement, elle est à l'hôpital. »

Julie

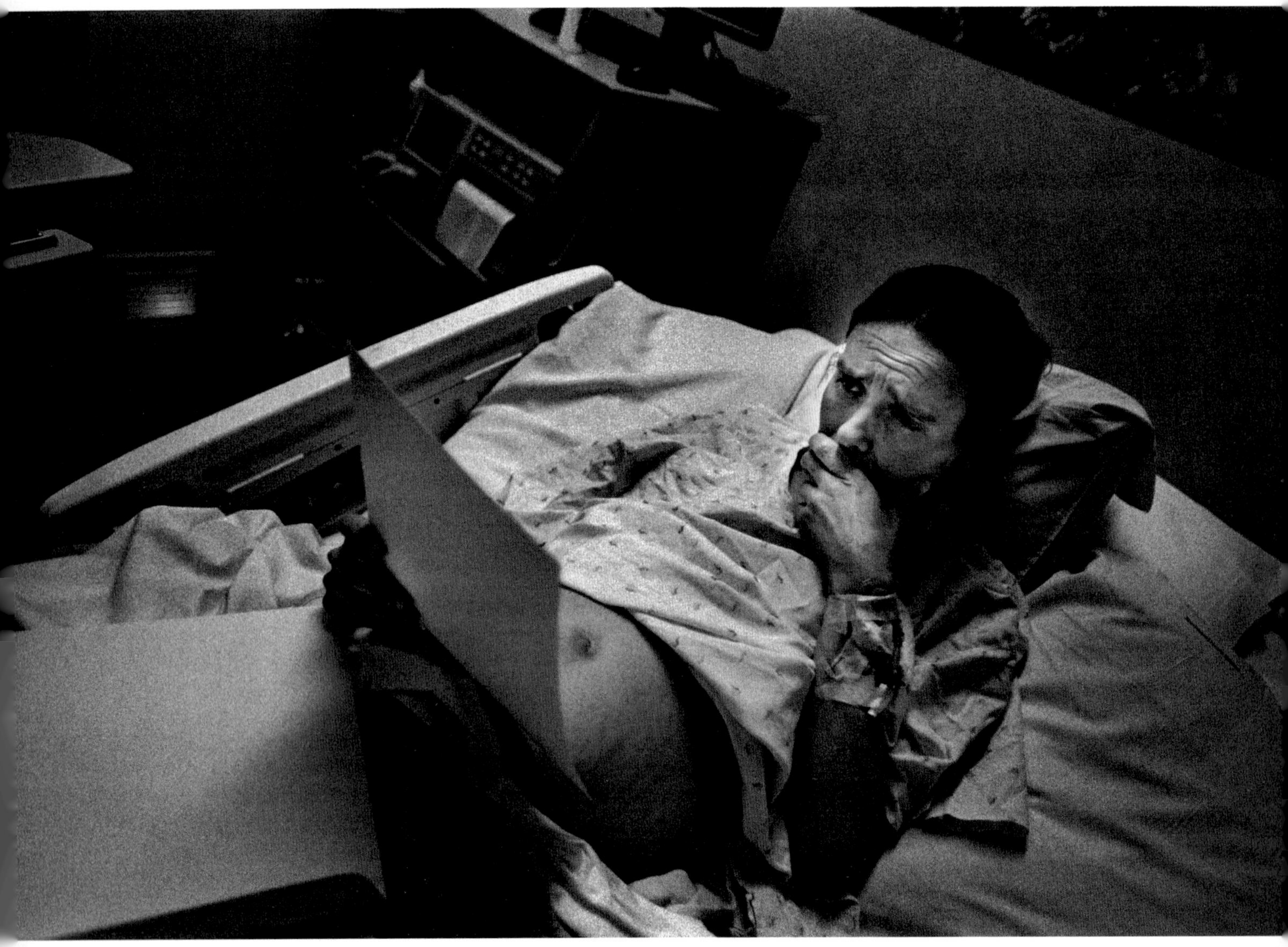

« En novembre 2007, mon téléphone sonne. Une dame se présente, elle s'appelle Karen et elle a adopté un enfant, Zach. Zach est le fils de Julie et Jason, qui leur a été enlevé six ans plus tôt. Julie allait accoucher. Je suis allée en Alaska avec, dans la poche, une lettre de Zach.

> *"Chère maman,*
> *Je t'aime quoi qu'il en soit. Eh, maman, je m'apprécie et je crois en moi. Mon père et ma mère sont vraiment gentils. J'ai un chien qui s'appelle Tinker Bell. J'ai deux autres chiens, Taz et Brie-Brie. Ce sont des golden retrievers. J'espère que tu aimes ce mot. J'espère te rencontrer.*
> *Love*
> *Zach"*

Julie fond en larmes, crie, hurle : *"Ce n'est pas ce que j'espérais, j'espérais que c'était Rachael."* Elle sort, fume. »

Julie

« Elyssa naît quelques jours plus tard. Elle est le premier de leurs quatre enfants que Jason et Julie peuvent ramener à la maison.

Zach vient en Alaska en 2008 avec Karen, sa mère adoptive. Les bras chargés de roses magenta, il lance : *"Bonjour maman, bonjour papa."*

Julie est sous tension. Elle veut que Jason *"se tienne bien"*. Zach prend des photos. Tout le monde est embarrassé.

Au départ de Zach, il y a un grand blanc. Je discute avec Jason. Il pleure, il parle, il pleure... Les mots et les larmes coulent. Il coule avec.

Julie réconforte Jason. Je les aime. Ils essayent encore d'y croire... »

Julie

« En 2009, Julie, Jason et Elyssa s'installent dans une caravane *into the wild*. Ils n'ont ni eau courante ni électricité. La ville la plus proche est à trente kilomètres. Julie n'a plus la force de porter Elyssa, ni de prendre soin de sa fille. Elle se bat pour faire quelques pas. »

Julie

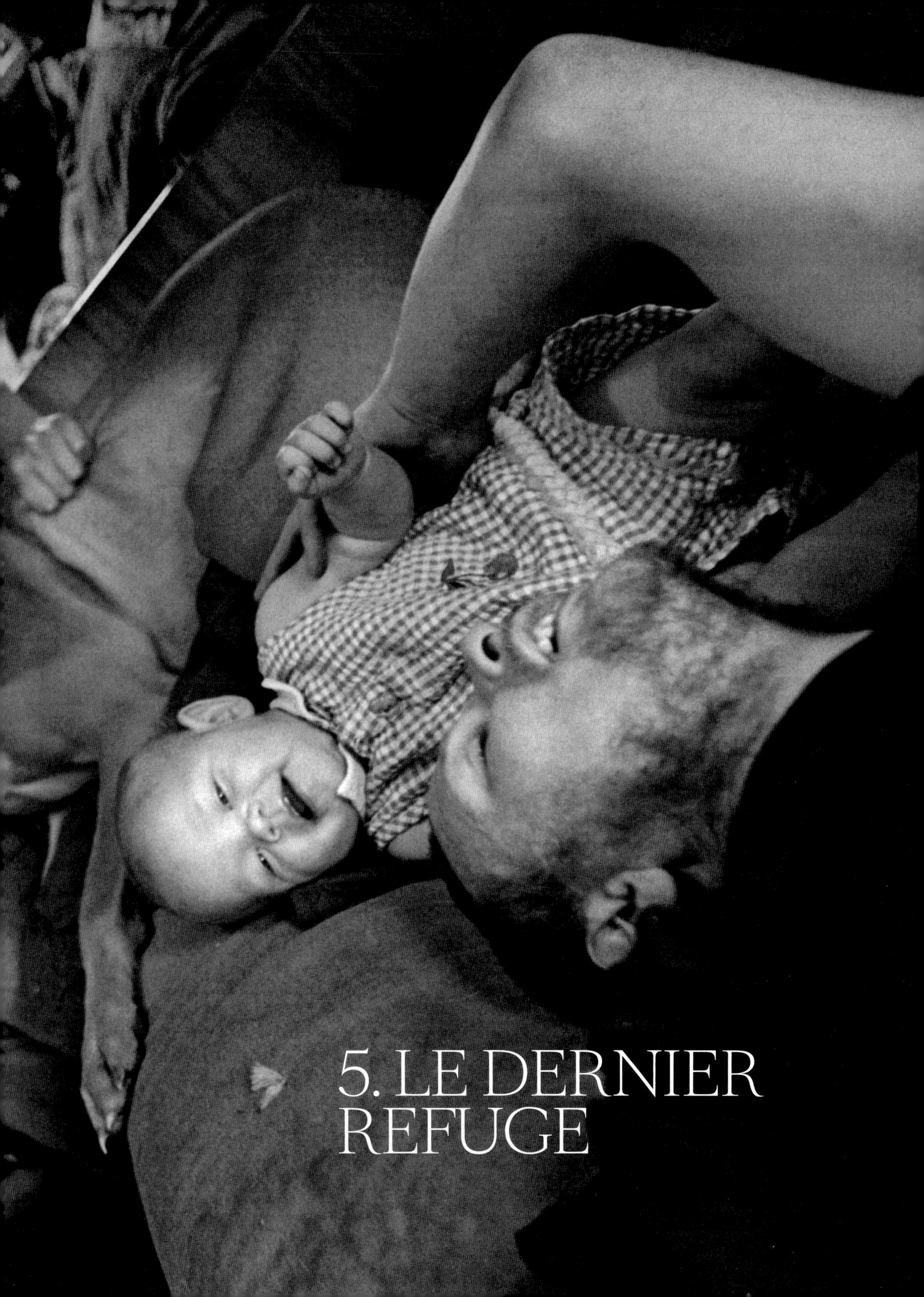

5. LE DERNIER REFUGE

« En 2009, Julie, Jason et Elyssa s'installent dans une caravane *into the wild*. Ils n'ont ni eau courante ni électricité. La ville la plus proche est à trente kilomètres. Julie n'a plus la force de porter Elyssa, ni de prendre soin de sa fille. Elle se bat pour faire quelques pas. »

Julie

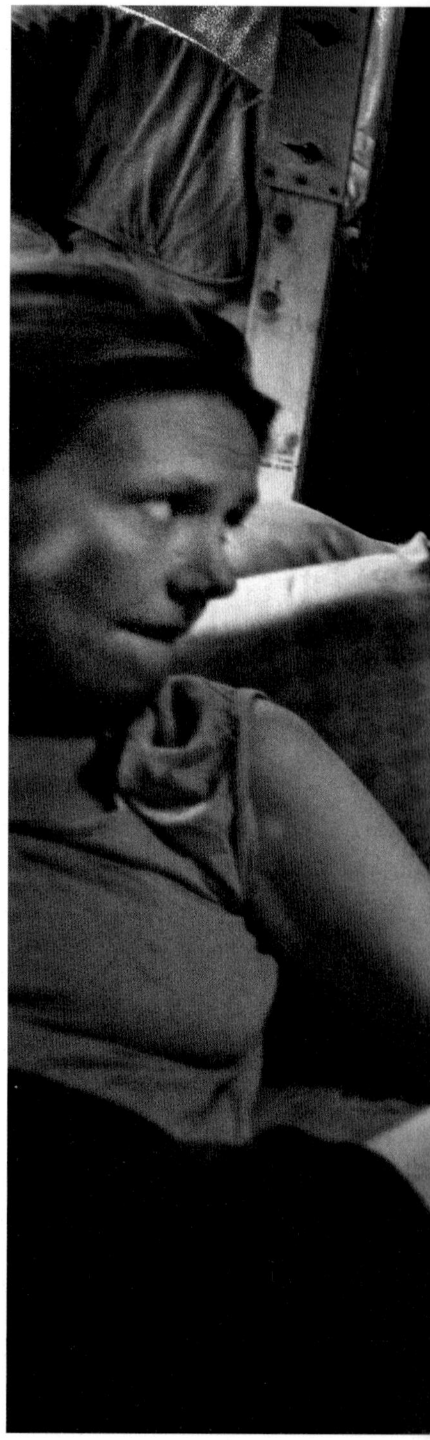

« Julie prend tous les jours trente-cinq pilules différentes. Son sida s'aggrave. Elle est de plus en plus faible, tendue. Se tenir debout devient un effort, elle n'arrive pas à aller aux toilettes et souffre de partout. Elle se dispute souvent avec Jason, qui garde Elyssa.

Elle lui dit qu'elle n'a jamais voulu de ce bébé, qu'elle ne veut pas que sa fille voie sa mère mourir. Jason répond qu'il voulait un bébé pour s'occuper. Elle lui répond qu'Elyssa n'est pas un animal de compagnie. »

Julie

6. LA FIN

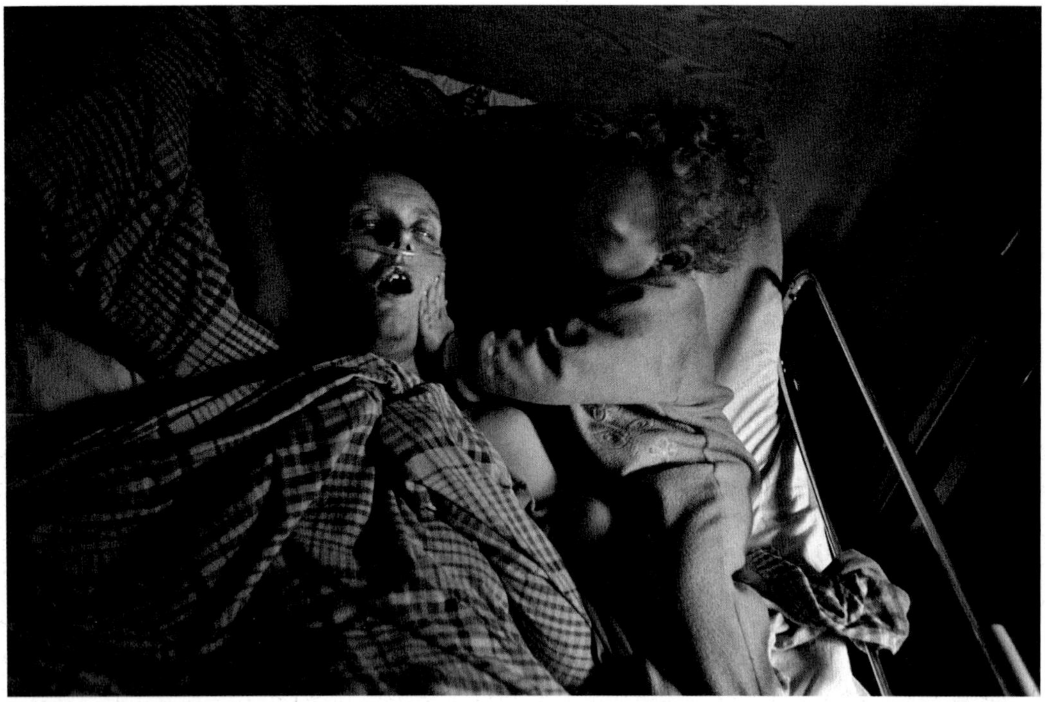

« Le 7 septembre 2010, je reçois un message : *"Appelle-moi tout de suite."* Julie est très mal. Les médecins viennent d'annoncer qu'il faut être prêt *"for the end of life procedure"* ("La procédure de fin de vie"). Je prends l'avion.

Julie, voilà... Que ta mort soit douce, que te soient épargnées la douleur et la souffrance. Je vais faire de mon mieux pour raconter, pour retrouver Rachael, Tommy, Ryan et Jordan.

Cela fait dix-huit ans, je ne te laisserai pas tomber. »

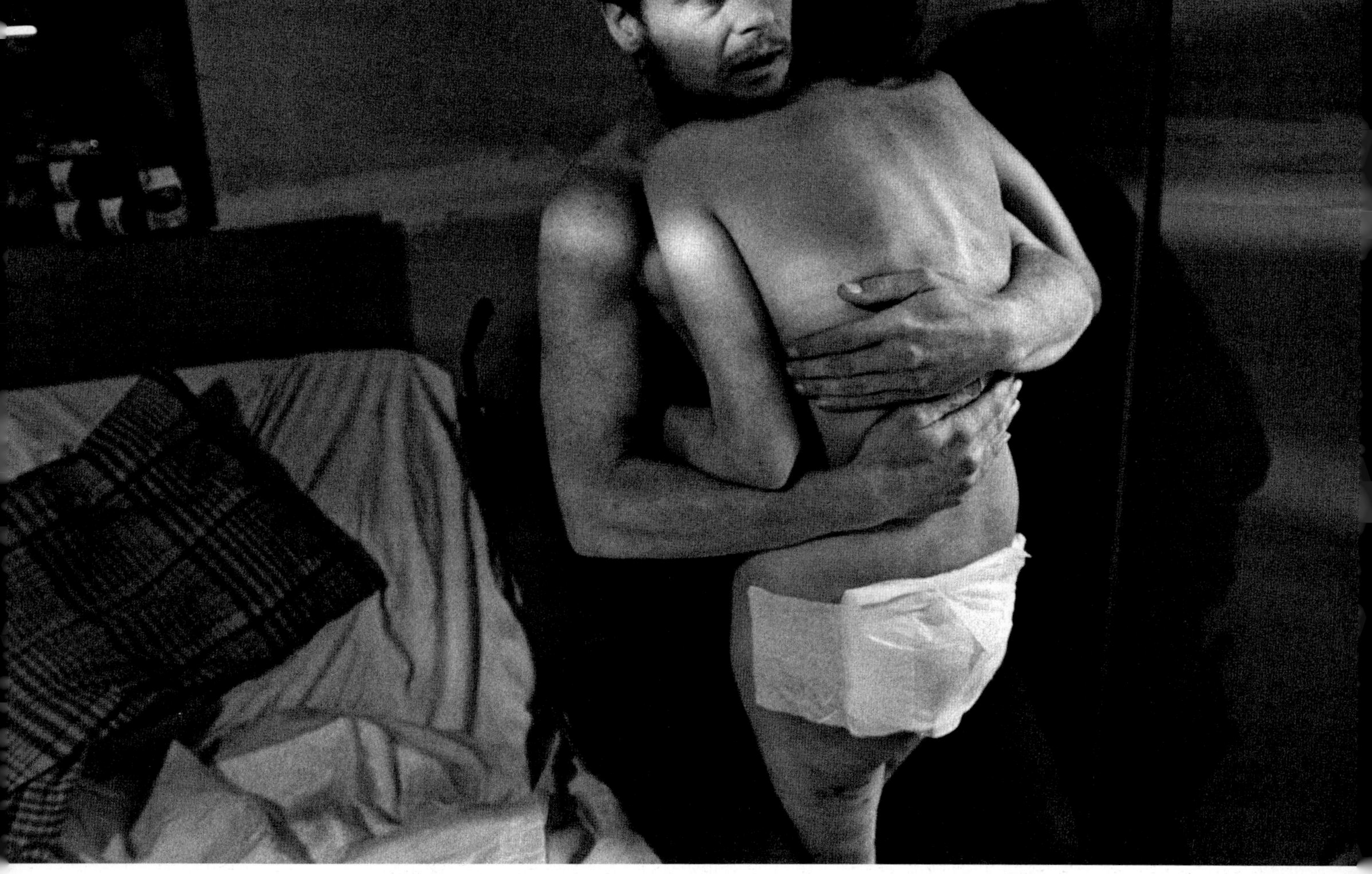

Julie

« Julie meurt
le 26 septembre 2010.
Elle avait 36 ans. »

« THE JULIE PROJECT »

La photographe qui a suivi Julie se voit comme une journaliste, investie de la mission de témoigner. A ses yeux, l'histoire n'est pas finie. Julie morte, un nouveau chapitre s'ouvre, dont les héros sont ses enfants. **Emmanuel Carrère** *a rencontré Darcy Padilla à San Francisco.*

1.

San Francisco

Autour de la 6ᵉ rue, au nord-est de San Francisco, le quartier de Tenderloin est un ghetto noir, un marché pour le crack, un foyer de misère et de criminalité – on y voit même des gens fumer des cigarettes, c'est dire. La plupart des hôtels travaillent avec les services sociaux qui leur versent directement les allocations pour être sûrs que les chambres des clients soient payées avant qu'ils courent s'acheter leur dose. Au début des années 1990, au plus fort de l'épidémie de sida, ces hôtels tenaient aussi lieu d'annexe aux hôpitaux surchargés, on y plaçait les malades pour qui il n'y avait plus rien à faire.

C'était le cas de l'Ambassador, où la jeune photographe Darcy Padilla a commencé à venir en 1992, accompagnant dans sa tournée un médecin à qui elle consacrait un reportage. Ce travail terminé, elle est revenue seule, pour photographier au long cours des malades avec qui elle a noué des relations d'amitié.

Aujourd'hui encore, elle parle avec émotion de Brian, le transsexuel si fier de sa poitrine ; de Diane, qui ne pesait plus que trente kilos ; de Steven, à qui elle a offert un volume des nouvelles de Salinger et qui avait si peur de mourir seul qu'elle aurait aimé lui promettre d'être là, le moment venu. Mais elle savait qu'il ne faut jamais faire de promesses qu'on n'est pas sûr de tenir et, même si elle passait plusieurs heures par jour avec Steven, lui faisant la lecture et le nourrissant de glace à la vanille, la seule chose qu'il pouvait encore absorber, elle n'était pas tout le temps avec lui et il est bel et bien mort seul, à 3 heures du matin, pendant que Darcy dormait tranquillement avec son petit ami de l'époque, à sept ou huit blocs de là.

Les histoires de Brian, de Diane, de Steven et de beaucoup d'autres se ressemblaient : familles pauvres et violentes, premières fugues très jeunes, drogue, prostitution, vie dans la rue, et puis la maladie qui leur tombait dessus, les transformait en sac d'os et d'escarres et les entraînait jusqu'au trou noir, dans une chambre sordide de l'hôtel Ambassador. Ces gens qui avaient alors 20 ou 30 ans sont tous morts et il n'y a personne pour se souvenir d'eux, sauf Darcy qui garde chez elle des centaines de photos de chacun, dans des cartons qui portent leurs noms. Ces tirages noir et blanc où on les voit rire, pleurer, exhiber leurs plaies, leurs peurs et leurs misères, sont la seule trace qui reste de leur passage sur terre.

Le livre dont rêvait alors Darcy, et qui devait s'appeler *Separate Lives, Different Worlds : Living Poor in Urban America*, n'était pas centré sur l'un d'eux, elle pensait plutôt à une galerie de portraits. Quand elle a rencontré Julie, elle n'imaginait pas qu'elle passerait les dix-huit années suivantes à faire la chronique de sa vie, jusqu'à sa mort. Elle et Jack étaient des clients de l'hôtel Ambassador parmi d'autres mais ils se distinguaient parce que, bien que séropositifs tous les deux, ils n'étaient pas malades et venaient même d'avoir un enfant.

Julie avait 19 ans, Jack 20, et Rachael huit jours. Julie passait le plus clair de la journée avec le bébé dans le hall de l'hôtel où elle se sentait mieux que dans la chambre infestée de puces. Elle se tenait là, assise dans le fauteuil près de la baie vitrée donnant sur la rue, la braguette de son pantalon grande ouverte sur son ventre encore dilaté par la grossesse.

Julie était méfiante, hargneuse, si quelqu'un lui adressait la parole, elle l'envoyait se faire foutre. Mais Darcy, gentiment, lui a proposé de photographier Rachael, le bébé que personne n'avait photographié depuis sa naissance, et elle s'est adoucie. Malgré sa réticence à signer quoi que ce soit, Julie a accepté de signer le formulaire que lui a tendu Darcy : O.K. pour être photographiée, O.K. pour que les photos soient éventuellement publiées.

Bientôt, Jack les a rejointes, il a pris Rachael dans ses bras, joué le jeune père attendri et il était surtout attendrissant de voir les efforts et la maladresse qu'il mettait à tenir ce rôle. Ils étaient très contents finalement d'être photographiés en jeunes parents. C'était comme s'ils étaient des gens normaux, comme s'ils avaient une famille. Ce jour de février 1993, Darcy est devenue leur famille.

Darcy Padilla est une fille brune, énergique, belle, et ça l'a fait rire lors de notre première rencontre que, de cette beauté assurée et de l'aisance avec laquelle elle occupe sa place dans le monde, j'aie hâtivement conclu qu'elle venait d'un milieu favorisé. Elle a pris à témoin Andy, son compagnon : Tu dirais quoi ? Prolo ou petit-bourgeois ? *« Working class*

or lower middle class? Let's say lower lower middle class », petit, mais alors tout petit-bourgeois.
Le père, d'origine mexicaine, était travailleur social, la mère servait les repas dans un hôpital. Dans les bourgades où Darcy et son frère ont grandi, en retrait de la côte californienne, ils étaient toujours les noirauds, les petits *« chicanos »*, et avec ça les premiers de la classe. Ecole catholique, culte du travail et du mérite, fermes principes.
Quand Darcy, à 10 ans, a fait campagne pour être déléguée, son père s'est foutu de son slogan : *« Votez pour Darcy Padilla ». « Tu es capable de trouver mieux, ma fille et, puisque tu y es, sache qu'il y a deux sortes d'hommes politiques : ceux qui font des promesses qu'ils ne tiennent pas et ceux qui s'interdisent les promesses qu'ils ne sont pas sûrs de tenir. Choisis ton camp. »* Elle se l'est rappelé quand Steven, celui à qui elle avait offert un recueil des nouvelles de Salinger, a voulu lui faire jurer qu'elle lui tiendrait la main au moment de sa mort.
Sa grande action, comme déléguée – car elle a, bien sûr, été élue – a été de réaliser un journal de la classe, dont elle assurait les photos. Du jour où elle a eu entre les mains un petit appareil automatique, elle a su ce qu'elle voulait faire dans la vie, et elle l'a fait. Je passe sur les études – brillantes –, les petits boulots, les stages. Je signale tout de même qu'à 20 ans elle en a effectué un au *New York Times* et qu'au bout de trois mois on lui a proposé de l'engager. Elle a refusé, malgré la tentation de la sécurité. Un job à plein temps ne lui aurait pas permis de faire ce qu'elle voulait, comme elle voulait.
Le premier reportage qu'elle a diffusé portait sur une sans-abri qui vivait dans des cartons aux abords d'une gare routière. Elle a continué en photographiant les enfants des rues au Guatemala, un refuge pour femmes battues, des malades du sida en prison. La pauvreté est son sujet. Si on l'envoyait couvrir l'anniversaire d'un oligarque russe à Courchevel, je pense que Darcy trouverait le moyen de revenir avec des photos de gens édentés qui parlent tout seuls en tanguant dans la rue et de gamins qui sniffent de la colle derrière les remonte-pentes. C'est auprès d'eux qu'elle s'estime commise d'office, mais elle trace très nettement une frontière.
Elle a vu la misère de près, dans son enfance. Son père, *« Mr Padilla »*, comme on l'appelait avec respect, prenait en charge tous les toxicos et délinquants juvéniles de leurs lieux de résidence. Darcy n'éprouve pas le moindre désir de se mettre elle-même en danger. Elle n'est pas Nan Goldin : aucun de ses amis proches n'est mort du sida, elle n'a jamais fumé un joint de sa vie, elle est positive, sportive, elle fait attention à ce qu'elle mange, elle habite un joli appartement bien décoré et bien rangé, et je pense que c'est d'être aussi ancrée dans cette vie idéalement *straight* qui lui permet de prendre en charge avec autant de justesse les vies en morceaux de gens comme Julie. Elle va vers eux, elle ne cesse de se demander ce que c'est que d'être à leur place, mais elle reste à la sienne. Comme dirait mon ami le magistrat Etienne Rigal, pour qui c'est le plus grand compliment qu'on puisse faire à un être humain : Darcy sait où elle est.
Julie avait un an quand sa mère, qui en avait 18, l'a prise sous son bras à la suite d'une querelle violente avec son mari et a quitté leur bled en Alaska pour la Californie. Elle y cherchait une vie meilleure mais ne l'a pas trouvée. Alcoolique, incapable de travailler, elle a dérivé au hasard des rencontres, des hommes qui voulaient bien les héberger un moment, elle et sa petite fille. L'un des hommes, qui a duré assez longtemps pour que Julie le considère comme son beau-père, l'a violée adolescente, et elle s'est enfuie à son tour. Elle n'a plus revu sa mère, jamais su par la suite ce qu'elle était devenue.
A 14 ans, Julie vivait dans la rue et elle était dépendante à l'alcool et aux amphétamines. Quand elle a rencontré Jack, dont l'histoire n'est guère différente, il se prostituait. Ils ont découvert qu'ils étaient séropositifs à l'occasion des examens de grossesse mais ni l'un ni l'autre, tant qu'ils n'étaient pas encore malades, ne s'en souciaient tellement. Ils se disaient qu'ils mourraient jeunes, tout le monde autour d'eux mourait jeune. Ils étaient absolument incapables de s'imaginer un avenir. Leur enfant leur donnait une raison de vivre, ils étaient fiers de Rachael, ils l'aimaient, ils auraient voulu être de bons parents. Mais ils ne savaient pas ce que c'est d'être de bons parents, personne ne leur avait montré comment s'y prendre.
Darcy, qui a appris tôt à faire son lit et à ranger sa chambre, était consternée par le bordel qui régnait dans la leur – au début, ils n'osaient pas l'y recevoir – et j'ai été consterné, moi aussi, de voir, sur une photo de Rachael endormie, l'oreiller à côté de sa tête criblé de trous de cigarette : ce que ces trous veulent dire, c'est que sa mère ou son père, en s'assoupissant clope au bec, ont plutôt cent fois qu'une failli foutre le feu au lit dans lequel dormait leur petite fille de 2 ans.
Julie, cependant, faisait des efforts : elle voulait arrêter de prendre du *« speed »* et c'est parce que Jack ne voulait pas, ou ne pouvait pas,

qu'ils se sont séparés. Le *« speed »* le transformait en fauve, rien que sa façon de marcher – que Darcy m'a imitée – faisait peur dans la rue. Jack n'est pas allé loin : dans un autre hôtel du quartier, à quelques blocs de distance, mais le rayon de leurs vies était tellement réduit qu'il aurait aussi bien pu aller vivre sur la côte est. Ils se sont perdus de vue, Darcy a continué à voir Julie et Rachael.

Julie la présentait fièrement comme *« ma photographe »*. Elle était contente que Darcy lui offre des tirages, lui fasse de petits albums, mais les photos qu'elle préférait étaient les photos joyeuses, celles où l'on voyait des enfants et pas, plaisantait-elle, *« celles qui te plaisent à toi »* où elle avait l'air d'une épave. Un nouveau couple s'était installé dans l'hôtel, toxico-séropo mais pas malade : à l'aune de leur milieu, des veinards. Ils avaient deux enfants, que Julie gardait les jours où ils étaient trop défoncés, et elle aimait que Darcy vienne ces jours-là, quand il y avait trois petits qui couraient dans les escaliers et se bagarraient sur les lits. Ils allaient tous ensemble au McDo, Darcy les regardait engloutir les hamburgers qu'elle leur offrait et, pour sa part, ne mangeait rien car la *junk food* est contraire à ses stricts principes diététiques – chochotterie qui faisait grandement marrer Julie et est devenue une de leurs *private jokes* favorites.

Une fois, Darcy les a invités dans une cantine vietnamienne qui se trouve sur le trottoir d'en face. Julie n'avait jamais eu l'idée d'y mettre les pieds. La cantine existe toujours, j'y suis allé avec Darcy et elle m'a raconté qu'elle avait voulu payer le repas avec sa carte bleue mais que le type ne prenait que le cash. *« O.K.*, a-t-elle dit, *je reviendrai demain vous payer »*, et elle se rappelle la stupeur de Julie, d'abord parce que Darcy inspirait assez confiance pour que, sans la connaître, un commerçant lui fasse crédit au lieu d'appeler la police, ensuite parce qu'elle est effectivement revenue payer le lendemain.

Photographe *free lance* débutante, Darcy tirait à l'époque le diable par la queue mais elle avait conscience d'être, avec ses problèmes d'argent, incommensurablement plus riche – et d'abord riche d'avenir – que tous les gens qu'elle connaissait dans le quartier de Tenderloin. Elle s'est toujours comportée en conséquence. Autant qu'elle le pouvait, elle a donné à qui lui demandait. C'est en racontant ses histoires avec ses fiancés et ses reportages dans des pays dont Julie ne connaissait même pas le nom qu'à défaut d'impossible égalité une relation de plain-pied s'est instaurée.

Julie se racontait aussi, avec une espèce d'humour bien à elle, brutal et sarcastique. Elle était obsédée par l'idée de ressembler à sa mère, d'être comme elle une alcoolique et une mauvaise mère, et que Rachael ait plus tard une vie aussi pourrie qu'elle. Darcy l'écoutait en s'abstenant de dire *« mais non, mais non »* et, quand Julie lui a annoncé qu'elle était de nouveau enceinte, sans savoir qui de ses partenaires d'une nuit était le père, elle n'a pas fait semblant de trouver que c'était une excellente nouvelle.

Julie a décidé de garder l'enfant. Darcy l'a soutenue dans sa grossesse. Elle a été, avec Rachael, présente à l'accouchement dont elle a pris des photos. Elle a accompagné Julie déclarer le petit Tommy. Elle a emmené les enfants au dispensaire quand ils étaient malades et que Julie n'osait y aller elle-même, de crainte que, devant son état d'intoxication, on lui retire la garde. Jamais, en revanche, elle n'a invité Julie chez elle et jamais Julie, qui à sa façon était intelligente, ne le lui a demandé.

2.

Les enfants sont placés

En 1997, Julie a rencontré un certain Paul. Elle est partie avec ses deux enfants, Rachael et Tommy, pour s'installer avec lui à Stockton, une cité ouvrière à deux cents kilomètres de San Francisco. Darcy voulait espérer qu'elle était casée, plus ou moins tirée d'affaire, une vie de ménagère suburbaine certes pas très enviable, mais de loin préférable au naufrage généralisé du Tenderloin.

Une nuit, Darcy a reçu un coup de fil affolé : Julie était à l'hôpital à la suite d'une fausse couche et la police était venue la voir pour lui dire que Paul, accusé d'avoir maltraité le petit Tommy, était arrêté. Julie a d'abord refusé de le croire. On lui a mis sous le nez le rapport, des photos : ecchymoses, plaies, visage couvert de vomi. A sa sortie de l'hôpital, Paul était en prison et les deux enfants sous la garde des services sociaux. Julie avait le droit de leur rendre visite, mais pas de les reprendre *« pour le moment*». Pas pour le moment, d'accord, mais quand? Ce n'était pas clair. Les conseillers se montraient évasifs et Julie avait conscience, en les traitant de salauds et d'enculés, d'aggraver son cas. Mais elle ne pouvait pas s'en empêcher. Seule à Stockton, elle perdait pied, craignait de devenir folle et s'est mise, pour la première fois, à harceler Darcy, à la réveiller en pleine nuit en menaçant de se suicider. Elle aurait voulu que Darcy adopte Rachael et Tommy. Darcy, exaspérée, a fini par lui dire que, si on lui avait pris ses enfants, c'était sa faute. *«Fuck you»*, a répondu Julie avant de raccrocher. Si elle n'avait plus donné signe de vie, Darcy pense qu'elle ne lui aurait pas couru après : elle était vraiment devenue trop lourde à gérer. Mais Julie a rappelé après une semaine de bouderie, et lui a fait part d'une nouvelle inquiétude : elle ne savait pas où était Jack, le père de Rachael. La dernière fois qu'elle l'avait vu, quelques mois plus tôt, il allait mal.

Darcy a joint les hôpitaux, activé son réseau de médecins et de travailleurs sociaux et localisé Jack dans un hospice, en phase terminale du sida. De Stockton à San Francisco où se trouvait l'hospice, le voyage en bus coûtait 20 dollars. Julie ne les avait pas, Darcy a payé pour les quelques visites qu'elle a rendues à Jack. Il avait à son chevet des photos des enfants prises par Darcy, et réclamait Rachael avec une insistance poignante. Julie éludait, disait qu'elle était à l'école, qu'elle viendrait la prochaine fois. Elle n'arrivait pas à lui dire que Tommy et Rachael lui avaient été retirés. Jack est mort sans revoir sa fille – le seul cadeau, disait-il, que lui ait jamais fait la vie.

Au fil de ces cinq premières années passées à photographier Julie, le grand projet de Darcy sur la pauvreté urbaine se resserre autour de sa figure. C'est déjà sous le titre *The Julie Project* qu'elle dépose en 1998 un dossier de candidature pour une bourse de la fondation Soros. Elle obtient cette bourse, dont les deux précédents lauréats sont Gilles Peress et Bruce Davidson, deux vedettes de l'agence Magnum, et s'envole pour New York. Au cocktail donné en son honneur, Darcy remarque le regard intense, braqué sur elle, d'un beau jeune homme aux yeux noirs.

Le beau jeune homme s'appelle Andy, il vient d'achever ses études d'économie et travaille pour une organisation humanitaire. Portoricain, né dans le Bronx, il est du même monde que Darcy et a les mêmes valeurs – mais avec une réserve, quelque chose de posé et de réfléchi, qui contraste avec sa propre exubérance. En me racontant leur rencontre, Andy me dit : *«Vous l'avez forcément remarqué, quand Darcy est dans une pièce, on ne voit qu'elle, c'est quelqu'un qu'on ne peut pas rater.»* Cette aura l'intimidait, mais ce qui lui a fait penser qu'il avait sa chance, c'est qu'elle ne se la jouait pas : rien de bohème, aucune des postures bravaches qu'il pensait être l'apanage des photographes.

Leur histoire, au début, est compliquée par la distance, elle à San Francisco, lui à New York. Mais, au bout de deux ans, Andy quitte sa ville et son job pour rejoindre Darcy et non seulement s'installer avec elle, mais devenir son partenaire professionnel, à la fois agent, comptable, assistant, et bientôt concepteur de son site Internet. La répartition des rôles entre eux est simple : elle fait des photos, lui prend en charge tout le reste et c'est apparemment une affaire qui roule. Douze ans plus tard, ils sont toujours ensemble, ils se souhaitent et je leur souhaite que ça dure toujours.

3.

Jason

Presque en même temps que Darcy, Julie a elle aussi fait une rencontre. Ce n'était pas à un cocktail de la fondation Soros, mais dans un centre de réhabilitation pour toxicomanes où elle suivait une cure qu'elle n'a pas achevée. A première vue, Darcy n'aurait pas misé un kopeck sur la relation de Julie avec ce Jason – il n'empêche que, douze ans plus tard, il était lui aussi toujours là.

Adolescent, Jason s'était enfui de Portland (Oregon) où habitaient ses parents et vivait depuis dans la rue : drogue, prostitution, séropositivité, la triade habituelle, à quoi venaient dans son cas s'ajouter un Q.I. très inférieur à la moyenne et des troubles maniacodépressifs qui lui valaient une allocation d'invalidité. On ne le jugeait pas assez responsable pour toucher et gérer lui-même

l'allocation. Il lui fallait un adulte référent, et Julie a très vite tenu ce rôle pour lui.
Une série de photos touchantes le montre aussi content qu'un enfant découvrant ses cadeaux de Noël devant Julie qui, sérieuse comme un pape, compte les billets de sa pension et en détache quelques-uns de la liasse, qu'elle lui donne pour s'acheter de quoi rendre quelques heures la vie un peu moins dure. Jason faisait penser au simple d'esprit, Lennie, dans *Des souris et des hommes*. Julie, qui de sa vie n'avait jamais dominé personne, le dominait comme George domine Lennie dans le roman de Steinbeck.
Comme Lennie, Jason n'était pas méchant mais pouvait être brutal et même, pense Darcy, dangereux. « *Regarde ce qu'il fait au chat* », m'a-t-elle dit, choquée, en me montrant la photo où il l'empoigne par la peau du cou. Ce n'est évidemment pas Andy qui ferait ça, et je suis prêt à témoigner qu'aucun chat au monde n'est traité avec plus d'égards que Pablo, l'angora qui règne sur leur joli appartement de Broderick Street.
Julie ne prenait aucune précaution contraceptive. Elle savait qu'il est possible d'avorter mais de façon purement théorique, comme on sait qu'il est possible d'aller sur la lune. De 1993 à 2009, elle a donné vie à six enfants. Rachael et Tommy au début, Elyssa à la fin, sont les seuls dont elle s'est occupée. Les trois autres lui ont été retirés dès leur naissance par les services sociaux, non sans de bonnes raisons, mais ces bonnes raisons désespéraient Julie.
Elle savait que sa vie était une catastrophe, qu'elle avait tout raté et que ça ne risquait pas de s'arranger. La seule chose qu'elle aurait aimé réussir, qu'elle se croyait maintenant capable de réussir, c'était élever un enfant et lui donner une petite chance d'être mieux qu'elle. C'est pour cela qu'elle s'inscrivait obstinément à ces programmes de réhabilitation qu'elle n'achevait jamais, dans l'espoir d'obtenir un certificat qui prouverait qu'elle avait changé, qu'on pouvait désormais lui faire confiance. Elle espérait qu'on lui rendrait Rachael et Tommy mais, depuis qu'elle était avec Jason, ils vivaient de nouveau à San Francisco, dans ce sinistre quartier de Tenderloin auquel la vie semblait la ramener toujours. Stockton était trop loin, le voyage en bus trop cher et son propre état trop brumeux pour qu'elle continue à rendre visite à ses enfants.
« *Je vais y aller, je vais y aller,* disait-elle. *Je vais leur apporter des cadeaux* », mais elle n'y allait pas et, le jour où l'on devait statuer sur leur cas, elle ne s'est pas présentée. En sorte qu'elle a été définitivement déchue de ses droits parentaux. Rachael et Tommy ont été confiés à un centre d'adoption. Julie ne devait plus jamais revoir les deux petits, ni savoir ce qu'ils sont devenus.
Quand la décision lui a été notifiée, Julie était enceinte jusqu'aux dents des œuvres de Jason et elle a eu si peur qu'on lui prenne son bébé que, le lendemain de l'accouchement, Jason et elle l'ont kidnappé. Ils l'ont emmailloté dans un lange et se sont enfuis de l'hôpital.
Darcy avait photographié l'accouchement et elle a reçu la visite de la police, qui les recherchait. Elle s'est mise elle aussi à leur recherche, espérant les trouver la première et les raisonner. Il y a eu deux ou trois jours d'extrême confusion, de nuits blanches, de coups de fil hagards, de rendez-vous et de médiations manqués au terme desquels les parents kidnappeurs ont été arrêtés et la petite Jordan confiée, comme ils le redoutaient, aux services sociaux qui l'ont mise sans attendre dans le circuit de l'adoption.
Jugés, Julie et Jason ont été condamnés à un an de prison. Ils ont purgé neuf mois, au cours desquels Darcy leur a régulièrement rendu visite, ce dont aucune photo ne témoigne car le règlement l'interdisait. Libérés, ils ont repris leur vie de misère dans le Tenderloin. Deux autres enfants sont nés, Ryan en 2001, Jason junior en 2002, qui sont passés directement de la salle d'accouchement au centre d'adoption. C'est à peine si Julie les a quelques instants tenus tous les deux dans ses bras.
Jason et elle étaient extrêmement déprimés, quittaient à peine leur lit cerné par les reliefs de *junk food* et par toutes ces merdouilles pathétiques qui sont les possessions des gens très pauvres. Julie passait ses journées à boire, Jason à fumer de l'herbe. Les rythmes de leurs addictions, de leurs moments d'exaltation et de leurs descentes, s'accordaient mal.
Il s'est écoulé deux ans comme ça, au cours desquels Darcy a assez peu vu Julie et Jason, à la fois parce qu'ils se terraient et parce qu'elle-même était très occupée. Pour améliorer leurs revenus, l'idée était venue à Andy que Darcy se lance dans la photo de mariage. Presque tous les week-ends, désormais, elle photographiait, en couleurs, des couples qui se juraient amour, assistance et fidélité, entourés de familles souriantes et suffisamment argentées pour s'offrir ses services, qui ne sont pas donnés. Grâce à cela, elle pouvait passer la semaine à photographier en noir et blanc des sans-abri et soumettre chaque étape de son *work in progress* à des fondations prestigieuses.
Après Soros, Getty, et après Getty, Guggenheim, lui ont accordé leur bourse avec les félicitations du jury.

4.

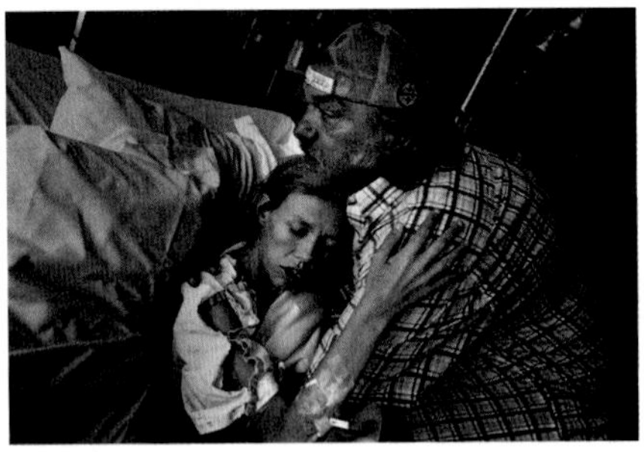

Alaska

C'est pour son dossier de candidature à l'une de ces bourses que Darcy, recherchant sur Internet les articles consacrés au kidnapping de Jordan, a googlé le nom de Julie et a eu la surprise de tomber sur un avis de recherche ainsi libellé : *« Si vous êtes Julie Baird, née le 10 août 1973 à Anchorage, Alaska, appelez-moi, je vous cherche. »*

Darcy a appelé, le cœur battant : c'était le père de Julie. Quand sa femme avait disparu avec Julie bébé, il les avait désespérément recherchées puis, de guerre lasse, avait laissé tomber. Les ressources du Net lui avaient donné l'idée de passer cette annonce et voilà, quelqu'un lui répondait, une photographe de San Francisco qui connaissait sa fille.

Tout s'est passé très vite ensuite, si vite qu'à son grand regret Darcy n'a pas pu être témoin des retrouvailles. Elle avait accepté un reportage sur les gangs d'adolescents mexicains à Los Angeles, tout était arrangé. Julie, de son côté, n'a pas voulu attendre : son père l'invitait en Alaska où elle était née, où il vivait toujours, il leur offrait le billet d'avion, à elle et à Jason. Elle est partie dans un état inextricable d'exaltation et d'angoisse, rêvant d'une vie nouvelle auprès de cette famille qu'elle ne connaissait pas, épouvantée à l'idée de leur déception et peut-être de leur rejet quand ils verraient débarquer une épave – ce qu'elle avait parfaitement conscience d'être.

Darcy a, de son mieux, essayé de préparer le terrain en expliquant par e-mails et téléphone que les trente-deux années écoulées depuis que Julie, bébé, avait quitté l'Alaska n'avaient pas été faciles pour elle. Et puis elle est partie faire son reportage. Elle s'y est immergée, comme elle s'immerge dans tout ce qu'elle fait. Quand elle est rentrée, trois semaines plus tard, les nouvelles étaient mauvaises. A peine arrivée parmi les siens, Julie était tombée malade. Elle était hospitalisée à Anchorage.

Darcy a pris le premier avion et, en la voyant, elle a tout de suite compris. Julie n'était plus seulement séropositive : elle avait le sida et ce qui lui faisait le plus peur, ce n'était pas de mourir mais que son père apprenne de quoi elle mourait. Elle n'osait pas le dire, comptait pour cela sur Darcy qui, en bon petit soldat, s'y est collée.

Bill Baird, le père, c'est le gros homme équipé d'un appareil respiratoire qu'on voit sur les photos, en chemise à carreaux de bûcheron du Grand Nord. Darcy l'a tout de suite aimé, il a tout de suite aimé Darcy. Elle dit que c'était un homme bon. Il pleurait, comprenait, s'accusait. Il était heureux d'avoir retrouvé sa fille, malheureux de la retrouver dans cet état, mais c'était sa fille, il l'aimait, droguée ou pas droguée, malade ou pas malade, il la soignerait, s'occuperait d'elle.

Julie, cette fois, s'en est tirée, mais sa vie avait basculé du côté de la maladie. Elle avait maigri de trente kilos, à 32 ans on lui en aurait donné 50. Des lésions dans le palais et l'œsophage, dont aucun traitement ne venait à bout, imprimaient à sa bouche une espèce de mâchonnement perpétuel, grumeleux et rageur, à quoi même quelqu'un d'aussi peu difficile que Jason en matière de grâce féminine avoue ne pas s'être habitué sans mal.

Bill Baird les a ramenés tous les deux à Valdez, où il habitait.

A une heure d'avion d'Anchorage, quand les conditions météo le permettent, à dix heures par la route, Valdez est une ville pratiquement coupée de tout dont les deux mille habitants vivent de la pêche et d'une conserverie de poisson. Bill, jusqu'à sa retraite, était le cuisinier de la pizzeria du coin. Il y avait fondé une seconde famille et ses trois grands enfants ont vu arriver d'un œil franchement méfiant cet épouvantail qu'on leur présentait comme leur demi-sœur. La rumeur s'est vite répandue que Jason et Julie avaient le sida, ce qui n'a pas facilité leur insertion.

La vie à Valdez n'est pas chère, le gouvernement américain verse une prime aux personnes qui veulent bien s'établir en Alaska. Cette prime, ajoutée à l'allocation d'invalidité de Jason, leur a permis de louer un petit appartement, de loin le plus fastueux de la navrante série de leurs domiciles. Bill venait tous les jours voir sa fille et l'emmenait faire de grandes promenades en voiture. Il lui montrait les glaciers, les lacs, les aigles, la nature sauvage au milieu de laquelle elle aurait pu grandir et peut-être mener une vie simple et tranquille si sa folle de mère ne l'avait pas enlevée, et elle lui racontait, par bribes, la vie terrible qu'elle avait eue à la place, dans la jungle des villes.

Bill, par bonté, candeur, ou simplement parce qu'on ne peut pas s'installer dans le désespoir absolu, faisait comme s'il était possible de recommencer à zéro. Il parlait de nouveau départ. Puis il est mort, d'une crise cardiaque.
Sans lui, il n'y avait plus de raison de rester à Valdez. Jason, cependant, aimait bien l'Alaska. Il aimait bien l'idée de la chasse, de la pêche, des grands espaces, et surtout d'avoir un fusil. A l'enterrement, ils ont fait la connaissance du frère de Bill, un brave type comme lui qu'on appelait oncle Mike et qui vivait avec sa femme, tante Rita, dans une sorte de cabane au milieu des bois, à Palmer. Il y avait près de chez eux une caravane à l'abandon, sur un terrain plus ou moins transformé en décharge mais que personne ne revendiquait : c'est là, *into the wild*, que Jason et Julie se sont installés. Pas d'électricité, pas d'eau courante, mais pas de voisins non plus, excepté des élans et des ours, et on pouvait toujours aller de temps à autre prendre une douche chez Mike et Rita.
En dépit de son inconfort, Darcy approuvait cette nouvelle installation. D'abord parce que Palmer n'est qu'à une heure d'Anchorage, donc de l'hôpital où Julie, fatalement, allait passer de plus en plus de temps. Ensuite, parce qu'elle-même, égoïstement, redoutait les dix heures de route jusqu'à Valdez, seule au volant d'une voiture de location, et sans croiser personne, parfois, de tout le voyage.
Même si elle ne se consolait pas d'avoir perdu les siens, Julie ne voulait pas d'autre enfant : pour qu'il voie, en bas âge, sa mère mourir, ce n'était pas la peine. Mais Jason insistait. Vivant depuis dix ans dans une totale dépendance de Julie, il s'était mis en tête que sa vie affective et sexuelle prendrait fin quand elle mourrait et il voulait, c'était son expression, avoir quand elle ne serait plus là *« quelque chose à [lui] »*. Julie le rabrouait : *« Quelque chose ! Un enfant n'est pas quelque chose ! »* N'empêche, elle s'est retrouvée enceinte. Et c'est au cours de sa grossesse que s'est produit un de ces miracles qu'Internet a rendu banals.
A l'automne 2007, Darcy reçoit un coup de fil d'une certaine Karen, qui se présente comme la mère adoptive d'un des enfants de Julie : celui que Jason et elle avaient déclaré sous le nom de Jason junior avant qu'il leur soit enlevé, en 2003, et qui s'appelle maintenant Zach.
Quand Darcy m'a raconté l'histoire, je lui ai fait répéter, incrédule, ce qui suit : le petit Zach, lui dit Karen, savait qu'il était un enfant adopté mais ne savait rien de ses parents biologiques, malgré quoi des rêves récurrents les lui montraient gravement malades et vivant dans le Grand Nord, entourés d'ours. Ils l'appelaient. Devant l'anxiété croissante de Zach, Karen s'était lancée à leur recherche et, grâce à une négligence de l'administration, ensuite au site de Darcy, elle les avait retrouvés.
Darcy, une fois encore, a joué avec Karen le rôle d'intermédiaire, préparé le terrain, évoqué la vie difficile de Julie et Jason avec le plus d'euphémismes possible, mais tout de même dit qu'ils avaient le sida. Elle s'est envolée pour Anchorage où Julie se préparait à accoucher, munie de deux lettres : une, grave et émouvante, de Karen, et une de Zach lui-même, qui dit *« Maman, je t'aime. J'ai de bons parents mais je voudrais te connaître un jour »*. Darcy a photographié Julie lisant ces lettres, éclatant en sanglots, puis clopant frénétiquement, dehors, pour se remettre de son émotion.
Elyssa est née quelques jours plus tard. Jason n'a pas voulu assister à l'accouchement, par césarienne, tant il craignait que Julie meure sur la table d'opération. Darcy en revanche était là, comme d'habitude. On a placé le bébé tout contre sa mère, mais cette fois ce n'était pas comme d'habitude : on ne le lui a pas enlevé. C'était le premier de leurs quatre enfants que Jason et Julie ont pu ramener à la maison. Pour la première fois, grâce à oncle Mike et tante Rita, ils étaient équipés, préparés : ils avaient le berceau, le Baby Relax, les couches, les biberons et, certes, on ne les aurait pas retenus pour un casting de jeunes parents modèles, mais c'est dans ce rôle et cet équipage qu'ils ont quelques semaines plus tard accueilli Zach, leur fils perdu six ans plus tôt.
Darcy, qui escortait Karen et Zach, garde de cette visite le souvenir d'un malaise à couper au couteau. Tout le monde en attendait beaucoup et rien ne s'est passé. Enfin, rien : de l'embarras, des échanges compassés. Le seul qui ait un peu détendu l'atmosphère, c'est Jason, que Julie avait longuement chapitré pour qu'il se tienne bien, ne jure pas, fasse bonne impression, et qui a joué avec Zach aux jeux vidéo, l'a fait sauter en l'air et un peu rire : comme père, il y avait mieux, mais cette espèce de grand frère déconneur, un peu simplet, a somme toute rassuré Zach, dont les phantasmes anxieux lui représentaient ses vrais parents comme des gens violents, dangereux, qui pourraient le maltraiter et peut-être le tuer.
Quand Karen et Zach sont partis, il y a eu un grand blanc. Darcy était tellement tendue qu'elle se rappelle avoir fait un truc bizarre, qui ne lui ressemble pas. Comme Julie, tout en grommelant et se mâchonnant les dents, persistait dans l'espèce

de langue de bois mondaine qui pendant toute la visite lui avait tenu lieu de programme, elle l'a tarabustée (« *Come on, Julie, stop pretending !* ») pour qu'elle avoue que ça s'était en fait très mal passé et qu'elle se sentait la dernière des merdes.
Alors Julie s'est effondrée, répétant que Karen était une femme formidable, que bien sûr elle était contente que Zach ait une bonne mère mais qu'elle avait envie de mourir parce qu'elle n'avait pas pu être cette bonne mère elle-même, qu'en réalité elle aurait préféré que Zach soit malheureux pour qu'il ait envie de revenir auprès d'elle et que oui, d'accord Darcy, elle était la dernière des merdes. Jason s'est approché, il l'a prise dans ses bras. Darcy les a photographiés comme ça : ce n'est pas la plus spectaculaire de ses photos, mais je crois que c'est une de celles qui m'émeuvent le plus.

5.

Le dernier refuge

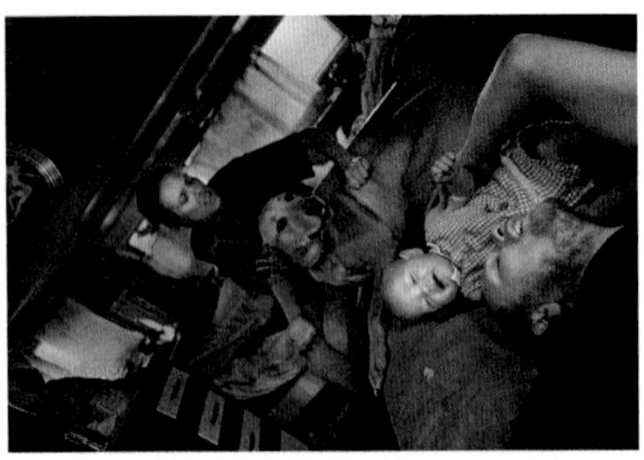

La dernière année, Julie a fait plusieurs séjours à l'hôpital, d'où elle sortait chaque fois encore plus faible qu'elle n'y était entrée. Elle restait prostrée sur le divan, ne pouvait plus porter la dernière-née, Elyssa. Jason, défoncé les trois quarts du temps, faisait le guignol avec son petit fusil de plastique mais veillait tout de même à ce qu'elle prenne aux heures prévues ses trente-cinq pilules quotidiennes. Elles ne servaient pas à grand-chose : non seulement Julie foutait le camp de partout, mais elle souffrait de plus en plus. Elle avait d'énormes bouffées d'amertume, répétant que c'était une connerie d'avoir fait Elyssa, que Jason ne saurait jamais se débrouiller tout seul avec elle, mais aussi de brefs accès de gaieté, surtout quand Darcy était là.
Ça la réjouissait beaucoup, par exemple, que Darcy, tellement soucieuse de ce qu'elle mangeait, soit obligée, quand elle venait chez eux, de se mettre comme tout le monde au Kentucky Fried Chicken, et ce qui la réjouissait le plus là-dedans c'est que c'était une vieille blague entre elles. Ce n'est pas rien de connaître quelqu'un depuis assez longtemps pour avoir une vieille blague en commun. Il ne fallait pas des heures pour faire le compte de ce qu'elle avait eu de bien dans sa vie, mais quand même, oui, il y avait eu Darcy. La même merde sans Darcy aurait été pire, parce que vécue sans témoin.
Un soir, ayant confié Elyssa à oncle Mike et tante Rita, ils sont allés tous les trois dans un bar boire des margaritas et Julie a dit à Darcy, en clignant de l'œil : « *Tu sais quoi ? On devrait prendre des vacances, toutes les deux.*
– Où aimerais-tu aller ?
– Je ne sais pas : au Brésil.
– Au Brésil ? » a dit Darcy. Et, parce qu'au fil des ans elle s'était mise au diapason du vieil humour sauvage de Julie, elle a ajouté : « *Tu te vois sur la plage, en bikini ?* » Elles se sont marrées toutes les deux, et Jason s'y est mis lui aussi, avec un temps de retard mais après il n'a plus arrêté, la vanne lui a fait sa journée. Julie en bikini, ouaf, ouaf.

6.

La fin

Un après-midi de septembre 2010, Darcy et Andy étaient à la maison à travailler, quand le téléphone a sonné. C'était tante Rita qui, en larmes, leur a répété ce que venait de dire le médecin, à l'hôpital où ils avaient transporté Julie parce qu'elle étouffait encore plus que d'habitude : on ne peut plus rien maintenant, ramenez-la chez elle et préparez-vous pour la procédure de fin de vie, « *Prepare for the end of life procedure* ».
Darcy, après avoir raccroché, s'est mise à pleurer. Andy l'a longuement serrée dans ses bras. Il n'avait jamais rencontré Julie, ne la rencontrerait jamais. Si Darcy avait été psychanalyste, il n'aurait pas davantage fréquenté ses patients, mais il connaissait Julie depuis qu'il connaissait Darcy et il avait lui aussi le cœur brisé. Ils sont sortis marcher un

moment, en silence, dans l'Alta Vista Park qui domine le beau quartier où ils habitent et d'où les collines de San Francisco se découvrent jusqu'à l'océan, puis ils sont revenus s'occuper du billet d'avion.

Tout au long du voyage, Darcy s'est demandé si elle allait photographier Julie en train de mourir. Si Julie et Jason voudraient bien et si elle-même, Darcy, en aurait le cœur. Elle l'a fait, finalement, sans que la question soit même posée : au point où elles en étaient, après dix-huit ans de cette étrange collaboration, autant aller jusqu'au bout. Le fichier contenant ces dernières photos s'appelle *julie.end* et je ne vois pas quels commentaires y ajouter, sinon que Darcy, qui n'est pas croyante, a prié pour que cette agonie ne dure pas trop longtemps, mais elle a duré longtemps, près de trois semaines. Julie avait de soudains accès de panique et croyait la pièce peuplée d'inconnus qui allaient lui faire du mal, Elyssa voulait tout le temps jouer avec elle.

La dernière nuit, Jason, qui veillait Julie, s'est éloigné une demi-heure de son chevet pour bricoler un truc, en sorte qu'elle est morte seule, pendant cette demi-heure, à l'aube du 26 septembre 2010, âgée de 36 ans.

Quelques semaines après la mort de son héroïne, le *Julie Project* a valu à Darcy le prestigieux prix Eugene Smith. Cette récompense, c'est sûr, lui va mieux que le prix Helmut Newton, s'il y en a un, et elle l'a d'autant plus touchée que *The Country Doctor*, le légendaire reportage d'Eugene Smith réalisé en 1948 pour *Life Magazine*, était son modèle et son guide quand elle est entrée pour la première fois à l'hôtel Ambassador.

L'histoire, pour Darcy, finit bien. Je ne mets à dire cela aucune ironie, et j'admire sincèrement la santé morale qui lui épargne les tracas de conscience fréquents chez les artistes dont le talent et la gloire prospèrent sur la misère d'autrui. C'est que Darcy ne se voit pas tellement comme une artiste, avec ce que ce statut implique de narcissisme, mais comme une journaliste, investie de la mission de témoigner. Et l'histoire, à ses yeux, n'est pas finie. Julie morte, un nouveau chapitre s'ouvre, dont les héros sont ses enfants.

Elyssa, d'abord, pour l'éducation de qui Darcy s'occupe de lever des fonds et qu'Andy et elle envisagent d'adopter si Jason, comme ils le craignent, n'arrive pas à l'élever ou meurt prématurément. Mais aussi Zach et les quatre autres. La petite Rachael, que Darcy a connue âgée de huit jours, a 18 ans maintenant. Elle en avait 6 quand elle a vu Julie pour la dernière fois, elle doit encore avoir des souvenirs d'elle. Avec l'aide de Karen, Darcy cherche aujourd'hui à les retrouver, elle et les autres, et à leur faire connaître, s'ils le désirent, l'histoire de leur mère. Quand elle m'a dit cela, je n'étais pas convaincu que ce soit une tellement bonne idée et j'avoue même avoir pensé que personne au monde, jamais, ne pourrait tirer un quelconque réconfort de se savoir sorti des entrailles de Julie.

Et puis, la veille de mon départ, j'ai accompagné Darcy dans ce Tenderloin auquel elle aussi revient toujours, où elle connaît tout le monde et où elle a entrepris un nouveau reportage, sur les patients d'un centre d'accueil psychiatrique qui, hélas, vient de fermer. Elle en cherchait un en particulier, qu'elle avait déjà photographié une fois et dont elle n'avait pas l'adresse, à supposer qu'il en ait une. Nous avons donc traîné dans les rues, interrogé divers clochards et punks à chiens et finalement, par chance, nous sommes tombés sur lui. C'était un garçon au visage enfantin, bousillé par l'héroïne, agité de tremblements épouvantables, mais qui s'exprimait de façon articulée et même avec une étonnante douceur. Sa chambre d'hôtel, où il nous a invités, m'a fait l'effet d'un cauchemar mais Darcy m'a assuré ensuite que celles de Julie étaient bien pires.

A un moment, il a parlé de sa mère, qui l'avait abandonné à l'âge de 4 ans. « *Je ne sais pas qui elle est* », a-t-il dit tristement. Puis, avec cette conscience du langage qui me frappait depuis le début, il a ajouté : « *Ou qui elle était. Vous voyez, je ne sais même pas à quel temps parler d'elle. Je ne sais rien, pas où elle est, si elle est vivante ou morte. Je pense que ça devait être une prostituée et une droguée mais ça m'est égal, ça, je voudrais savoir, je voudrais tellement savoir* – I would like so badly to know who was my mom, and I'll never know – *et je ne saurai jamais.* » Il s'est mis à pleurer en prononçant ces mots, et j'ai pensé que Darcy avait peut-être raison, au bout du compte •

LES ARCHIVES DE JULIE

Ryan et Jordan

Ryan (né le 7 février 2001) et Jordan (née le 9 novembre 1999). A la naissance de Jordan, ses parents s'étaient enfuis de la maternité avec elle, de peur qu'elle leur soit enlevée par les services sociaux. Arrêtés, ils ont fait neuf mois de prison.

Rachael et Tommy

La dernière photo, en possession de Julie, de Rachael (née le 20 février 1993) et de Tommy (né le 7 avril 1996), avant que les deux enfants soient placés. Darcy Padilla cherche à les retrouver, ainsi que les autres. La photographe veut leur raconter, s'ils le désirent, l'histoire de leur mère. Rachael avait huit jours quand elle l'a connue. Elle a 18 ans maintenant.

Elyssa

Elyssa est née le 28 avril 2008, deux ans et demi avant la mort de Julie. Darcy Padilla cherche à lever des fonds pour son éducation. La photographe et son compagnon envisagent de l'adopter si Jason, son père, n'arrive pas à l'élever ou meurt prématurément.

Zach/Jason junior

Zach/Jason junior (né le 28 février 2002) vit avec ses parents adoptifs. Il a rencontré sa mère, Julie, en Alaska en 2008. Il lui avait envoyé auparavant une lettre : *« Maman, je t'aime. J'ai de bons parents mais je voudrais te connaître un jour. »* Sa mère adoptive, Karen, aide Darcy Padilla à retrouver ses frères et sœurs.

Un dessin de Rachael

Rachael, l'aînée de la fratrie, avait 6 ans quand sa mère l'a vue pour la dernière fois.

La lettre de Julie à Karen

Zach, ce fils qu'elle ne connaissait pas, est passé voir Julie en 2008 avec sa mère adoptive. Elle les remercie. *« Chère Karen, je veux commencer cette lettre en disant merci. Merci d'avoir accepté de nous rencontrer et d'avoir permis à Zach de nous voir. Je n'aurais pu demander une meilleure famille pour lui. Vous et Mark avez fait un travail incroyable. Zach est un beau et heureux jeune homme [...] J'espère que ce voyage l'a aidé [...] Nous avons toujours voulu le meilleur pour nos enfants. »*

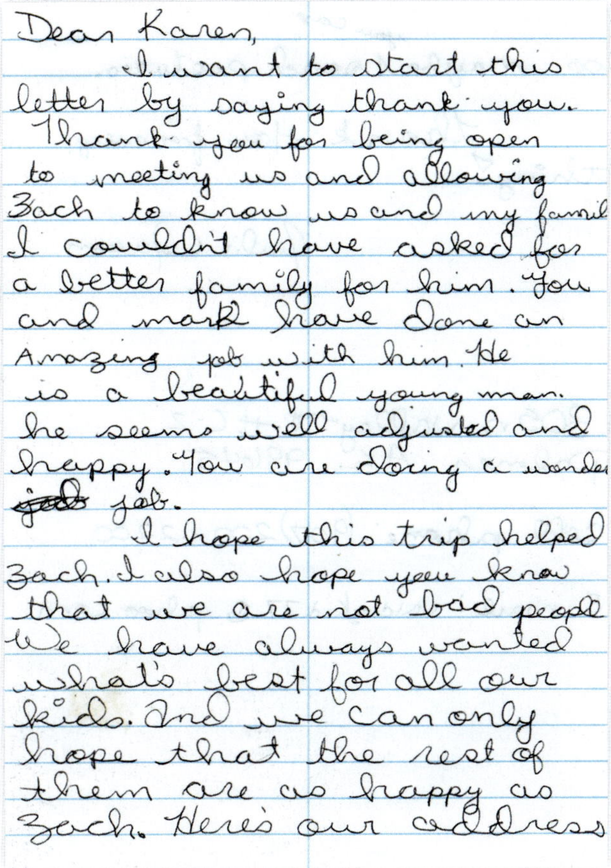

Dear Karen,
I want to start this letter by saying thank you. Thank you for being open to meeting us and allowing Zach to know us and my famil I couldn't have asked for a better family for him. You and mark have done an Amazing job with him. He is a beautiful young man. he seems well adjusted and happy. You are doing a wonder ~~job~~ job.
I hope this trip helped Zach. I also hope you know that we are not bad people We have always wanted what's best for all our kids. And we can only hope that the rest of them are as happy as Zach. Here's our address

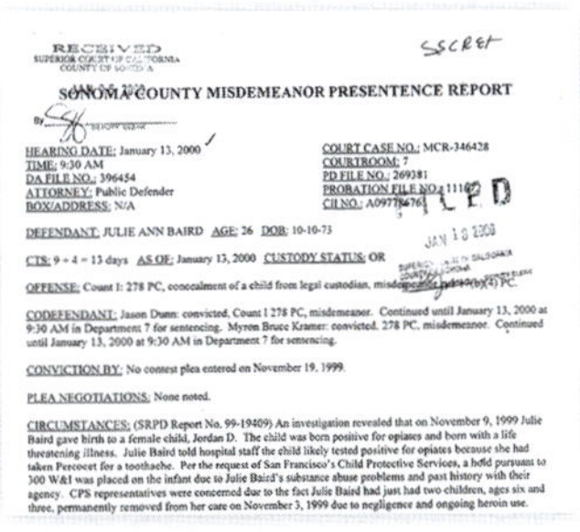

RECEIVED
SUPERIOR COURT OF CALIFORNIA
COUNTY OF SONOMA

SSCRET

SONOMA COUNTY MISDEMEANOR PRESENTENCE REPORT

HEARING DATE: January 13, 2000
TIME: 9:30 AM
DA FILE NO.: 396454
ATTORNEY: Public Defender
BOX/ADDRESS: N/A

COURT CASE NO.: MCR-346428
COURTROOM: 7
PD FILE NO.: 269381
PROBATION FILE NO.: 111
CII NO.: A0977

FILED
JAN 18 2000

DEFENDANT: JULIE ANN BAIRD AGE: 26 DOB: 10-10-73

CTS: 9 + 4 = 13 days AS OF: January 13, 2000 CUSTODY STATUS: OR

OFFENSE: Count I: 278 PC, concealment of a child from legal custodian, misdemeanor (b)(4) PC.

CODEFENDANT: Jason Dunn: convicted, Count I 278 PC, misdemeanor. Continued until January 13, 2000 at 9:30 AM in Department 7 for sentencing. Myron Bruce Kramer: convicted, 278 PC, misdemeanor. Continued until January 13, 2000 at 9:30 AM in Department 7 for sentencing.

CONVICTION BY: No contest plea entered on November 19, 1999.

PLEA NEGOTIATIONS: None noted.

CIRCUMSTANCES: (SRPD Report No. 99-19409) An investigation revealed that on November 9, 1999 Julie Baird gave birth to a female child, Jordan D. The child was born positive for opiates and born with a life threatening illness. Julie Baird told hospital staff the child likely tested positive for opiates because she had taken Percocet for a toothache. Per the request of San Francisco's Child Protective Services, a hold pursuant to 300 W&I was placed on the infant due to Julie Baird's substance abuse problems and past history with their agency. CPS representatives were concerned due to the fact Julie Baird had just had two children, ages six and three, permanently removed from her care on November 3, 1999 due to negligence and ongoing heroin use.

L'acte officiel de placement de Jordan

Le 13 janvier 2000, la justice américaine examine le sort du troisième enfant de Julie. Il lui est retiré. Les deux suivants passeront directement de la salle d'accouchement au centre d'adoption.

La petite annonce du père de Julie

julie baird born 10-10-73 3/31/05 4

julie baird born 10-10-73

Author Subject: julie baird born 10-10-73
Posted At 00:35:07 06/15/2004

randy baird
please contact me i"ve been looking for you.if you were born in anchorage alaska 10-10-1973 your the one my phone 225-294-7418 or e-mail is gaye54@bellsouth.net

Replies to this inquiry can be made below

La photographe Darcy Padilla trouve, en mars 2005, cette petite annonce publiée sur Internet. C'est une bouteille à la mer lancée par Bill Baird, le père de Julie.

DANS LES COULISSES

« Quand je me suis lancée, il y a près de vingt ans, dans l'histoire de Julie, mon intention initiale était de documenter la bataille d'une femme contre la pauvreté et le sida. Je voulais aborder au travers de cette femme les questions de santé, de pauvreté, de famille, de sida, de drogue et d'abus sexuels. Après que Julie a perdu la garde de Rachael, Tommy, Jordan, Ryan et Jason Jr., j'ai réfléchi à l'histoire de ces enfants. Et je me suis demandé s'ils avaient les moyens de comprendre ce qui leur était arrivé, à eux et à leur mère.
Ces enfants seront adultes un jour. Que penseront-ils ? Qui vont-ils interroger ? Aujourd'hui, mon intention n'est plus uniquement de raconter cette histoire, mais également de la leur faire entendre. A Rachael, Tommy, Jordan, Ryan, Zach et Elyssa.
Quant à vous, j'espère que vous ne cesserez de penser à l'histoire de Julie, j'espère que vous la partagerez, j'espère qu'elle vous fera voir différemment le monde. »

Darcy Padilla

POUR L'AMOUR DU TANGO

Ils ont 20 et 24 ans. Elle s'appelle Ceci, lui Meme. Le tango les unit autant qu'il les dévore. Ils dansent le jour pour les touristes, la nuit avec leurs amis. Le tango est la vie de ce couple de Buenos Aires, photographié par un autre couple, **Ivan Kashinsky** *et* **Karla Gachet**.

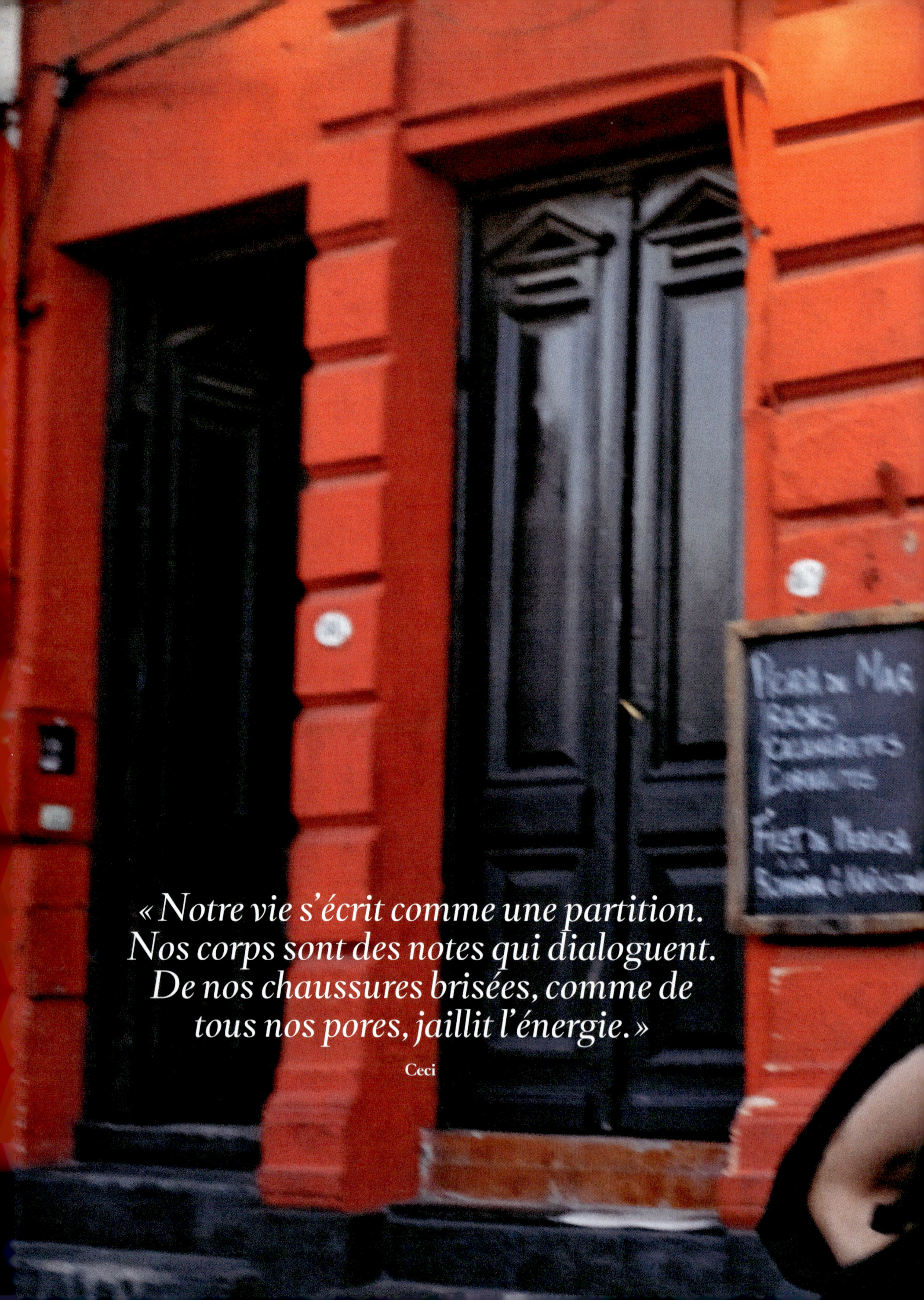

« Notre vie s'écrit comme une partition.
Nos corps sont des notes qui dialoguent.
De nos chaussures brisées, comme de
tous nos pores, jaillit l'énergie. »

Ceci

« Ceci et Meme se produisent tous les jours au El Caminito, un bar-restaurant fréquenté par les touristes de Buenos Aires. Ils dansent jusqu'au départ du dernier client, c'est dans le contrat. De leurs corps en fusion, émane une chimie particulière, qui s'empare du public. Les touristes se gavent de plats surfacturés, ils dînent rarement à moins de 100 dollars par personne, tout en regardant le couple évoluer au son de la guitare et de l'accordéon. »

Pour l'amour du tango

« Quand Ceci danse, elle se met à nu. Une énergie s'empare d'elle, elle doit s'en libérer, la partager. Elle parle avec son corps, pas avec ses mots. Ses mouvements, ses foucades, la racontent. »

Pour l'amour du tango

« Le tango a longtemps été méprisé. Il est né dans les bordels de la région portuaire du Río de la Plata à la fin du XIXe siècle, mais il a fallu attendre les années 1940 pour qu'il devienne populaire. Aujourd'hui, les touristes affluent dans les restaurants et les cafés de luxe de Buenos Aires. »

« Ceci et Meme viennent de danser pendant trois heures. Ils ont du mal à récupérer de la fatigue de la veille. On le sent à leurs gestes, à leur attitude. Le son du violon leur redonne de l'énergie, mais cela ne suffit pas. Les touristes venus chez Nonno Bachicha, une adresse courue du quartier de La Boca, repartent un peu déçus. »

NONNO
BACHICHA

« Après la danse, vient le rituel du partage. Les corps sont luisants de fièvre, les traits tirés, les regards un peu perdus. Le seau à champagne contient les pourboires. On le renverse, on trie, on partage. »

STELLA ARTOIS

« Ce soir, Ceci va fêter ses 20 ans. Ses parents habitent dans une banlieue cossue de Buenos Aires. Elle a commencé à danser à 14 ans. Elle sait qu'elle ne pourra plus danser longtemps. Elle s'est inscrite à la faculté de Buenos Aires pour suivre des études de communication. »

« Meme, lui, habite chez son père. Sa chambre est celle d'un adolescent. Un jour, il m'a dit qu'il aurait tout le temps de dormir à sa mort. En fait, ils vivent tous les deux presque sans dormir. Ils dansent jour et nuit. Ils veulent s'épuiser, s'enivrer, se libérer. Quand ils s'arrêtent, c'est parce qu'ils n'ont plus de force. Alors, ils sont heureux. »

« Ceci est arrivée en retard au restaurant. Elle l'avoue, elle est désorganisée et impulsive. Sa patronne refuse d'entendre ses arguments. Quelques jours plus tard, elle est renvoyée. »

« Ceci et Meme se disputent parfois. Ils sont tellement entiers que c'est inévitable. Mais ce n'est jamais très grave. Parfois, c'est pour une affaire d'argent, parfois pour de la jalousie, parfois... Vous savez, leur vie est compliquée. »

« Ils dansent comme des amants, mais sont-ils amoureux ou amis ? Je pense qu'ils ne le savent pas eux-mêmes. Tout, dans leurs gestes, évoque le sexe et la volupté. Ils sont une tempête. Meme est une ancre. Il retient Ceci quand elle sombre. »

« Après le travail, la fête. Ceci et Meme font partie d'une bande d'amis inséparables. Tous les soirs, ils refont le monde autour de saucisses et de vin. »

« Ceci et Meme vont se réveiller, tendrement enlacés dans le même lit. Là, ils dorment encore. Amoureux ou non, ils sont d'une force étonnante quand ils se fondent tous les deux, quand ils forment un tout, un couple de tango. »

« Pour être danseur de tango, il faut aimer être regardé. Ceci et Meme ne sont pas à côté du public, ils sont dans le public. Ils lui racontent une histoire. »

ECLAIRAGE

DE LA DANSE DES *NEGROS* AU TANGO DES FAMILLES

Le tango, explique **Michel Plisson**, *musicien et spécialiste de l'Amérique latine, est né d'influences croisées : des tambours d'Afrique et de la récitation de vers, sur fond de guitare en Espagne. Puis, en Argentine, les Blancs ajoutent leur touche. La « mayonnaise » prend.*

6Mois En plus d'un siècle d'existence, le tango a alterné périodes fastes et creuses. Où en est-on aujourd'hui ?
En France, en Allemagne et au Japon, le tango est toujours à la mode. C'est une danse un peu exotique, où les couples qui s'avancent sur la piste sont observés, jugés. Le public est plutôt quadragénaire.
A Buenos Aires, c'est différent. Le tango ne touche plus les classes populaires. La pratique s'est effondrée avec la chute du régime populiste de Juan Perón, en 1955. Le tango a par la suite connu une période noire sous la dictature militaire, qui interdisait tous les rassemblements. Depuis, il n'a jamais vraiment retrouvé sa popularité.
On peut tout de même noter un certain regain depuis le début des années 1980. A Paris, le tango est à nouveau à la mode. Il en est revenu un peu revigoré à Buenos Aires. Il y avait déjà eu, au début du XXe siècle, un premier aller et retour plus décisif entre Buenos Aires et Paris : la danse de « bordel » était revenue transformée en danse de salon, admise dans la bonne société argentine.

Le tango n'est-il pas surtout, aujourd'hui, une attraction pour touristes ?
Il y a ce que l'on pourrait appeler le *« tango for export »*, mais il reste aussi une centaine de lieux de danse fréquentés par les Argentins des classes moyennes. L'atmosphère y est autre qu'à Paris. Dans ces *milongas*, des « clubs » ou des « associations », on vient en famille. Un grand-père peut, par exemple, se rendre avec sa petite-fille au club des employés du chemin de fer : il y règne une atmosphère proche des salles des fêtes des années 1950 en France. Parfois, on dansera dans un cadre paroissial.
Les *milongas* les plus cotées ont des musiciens attitrés. D'autres font café dans la journée et se contentent de pousser les tables en début de soirée pour passer des disques. Et on ne danse pas que le tango, mais aussi de vieilles danses venues de l'intérieur du pays comme le *gatto*, la *chacarera*... Dans les *milongas* traditionnelles, les pas du tango sont simples et le côté « exhibition » est mal vu. Les figures élaborées, qui ne sont réalisables qu'avec une seule et même partenaire, appartiennent au monde du tango spectacle.

Le tango, c'est d'abord une danse, ou d'abord une musique ?
Cela va ensemble, comme pour toutes les musiques d'Amérique latine, toujours fondées sur le rythme. Le tango repose sur un rythme de tambours et est né de deux influences majeures.
L'Afrique, d'abord. Le mot « tango » vient de ce continent où il a diverses significations dans les langues bantoues. Au XIXe siècle, le mot passe par Cuba : le « tango » désigne alors le vacarme que font les Noirs, qui dérangent leurs voisins avec leurs tambours. Quand le « tango » arrive à Buenos Aires, vers 1830, le tiers de la population de la ville, qui n'est encore qu'un gros bourg, est noire.
L'autre influence essentielle est la *payada* espagnole, une récitation de vers avec accompagnement de guitare.
Ces deux influences se sont superposées. Les Blancs ont simplifié les rythmes africains trop complexes, une harmonisation européenne a été ajoutée. C'est ce qui a permis à la « mayonnaise » de prendre.

Vous insistez beaucoup dans votre livre sur les origines noires du tango, mais aussi sur les influences réciproques des deux communautés...
Le titre d'un des tangos les plus célèbres, la *Comparsita*, vient du mot *comparsa*, le char des défilés de carnaval. Dans les années 1930,

Michel Plisson

Ethnomusicologue, spécialiste des musiques d'Amérique latine, Michel Plisson est aussi musicien (guitariste), chargé de cours à l'université Paris III et professeur de sciences sociales dans l'enseignement secondaire. Il a publié « Tango, du noir au blanc » (Actes Sud, réédité en 2004).

le dictateur de l'époque, le général Rosas, avait autorisé, pendant le carnaval de Buenos Aires, « les danses des Noirs et de leurs tambours » *« los bailes de Negros y sus tambores »*. Quelques décennies plus tard, des Blancs au visage barbouillé de suie se sont mis à imiter les danses et la musique des *comparsas* noires. Le tango est le fruit d'une double parodie. Lors de son apparition dans les bas-fonds de Montevideo (Uruguay) et de Buenos Aires, les Blancs se moquaient de la manière « noire » de danser, en chaloupant et en serrant sa partenaire. Aujourd'hui encore d'ailleurs, le tango *negro* est refusé par les spécialistes blancs, pour lesquels le bassin doit être soudé aux jambes – on ne doit bouger que le torse, pas les fesses...
Plus tard, les Noirs se sont mis à parodier à leur tour le tango « blanc » des bordels... Tout comme ils parodiaient les danses de salon des Blancs, y compris les mazurkas qu'ils exécutaient en perruques et habillés en marquis.

Le « tango des bordels », cela se situe quand ?
Il apparaît au XIXe siècle, de part et d'autre du Río de la Plata. Les terres sont libres mais, dans la seconde moitié du siècle, des barbelés commencent à être posés. Les *gauchos*, les « gardiens de troupeaux », sont déclassés et refoulés vers les bas-fonds de Buenos Aires. Ils rencontrent d'autres déclassés, des délinquants, des voyous, et aussi des Noirs. Il y a concurrence entre Blancs et Noirs. Les bordels sont les rares lieux un peu « neutres ». C'est là sans doute que prend forme le tango. D'abord à Montevideo, puis à Buenos Aires où il y a plus d'argent.

Et l'autre légende, celle d'une danse d'abord pratiquée entre hommes, elle est vraie elle aussi ?
Oui, mais pour une raison évidente : il y a, à l'époque, beaucoup plus d'hommes que de femmes. Les immigrés – Syriens, Turcs, Italiens... – arrivent souvent seuls, avant de retourner chercher leur famille s'ils le peuvent. C'est pour cela que les bordels étaient si importants. En 1914, un arrêté du conseil municipal de Buenos Aires interdit la danse entre hommes.

Un musicien connu, Enrique Discépolo, définissait le tango comme *« un sentiment triste qui se danse »*. Cela correspond à une autre époque ?
Il parle du tango *canción*, le tango « chanté ». A partir de 1917, c'est le tango de Carlos Gardel. Buenos Aires a incroyablement grossi. La ville est passée de cinquante mille habitants en 1850 à un million et demi en 1914. Le mode de vie des immigrés italiens change : des quartiers entiers sont détruits pour construire des immeubles, les vieux airs du pays natal sont oubliés...
Le tango *canción* est le « tango nostalgie » : le monde n'est plus ce qu'il était, les bandits tiennent le haut du pavé, les femmes – toutes sauf ma mère – sont des traîtresses... Le tango qui avait débarqué à Paris était rapide, joyeux, sautillant. Là, c'est tout autre chose.

Un siècle plus tard, on en est toujours au tango nostalgie ?
Il y a eu de nombreux styles, dont des novateurs et des modernistes comme Astor Piazzolla, toujours tenu pour un mouton noir par les puristes.
Le véritable amateur, le *tanguero* traditionnaliste, est un animal très spécial. Il boit son *mate* (une infusion) avec une *bufanda* (une grande écharpe) sur les épaules, en écoutant pour la millième fois, sur microsillon si possible, le même enregistrement de Gardel. D'une manière générale, les musiciens de tango sont très conservateurs •

POUR EN SAVOIR PLUS

Musique et danses noires

« On vend un Noir de 28 ans. Sait couper la barbe, jouer de la flûte, du hautbois et de la guitare. » Publiée en 1801 à Buenos Aires, cette petite annonce montre que les esclaves noirs présents en masse dans la région du Río de la Plata n'étaient pas seulement employés dans l'agriculture ou dans l'extraction minière. Nombre d'entre eux étaient domestiques. Et musiciens : leur talent avait souvent incité les maîtres blancs à leur donner une éducation musicale, y compris « classique ». Le phénomène est commun à l'Amérique latine : à Cuba, au XIXe siècle, les maîtres de ballet et les trois quarts des musiciens étaient noirs.
La musique traditionnelle des Noirs d'Amérique du Sud, pour beaucoup des descendants de communautés « importées » d'Afrique au XVe siècle, reposait d'abord sur le tambour. Au début du XIXe, les tangos désignaient aussi bien les tambours utilisés par les *Negros* à Montevideo que les maisons où ils se réunissaient pour jouer à Buenos Aires.
Les Noirs étaient souvent réunis en sociétés mutuelles ou en *naciones*, et pratiquaient, comme l'écrivaient des journaux, des *« danses indécentes »* sur leurs *« instruments primitifs »*.
Avant même l'abolition formelle de l'esclavage, en 1853, Juan Manuel de Rosas, qui gouverne en dictateur la province de Buenos Aires, s'appuie sur les confréries noires dans sa lutte contre la bourgeoisie dite « unitariste » (qui s'oppose aux fédéralistes). Il invite même les Noirs à chanter et à danser dans les rues à l'occasion des fêtes de l'indépendance. La communauté subit durement le contrecoup de la chute brutale de cette dictature, et décline rapidement. Jusqu'à une quasi-disparition de la population noire d'Argentine.

EDIGRAPHIE

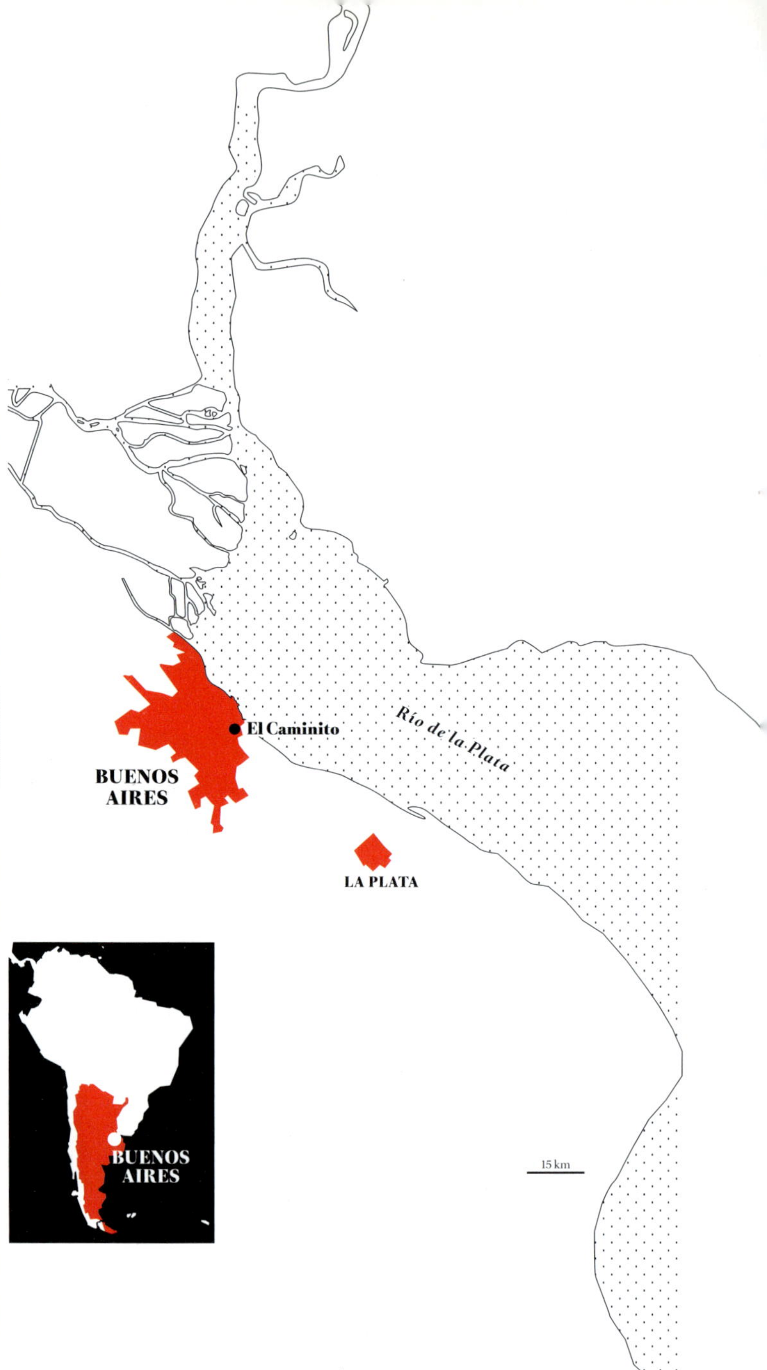

Une généalogie complexe

Les sources du tango, formellement apparu sous ce nom en 1860, sont étonnamment diverses, et pas toujours très distinctes de celles d'autres danses d'Amérique latine.
• **La *habanera*** (ou « havanaise »), née à Cuba au début du XIXe, est inspirée à la fois des contredanses venues d'Haïti après la révolte noire de 1791 et de la musique espagnole .
• **Le *candombe*** est une musique de tambours africains pratiquée en particulier à Montevideo.
• **La *milonga*** était un chant plutôt lent et émouvant venu de la Pampa argentine.
L'apparition du tango, sur fond de *candombe* et de *habanera*, avec l'apport de la *milonga*, s'accompagne d'une sorte de « blanchissement » progressif, le rythme étant assuré par la guitare tandis que les tambours disparaissent.
Les Italiens et les Espagnols apportent leurs chansons ; les Européens de l'Est leur pratique du violon des origines. Des marins, sans doute venus du Brésil, introduisent le bandonéon (invention allemande), dont le rôle ne cesse de se renforcer au XXe siècle.
La composition des ensembles instrumentaux change, et bientôt apparaît le « tango chanté ».

L'Argentine du premier tango

1810 : La Revolución de Mayo marque le début de la guerre d'indépendance contre l'Espagne et ses partisans.
1813 : Une assemblée constituante institue la « liberté du ventre » : les enfants des esclaves naissent libres.

1816 : Proclamation de l'indépendance à Tucumán, dans le nord-ouest de l'Argentine.
De 1835 à 1852 : Dictature de Juan Manuel de Rosas, propriétaire d'une vaste *hacienda* et partisan du « fédéralisme ».
1853 : Proclamation d'une constitution abolissant définitivement l'esclavage.
1860 : Premier tango portant le nom de « tango ».
1874 : Début de la « campagne du désert », qui aboutit à l'extermination, sous la conduite du général Roca, des Indiens de Patagonie et du Chaco.
1880 : Roca est élu président de la République, Buenos Aires devient la capitale fédérale du pays.
1900 : Le Produit national brut argentin compte parmi les dix plus élevés au monde. Poursuite d'une immigration massive.

Juan Perón et l'âge d'or du tango

AFP

Pendant la Seconde Guerre mondiale, l'Argentine reste neutre et accroît considérablement ses exportations vers l'Europe. En 1943, une junte militaire provoque un coup d'Etat, et un colonel aux sympathies plutôt pronazies, Juan Perón, est nommé secrétaire au Travail. Il augmente les salaires, réduit la durée du travail, et devient si populaire que ses collègues de la junte, inquiets, le font arrêter.
Sous la pression de manifestations populaires organisées par les syndicats et par son égérie Evita, une actrice qui deviendra sa seconde femme, il est triomphalement libéré, avant de se faire élire président en 1946.
Juan Perón dirige le pays jusqu'à son renversement par une autre junte militaire, celle-là de droite, en 1955.
Les années Perón – un populisme baptisé « justicialisme » – marquent la revanche des classes populaires sur l'oligarchie qui tirait jusque-là les ficelles. Le développement d'une économie corporatiste, la multiplication des associations ouvrières et aussi la réduction de l'influence de l'Eglise constituent un terreau favorable à l'essor du tango, qui connaît alors un nouvel âge d'or, après celui des années 1920.
En 1950, on compte pas moins de 650 orchestres de tango, un millier de joueurs de bandonéon… On ouvre partout des salles de danse et des cours de tango.
Après l'éviction de Juan Perón, le vent tourne. Les musiciens d'orchestres, qui s'étaient démesurément multipliés, sont licenciés en masse.

Films

Tango
de Carlos Saura (1998).
Pour les très belles séquences de danse, et à condition d'oublier une intrigue lourde et peu inspirée. Une passion éperdue et un crime à la clé.

Si sos brujo
(Une histoire du tango), documentaire de Caroline Neal (2005).
Une jeune réalisatrice américaine, fraîchement émoulue de son école new-yorkaise, rencontre un contrebassiste argentin, Ignacio Varchausky, qui rêve de créer une école de tango où de jeunes musiciens recueilleraient l'héritage des maîtres anciens. La tentative (réussie, évidemment) fait l'objet d'un joli film documentaire, dont le premier rôle est joué par un attachant violoniste et bandonéoniste de 87 ans, qui s'efforce de transmettre à ses jeunes émules la grande tradition des années 1940 et 1950. Le film, émouvant, fait immanquablement penser à *Buena Vista Social Club* de Wim Wenders.

DANS LES COULISSES

C'est l'histoire d'un couple qui photographie un autre couple. Leurs images ne sont pas signées par l'un ou par l'autre : Karla Gachet et Ivan Kashinsky assument ensemble leur vision de Ceci et Meme.
Elle est équatorienne, lui américain, ils vivent ensemble à Quito, capitale de l'Equateur. Au cours d'un *road trip* de sept mois aller et retour de l'Equateur à la Terre de feu en passant par le Pérou, la Bolivie et le Chili, ils ont passé dix jours avec Ceci et Meme.
Ils s'étaient arrêtés à Buenos Aires en allant vers le sud et se promenaient tardivement dans El Caminito, une petite rue touristique, quand ils ont vu Meme et Ceci danser devant un restaurant vide. Ce fut une évidence : *« Nous avons su que c'était les bons »*, raconte Ivan Kashinsky. Restait à se mettre au diapason d'*« un style de vie démentiel »* : *« Buenos Aires est une ville qui ne dort pas. »*
Le reportage sur le tango argentin est l'un des quatorze réalisés pendant leur traversée. A l'issue de leur voyage, Karla Gachet et Ivan Kashinsky ont publié un livre, *Historias Mínimas* (éd. Dinediciones, Equateur).

UNE ÉDUCATION ANGLAISE

Depuis près de six siècles, Eton est « le » collège de l'élite anglophone. **Christopher Furlong** *a pu passer des semaines dans ce monde clos. Une première.*

*« Le plus étonnant, c'est l'enthousiasme des élèves.
Ils ont la réputation d'être prétentieux, arrogants.
Ce n'est pas le cas. »*

Une éducation anglaise

« Le jour de la rentrée, les nouveaux apprennent les gestes qu'ils devront faire tous les matins. Il faut assembler la chemise et le col, en mettant un morceau de papier sous le col, c'est compliqué. La plupart des élèves arrivent à l'âge de 13 ans. Ils partent vers 18 ans. Ils passent le trimestre sans sortir. »

« Ça semble fou : les élèves n'ont pas de cartable, ils portent livres et cahiers dans les bras. »

« Les cours ne durent que vingt-cinq minutes. Pour aller de l'un à l'autre, les élèves ont huit minutes mais c'est parfois très loin, alors ils courent. C'est voulu, c'est fait pour vivifier les esprits. »

« Il faut être riche pour entrer à Eton mais l'argent ne suffit pas : il faut aussi être bon. Les enseignants sont exigeants. Mike Grenier (à droite), professeur d'anglais, est “maître de maison” : il est responsable de Wotton House, une des vingt-cinq maisons dans lesquelles vivent les élèves. »

« Le principal, Tony Little, règle les questions de discipline dans la plus ancienne salle de classe de l'école. Je ne sais pas pourquoi cet élève a été convoqué, ni quelle a été la sanction. J'ai surpris cette scène par hasard : je passais dans le couloir, la porte était ouverte. J'aime cette photo, elle me rappelle mon enfance. »

Pour the water in the bucket.
double superlative
That was the most unkindest cut of all.
pl.
sing.
I have heard those sort of arguments fifty times over.

«Tous les 30 novembre, jour de la Saint-Andrew, des équipes sportives montent à l'aube sur le toit de la chapelle pour prier et chanter, avec la chorale. Elles vont participer au Eton wall game, le "jeu du mur d'Eton", un sport qui n'existe qu'ici.»

Une éducation anglaise

« L'événement de la fête de Saint-Andrew, c'est le match. Pour accéder au terrain, les élèves sont obligés de grimper sur le mur. Le jeu du mur d'Eton daterait de 1766. Les joueurs doivent s'emparer de la balle, et aller jusqu'à un bout du mur avec. Ce qui arrive rarement. C'est très physique, pas agressif. Avant le match, une messe est célébrée à la chapelle. »

« Le sport est central. Le principe de base de l'école : "Un esprit sain dans un corps sain". »

« L'élève Harry Williams est "capitaine des jeux". A 18 ans, il est responsable des activités dans une des résidences. Chacune organise un spectacle annuel. Tous les élèves doivent participer, devant ou derrière la scène. »

« La chorale est dirigée par Ralph Allwood, le maître de chapelle. »

« Les journaux sont livrés avant le petit-déjeuner.
Tout le monde les lit, même les plus jeunes. »

« Chaque repas est un cérémonial. Les élèves s'installent debout autour de la table. Quand ils sont prêts, l'un d'entre eux va frapper à la porte. Le "maître de maison" peut alors entrer et le repas commencer. »

« Mike Grenier, le “maître de maison” de Wotton House, vit avec sa femme et ses deux enfants dans un logement sur place. Son épouse ne travaille pas, mais elle participe aux multiples activités. Mike Grenier est un ancien d’Eton, il était “boursier du roi”. Il invite parfois des élèves à dîner chez lui. »

« Les élèves sont très motivés. Un jour, j'en photographiais un en train de faire ses devoirs. Il m'a demandé, poliment, de quitter sa chambre. Je le déconcentrais. »

« Chacun décore sa chambre à sa guise. Jack (assis), 14 ans, a choisi un poster de femme dénudée, mais de dos. »

« Les élèves sont tous rattachés à un tuteur – un professeur – avec lequel ils peuvent aborder n'importe quel sujet. Ce jour-là, ils parlent politique. »

Une éducation anglaise

« Les *collegers* prennent leurs repas dans cette salle à manger. Boursiers, ils vivent dans le cœur historique de l'école. Admis sur dossier, très brillants, les collegers sont les héritiers de l'histoire de l'école : quand Henri VI a fondé Eton, en 1440, il y avait soixante-dix élèves à la charge du roi. Les "boursiers du roi" sont toujours soixante-dix, sur mille trois cents élèves. Ils forment la crème de la crème. Les boutons de leur uniforme sont couleur argent, ceux des autres sont noirs. Quand ils ont excellé dans une matière, ils reçoivent l'autorisation de défaire le dernier bouton de leur gilet. »

« On court beaucoup à Eton, mais pas tout le temps. Quiconque traverse la cour doit passer à droite de la statue d'Henri VI. De manière à avoir son cœur plus près du roi. »

« Je me suis toujours demandé à quoi pensait ce garçon, pendant la prière. Les élèves viennent du monde entier, ils sont de toutes les religions. Ils vont presque tous les deux jours à la chapelle. »

« Familles et amis sont invités le "jour des bienfaiteurs", le 4 juin. La date est celle de la naissance du roi George III (1760-1820), qui a beaucoup fait pour l'école. »

« Pendant la fête, les garçons qui participent à la procession en aviron sur la Tamise portent un chapeau à fleurs. C'est leur "matrone" qui l'a confectionné. La "matrone" est la dame qui s'occupe de leur bien-être dans chaque maison. A la fin de la procession, face au public, les garçons se lèvent et jettent leur chapeau à l'eau. En général, l'embarcation chavire. »

« Bouquet final pour les sixièmes années. Ils fêtent ce 4 juin leur départ définitif. Chacun prononce un discours devant les parents et les enseignants. Après, tous entonnent le chant traditionnel d'Eton. »

Une éducation anglaise

« ETON EST AVANT TOUT UNE EXCELLENTE ÉCOLE »

Philip Howard, *ancien élève d'Eton, est journaliste au « Times » de Londres depuis 1965.*

6Mois Vous êtes entré à Eton en 1947, cela vous a-t-il fait plaisir ?
Au début pas vraiment, parce que cela signifiait aller en pension. Mais ensuite j'ai été très content de me trouver dans une école d'exception. Mes parents n'avaient pas les moyens de m'y envoyer, mais mon école m'a présenté à l'examen d'entrée et j'ai été admis comme *King's scholar* (boursier). Au début, Eton avait été créée pour les pauvres par Henri VI, l'un des rares rois d'Angleterre qui ait laissé un bon souvenir.

A quel milieu social appartenaient vos parents ?
Mon père était journaliste, il est devenu plus tard agriculteur.
Il a aussi été capitaine de l'équipe d'Angleterre de rugby. Ma mère était une Marseillaise d'origine grecque, Doris Metaxa – elle a gagné le double féminin à Wimbledon en 1932.

Vous avez donc finalement un bon souvenir de l'école ?
Evidemment, c'était une école très *old-fashioned*, très traditionnaliste. Le bizutage était de rigueur et les enfants vivaient dans la peur d'être battus. Mais l'enseignement était incomparable, en particulier pour le latin et le grec, c'est-à-dire les matières sur lesquelles vous étiez sélectionné. Les professeurs de grec et de latin d'Eton auraient très bien pu enseigner à l'université.

Vous-mêmes avez été fouetté ?
Non. Mais j'ai dû assister à une séance de coups de fouet. En cas de manquement important – par exemple si, trois jours de suite, on n'avait pas fait son travail du soir –, le principal entrait dans la classe le matin et demandait si *« Mister »* Untel était là : cela signifiait qu'il allait être battu le soir. Le puni devait alors traverser la cour, passer devant la statue du roi Henri VI, accompagné du *headmaster* (le principal) et de deux *« préfets »* (des élèves). Ensuite, il devait enlever son pantalon et s'installer sur le *« billot du châtiment »* – c'était en fait deux marches d'un escalier qui devait avoir 500 ans. A la fin, il y avait du sang partout, et le principal tendait le fouet à la victime qui lui disait : *« Thank you, Sir »*.
Je me souviens avoir dit au *headmaster* que c'était dégoûtant. Il m'a répondu que lui aussi trouvait cela dégoûtant et qu'il faudrait supprimer cette pratique, mais qu'on ne pourrait le faire que progressivement, à cause de tous les anciens élèves qui avaient subi le fouet et qui ne comprendraient pas que les nouveaux en soient dispensés. Tout cela a disparu, il ne faut pas trop insister dessus. Eton est avant tout une excellente école.

Vous habitiez la maison des *collegers*, celle des boursiers ?
Oui. Il y avait une « dame » qui s'occupait de l'intendance, aidée par la femme du *housemaster* (le « maître de maison »). Nous avions un chauffage à charbon, et faisions nous-mêmes notre thé. Autrefois, la nourriture était très mauvaise. On disait que le boucher de la rue principale du village d'Eton, qui n'a à peu près qu'une seule rue, avait trois catégories de viande : pour les professeurs, pour les chiens et, la moins bonne, pour les *« boys »*...

Philip Howard

Il est né en 1933. A la sortie d'Eton, il a obtenu une bourse pour Oxford. Il est devenu journaliste au « Glasgow Herald », avant d'être recruté en 1965 par le « Times », où il a été reporter, éditorialiste et chroniqueur. Actuellement, ses chroniques sont surtout consacrées à la langue anglaise. Son fils aîné a été, comme lui, « King's scholar » à Eton.

Nous, les boursiers, on nous appelait les *« tugs »* (les « remorqueurs »), à cause de notre « toge ». En classe de français, quand j'avais 12 ans, certains élèves en avaient 16. Ils nous considéraient avec une sorte de mépris, nous faisant comprendre que nous étions trop intelligents et que, de toute manière, eux étaient beaucoup plus riches et réussiraient mieux.

John le Carré, qui a enseigné à Eton, dit qu'on y trouve *« le meilleur et le pire »* des classes supérieures britanniques. C'est vrai ?
Oui, c'est une école très élitiste, et une grande chance d'y être admis comme boursier. Mais si on paie, on se trouve au milieu d'une élite de l'argent *[les boursiers, eux, vivent dans une maison qui leur est réservée]*. Maintenant, il y a beaucoup plus de fils de riches étrangers qu'autrefois. Comme traditionnellement, les princes de la famille royale thaïlandaise.

Toutes ces traditions bizarres comme le port de l'habit, cela a une quelconque utilité ?
Evidemment, c'est absurde. A l'origine, c'est le vêtement de deuil porté après la mort de George III. Mais s'il n'y avait pas cet uniforme, il y aurait une énorme compétition entre élèves pour porter les plus beaux habits. Là, ceux qui n'ont pas les moyens ont leur costume gratuitement. Le mien était d'occasion.

Certains enfants un peu fragiles peuvent-ils être brisés par une éducation à Eton ?
Sans doute, mais c'est une école qui offre beaucoup de possibilités. Presque tous les enfants peuvent y trouver quelque chose à leur goût, de la pêche à la ligne à la photographie...
Il y a aussi quelque chose de très important, ce sont les jeux. Certains de ceux qui ont été inventés à Eton auraient pu devenir aussi célèbres que le rugby – par exemple le *field game* ou le *five*. Il s'agit de renvoyer la balle contre un mur, et à l'origine cela se pratiquait en attendant d'entrer à la chapelle...

Avoir été élève à Eton vous donne-t-il un sentiment de supériorité pour toute la vie ?
On est conscient d'avoir eu une très bonne éducation. Apprendre le grec et le latin aide à faire face à beaucoup de choses dans la vie et donne d'intenses satisfactions. Mais aujourd'hui, venir d'Eton est plutôt un handicap sur un CV, et traîter quelqu'un d'*« Etonian »* est presque une offense. C'était ce qu'on lançait à David Cameron, l'actuel Premier ministre, pendant la campagne électorale. Cela signifie : *« De toute manière, celui-là n'a besoin de rien. »* Et dans le milieu du journalisme, c'est plutôt une bizarrerie.

Y a-t-il une rivalité entre les grandes *public schools* anglaises ?
Il y a une histoire qui circulait à Eton. Trois garçons se trouvent dans une pièce, l'un de Winchester, l'autre d'Eton, le troisième de Harrow. Une dame entre. *« Il faut une chaise »*, dit le garçon d'Eton. Celui de Winchester l'apporte. Et le garçon de Harrow s'assoit dessus •

POUR EN SAVOIR PLUS

La crème de la crème

Eton est l'incarnation de l'élitisme à l'état pur. Elitisme social, jadis. Elitisme de l'argent toujours – les frais de scolarité annuels se montent à plus de 30 000 euros. Mais aussi élitisme intellectuel.
Les candidats subissent à 11 ans une première sélection sur dossier et entretien.
Ils passent les épreuves définitives d'admission à 13 ans.

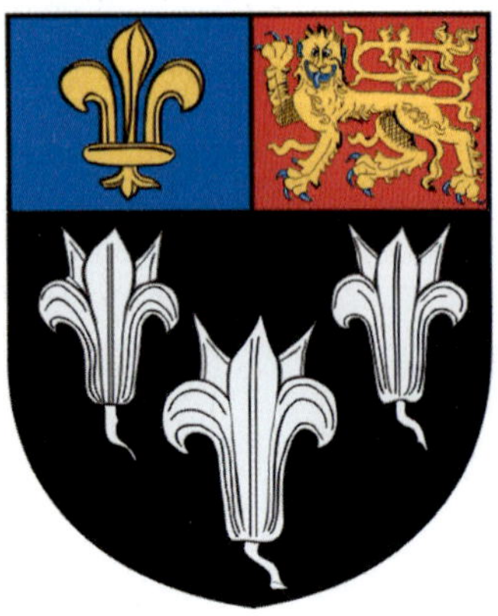

Le blason de l'école.

Les meilleurs deviennent des *King's scholars*, en référence aux 70 premiers élèves de l'école fondée en 1440 par le roi Henri VI.
Plus prosaïquement, les *King's scholars*, toujours au nombre de 70, sont des boursiers. Leur scolarité est entièrement prise en charge. Si leurs parents sont fortunés, ils font, pour compenser, une donation au collège.

Une fabrique de Premiers ministres

GETTY

Lord Robert Walpole.

C'est l'un des (nombreux) titres de gloire d'Eton : dix-huit Premiers ministres de la couronne sont issus de ses rangs.
Si l'on songe que le premier, Sir Robert Walpole – qui ne portait d'ailleurs pas le titre, même s'il a exercé la fonction –, a gouverné dans la première moitié du XVIIIe siècle, le bilan peut paraître un peu moins impressionnant. Mais tout de même : William Pitt, Arthur Wellesley (premier duc de Wellington, auteur d'une belle victoire et d'un superbe commentaire : *« La bataille de Waterloo a été gagnée sur les terrains de jeux d'Eton »*), William Gladstone, Arthur Balfour, Harold Macmillan, Anthony Eden et tant d'autres…

Eton a néanmoins connu une période noire en la matière. Entre le départ d'Alec Douglas-Home en 1964, et l'arrivée du petit dernier, James Cameron, en 2010, quarante-six interminables années se sont écoulées.
Ancienne élève d'une école d'Etat et fille d'épicier, Margaret Thatcher nourrissait une telle antipathie pour les jolis messieurs d'Eton qu'elle fit même un grand ménage parmi les Etonians présents en grand nombre dans les ministères.
Pendant quarante-six ans donc, les élèves d'Eton n'ont pas eu droit au congé accordé traditionnellement le jour de l'arrivée d'un ancien élève au 10 Downing Street.

Boursiers illustres, princes et maharajas

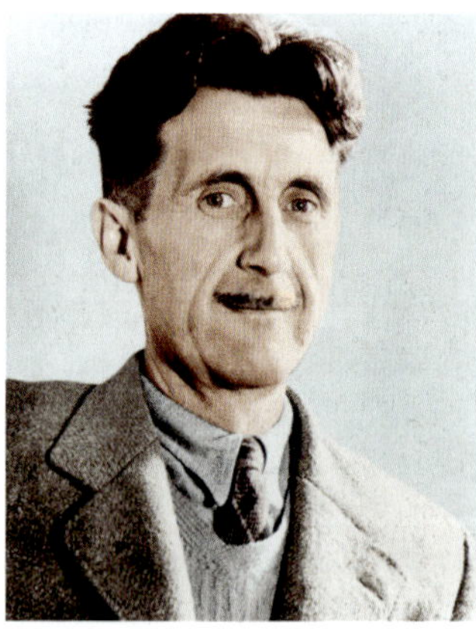

ROGER VIOLLET

George Orwell.

« Si vous voulez que votre femme ait de plus gros seins, votez tory ! » : ce n'est peut-être pas exactement le langage que l'on attend d'un ancien d'Eton, mais c'est avec ce genre de slogans que Boris Johnson s'est rendu populaire au point de se faire élire maire – conservateur ! – de Londres. A Eton, « Boris le Rouge » était boursier, c'est-à-dire l'un des meilleurs. Comme l'avaient été avant lui l'écrivain Aldous Huxley, l'économiste John Maynard Keynes et l'illustre auteur de *1984* et de *La Ferme des animaux*, George Orwell. Et aussi un poète moins connu, James Kenneth Stephens, que l'on soupçonne (avec d'autres) d'avoir eu une seconde vie, celle de Jack l'Eventreur.
Ni le roi des Belges Léopold III, ni l'actuel maharaja du Jodhpur, ni même le dandy du XIXe siècle, George « Beau » Brummell, ni les princes Harry et William n'ont, eux, bénéficié de bourse. Et le capitaine Crochet n'est pas sorti d'Eton, mais de l'imagination de l'auteur de *Peter Pan*, qui a mis dans la bouche de l'horrible pirate édenté ces mots en forme de testament : *« Floreat Etona »*, « Que fleurisse Eton »… C'est la devise de l'école.

Les traditions se perdent

Eton est le temple de la tradition, certes. Mais :

I. L'inscription à l'école d'un enfant dès sa naissance a été supprimée dans les années 1970.

2. Le chapeau haut de forme n'est plus de rigueur, sauf pour la cérémonie du dernier jour, la canne a disparu elle aussi.

3. Le faux col amidonné qui rendait douloureux tout mouvement du cou a été remplacé par un « petit » faux col en papier.

4. Les grands élèves n'ont plus le droit de crier *« boy ! »* pour faire se précipiter vers eux les petits nouveaux et leur imposer une corvée. Autrement dit, le bizutage a disparu.

5. Les « grands » n'ont même plus le droit de battre leurs congénères indisciplinés. Jusqu'à une période récente, ils pouvaient leur donner des coups de canne (mais sans leur enlever leur pantalon).

6. Le *flogging* (flagellation) sur les fesses nues, pratiqué d'ordinaire le vendredi et réservé au *headmaster* (principal), a lui aussi été banni. La dernière séance de *flogging* remonte à 1984. Le dernier « fouetté », Sebastian Doggart, est aujourd'hui un réalisateur new-yorkais à succès.

Vocabulaire

- A Eton, trimestre se dit ***half*** (« moitié »). Logiquement, il y a donc trois « moitiés » dans une année scolaire.
- De même, une ***school*** n'est pas une école, mais une classe, et dure vingt-cinq minutes.
- La ***rustication*** est l'expulsion de l'école, autrement dit le retour à la campagne (*rus*, en latin).
- ***Pop*** est un titre envié. Il est réservé aux membres de l'Eton Society, sorte de club interne dans lequel on est admis après élection.
- Et, bien entendu, ***public school*** signifie « école privée ».

La concurrence

Eton n'est pas l'unique *public school* de prestige. Elle n'est même pas la plus ancienne :
- Westminster a été fondée presque trois siècles plus tôt, en 1179, et compte parmi ses anciens élèves le poète Ben Jonson, le philosophe John Locke et le compositeur Henry Purcell.
- Winchester a vu le jour en 1382.
- Rugby est par contre plus « jeune » (1567).
- La principale concurrence semble venir de Harrow (1572), qui a formé Palmerston, Nehru, Churchill. Les élèves de Harrow portent un habit très semblable à celui d'Eton, et qui coûte aussi cher. Chaque année – mais seulement depuis 1805 – un match de cricket oppose les deux écoles. Eton a gagné 55 fois, Harrow 50. Il y a eu 67 matchs nuls.

CHRISTOPHER FURLONG

Et les filles ?

Aussi étrange que cela puisse paraître, les neuf *public schools* reconnues sont toutes réservées aux garçons. Il s'agit d'écoles non seulement prestigieuses, mais aussi héritières d'une longue tradition, et donc nées à une époque où l'éducation – en dehors du cercle familial – était réservée aux garçons. Les filles vont donc soit dans des écoles d'Etat, comme beaucoup de garçons bien sûr, soit dans des écoles privées ou encore des écoles dites « indépendantes ».

Une source d'inspiration pour John le Carré

Avant d'être recruté par les services secrets anglais, John le Carré a enseigné l'allemand à Eton entre 1956 et 1958 :
« Eton est le lieu des extrêmes, et c'était bon pour moi comme écrivain. Les classes supérieures peuvent y être observées dans ce qu'elles ont de meilleur et de pire. Les bons élèves sont souvent brillants, ils sollicitent toute votre attention et vous poussent dans les retranchements de vos connaissances. Les pires élèves vous procurent un aperçu unique sur un esprit criminel. Pour toutes ces raisons, Eton m'a beaucoup apporté. J'ai même situé l'un de mes premiers romans, Un meurtre de qualité, *dans une école qui ressemblait beaucoup à Eton. »*
(Entretien au *Paris Review*, été 1997)

DANS LES COULISSES

Le photographe anglais Christopher Furlong, de l'agence Getty, a pris lui-même l'initiative de ce reportage. Il a passé neuf semaines au collège d'Eton, égrenées entre la rentrée de septembre et la fête de fin d'année. Aucun photographe n'avait jusqu'ici décroché une autorisation. Pour l'obtenir, il a dû négocier longuement avec la direction. Il s'est engagé à ne pas parler du milieu d'origine des élèves *« pour des raisons de sécurité »*.
Il a passé l'essentiel de son temps dans l'une des vingt-cinq maisons du collège, Wotton House. Intéressé par la photographie, le « maître de maison » s'est porté volontaire pour le recevoir. Christopher Furlong dormait à l'hôtel, mais dînait avec les élèves. *« Au début, ils étaient réticents ; à la fin, on s'amusait »*, dit-il.
Enfant de l'école publique, ancien soldat, Christopher Furlong reconnaît être arrivé à Eton avec des a priori plutôt négatifs en tête. Il est reparti séduit. Au point d'y inscrire ses deux fils de 4 et 10 ans ? *« Oui..., si j'avais les moyens. »*

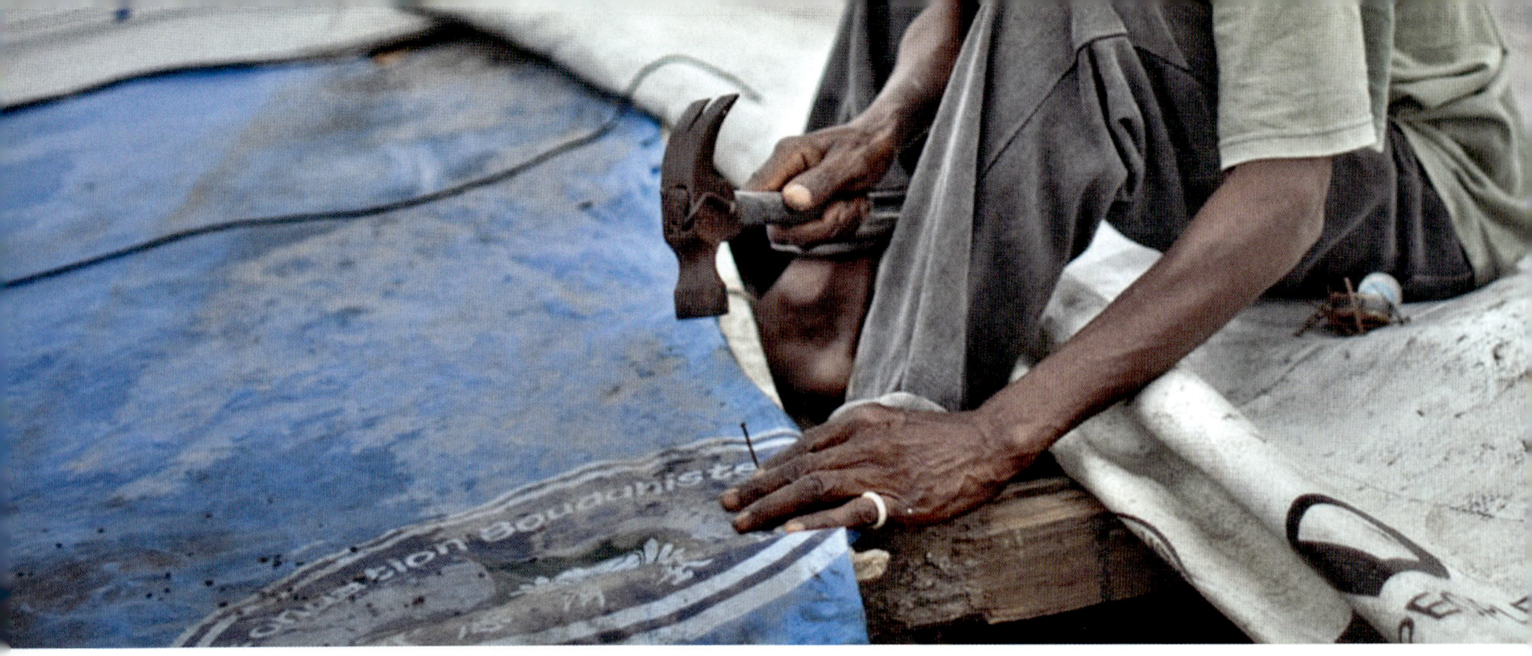

Le 12 janvier 2010, la terre tremblait en Haïti. Un an plus tard, soixante mille sinistrés sont toujours installés dans l'ancien aérodrome militaire, au cœur de Port-au-Prince.
Olivier Laban-Mattei
a passé un mois avec ces hommes et ces femmes qui ont pris leur destin en main.

LE CAMP AVIATION

« Après le séisme, les gens avaient peur, ils ne voulaient plus dormir avec un toit sur la tête. Très vite, ils sont arrivés au camp Aviation. C'était logique : sur ce grand terrain vague, rien ne pouvait leur tomber dessus. Dès les premiers jours, ils se sont organisés. Il fallait protéger les femmes, attaquées dans leurs abris de toile. Des associations se sont créées, le camp a été divisé en sept "blocs", sept quartiers. »

Le camp Aviation

« Le bloc 6, le plus sûr et le mieux organisé du camp, est parsemé de carcasses d'avions. Une épave d'hélicoptère trône sur une sorte de place du village, au milieu de l'"artère" principale. De petites échoppes ont été construites tout autour. Quand le bloc s'éveille, les habitants s'improvisent commerçants et les enfants partent pour l'école. Certains sont scolarisés dans le camp, d'autres de l'autre côté du mur qui longe la route de Delmas, l'axe principal de Port-au-Prince. »

Le camp Aviation

« La fillette aux cheveux joliment tressés a trouvé un garde-manger. Elle ne sait pas que c'est une urne. Le premier tour de l'élection présidentielle vient d'avoir lieu, en novembre. La plupart des habitants ne quittent jamais le bloc 6. Ce n'est pas nécessaire : une économie parallèle s'est mise en place. Cette femme qui fait du porte-à-porte vend des vêtements, récupérés à droite et à gauche, pour quelques gourdes, la monnaie locale. Une gourde ne vaut rien, cinq gourdes pas plus. Il en faut quarante pour faire un dollar. »

« Il n'y a pas eu de distribution alimentaire depuis des semaines. Pourquoi y en aurait-il une aujourd'hui ? A chacun son système D. »

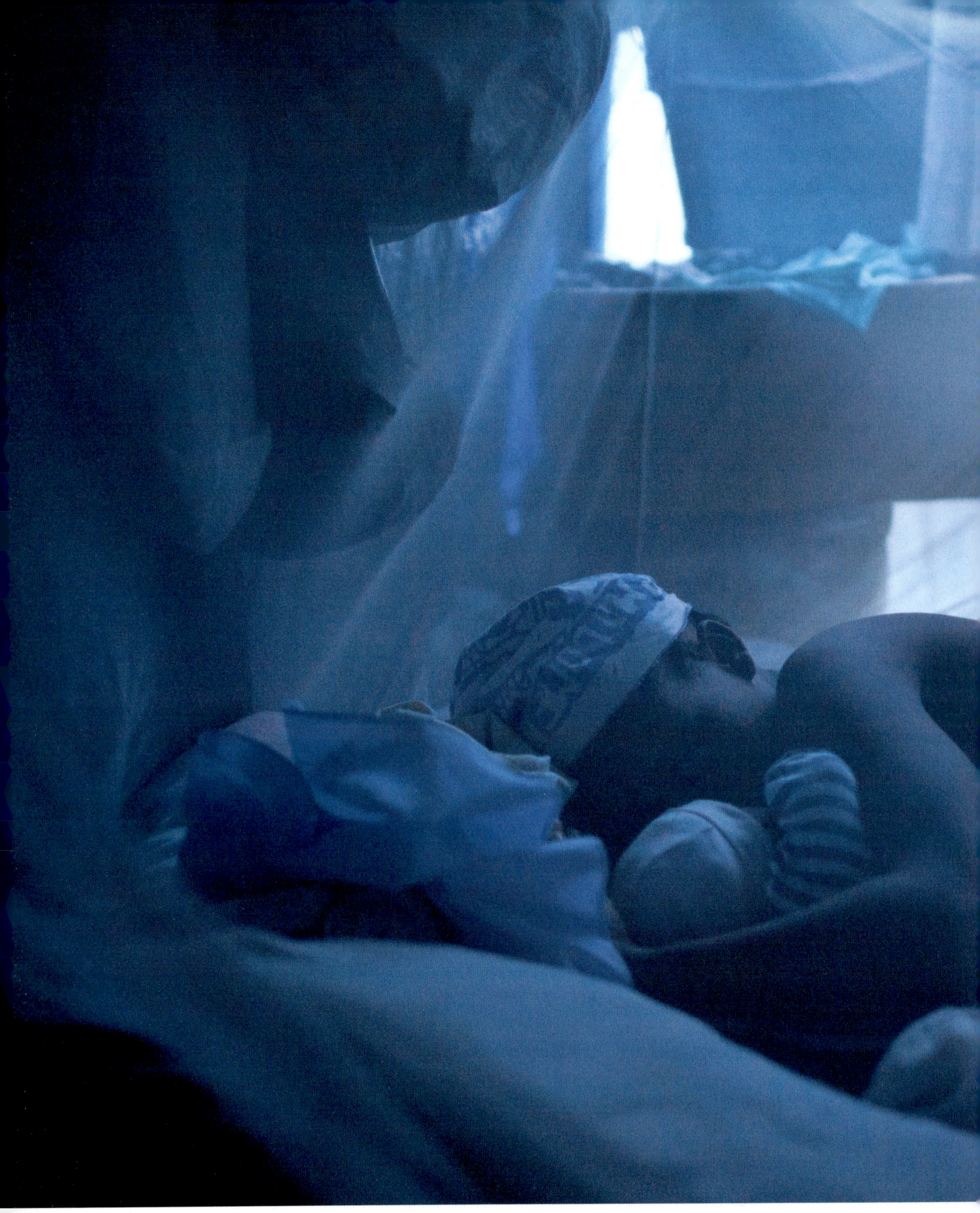

« L'occupante de cette *caye* (une "maison") s'appelle Herlande. C'est une vieille dame et elle assure seule la subsistance de sa famille – les hommes ont disparu avec le séisme. Cinq personnes vivent chez elle, partagent la même moustiquaire. Là, sa fille et sa petite-fille, enlacées, profitent ensemble du matelas. »

« Les musiciens de Plaisir Créole Trouba répètent presque tous les jours. Lorsque le rythme créole s'élève, il réchauffe les esprits et réveille les corps, instantanément sollicités. »

« Ces hommes accoudés aux hublots sont les musiciens du groupe Plaisir Créole Trouba (comme "troubadour"). Ils sont connus, ils font des tournées en Haïti. Le guitariste, Alain, habite le bloc 6. Un après-midi, le groupe est allé fêter les 40 ans d'une voisine. Love (la jeune femme à droite) avait préparé un poulet mariné. Les musiciens ont apporté un gâteau, les voisins sont venus. La fête a duré trois heures. Le bloc 6, c'est une famille. »

« En temps normal, Sandrèle est un homme doux et amical, qui aime parler de ses tableaux, qu'il vend sur les marchés. Ce jour-là, il est en transe. Jeune prêtre vaudou, il vient de recevoir un malade. Il tremble, s'exprime dans un langage incompréhensible, le regard égaré. Jusqu'au déclic de la photo. A ce moment-là, l'esprit qui l'occupait se détache : *"Je redeviens Monsieur"*, dit-il. »

Le camp Aviation

« Depuis des jours, la pluie n'a pas cessé et une odeur tenace monte des tranchées boueuses. Nous sommes en pleine épidémie de choléra.
Le bloc 6 est peu touché, même si les habitants sont livrés à eux-mêmes. Quasiment aucune organisation humanitaire n'intervient. La Croix-Rouge haïtienne remplit deux à trois fois par semaine les deux citernes du quartier, mais l'eau n'est pas potable. Les habitants du camp Aviation passent après les sinistrés installés sur les ronds-points et les places publiques. En attendant, ils améliorent l'ordinaire.
Des enfants sont nés au bloc 6, d'autres vont naître. Le luxe : couler une dalle de béton, pour vivre sur du dur. »

Le camp Aviation

«Au camp Aviation, les carcasses d'avions ne sont pas habitées, sauf une. Et cela ne date pas du séisme : Israel Borges, un Portoricain, était le seul habitant du camp jusqu'au tremblement de terre. Il est arrivé quatre ans plus tôt. Dieu lui avait dit : *"Va en Haïti et, un jour, tu auras un signe de moi, tu comprendras pourquoi."* Depuis, entouré de soixante mille personnes, il attend. Israel Borges n'a pas voulu être pris en photo, de peur d'y perdre son âme.»

Le camp Aviation

« Du prêtre vaudou au bar, les habitants du bloc 6 trouvent tout sur place. Même la loterie nationale : La Patience. Samuel et Christian sont frères. Ils étaient boulangers à Jérémie, une ville côtière à l'ouest de Port-au-Prince. Ils se sont installés ici en juillet pour recommencer à cuire du *"bon pain céleste"*. »

BOULANGERiE
du BON Pain CELESTE

« Cette école a été montée avec les moyens du bord. Elle accueille soixante-cinq enfants et l'instituteur, bénévole, conserve soigneusement quelques livres et cahiers fournis par une association. Tous les matins, à l'arrivée des élèves, c'est le même rituel : prière et inspection des dents ! »

« Auparavant, je n'avais pas d'amis, ma vie était monotone. Ici, c'est différent. On est comme une famille. »

Natacha Mentor, prêtresse vaudoue

« La plupart des habitants ne veulent pas, ou ne peuvent pas, rentrer chez eux. Le bois et la tôle ont fait leur apparition, les façades ont été décorées, les comités de quartier ont numéroté les *cayes*, les femmes ont entrepris un recensement. Bientôt, il y aura un plan pour se repérer dans le bloc 6. »

« Les habitants du bloc 6 viennent pour la plupart des classes moyennes, leurs conditions de vie se sont détériorées. Pour ceux qui, avant, vivaient dans les quartiers défavorisés de Port-au-Prince, La Saline ou Cité Soleil, la situation s'est améliorée. *"Maintenant, je suis comme tout le monde"*, dit Josil, 19 ans, venu d'un bidonville. »

Le camp Aviation

SIX HISTOIRES DU BLOC 6

Etienne Thony DU COMITÉ « BONS AMIS »

Etienne Thony, 30 ans, s'est fixé un défi : *« Moi et mes collègues, on va essayer de faire du bloc 6* (un des sept quartiers du camp Aviation) *le meilleur bloc de Port-au-Prince. »* Le 12 janvier 2010, il a tout perdu : son logement et son travail de charpentier. Alors, il a quitté Jacmel, une ville au sud de la capitale, pour chercher un emploi. Depuis son arrivée au camp Aviation, il bataille pour améliorer la vie de son quartier. Vice-président du comité du bloc 6, il est bénévole pour la Croix-Rouge haïtienne et se démène chaque jour pour sa *« grande famille »*. Il récupère des bâches quand la pluie inonde le camp, trouve des volontaires pour balayer les axes principaux, met en place un système de cartes d'identité. Il tente aussi de créer une deuxième école et élabore un plan du quartier en numérotant les *cayes* et en nommant les rues. Lui habite boulevard La Vie Bons Amis, un étroit passage qui a pris le nom du comité.

Pierre-Louis Alcide LE PASTEUR

Quatre morceaux de bois, une bâche : l'église évangéliste du camp a vu le jour le 17 mars 2010. Le pasteur s'était réfugié ici avec sa femme et ses cinq enfants et les fidèles lui avaient demandé de fonder cette église. Depuis, Pierre-Louis Alcide pratique *« l'évangélisation par amitié »*, il fait du porte-à-porte pour rallier des ouailles. Ceux de son ancien quartier – le village de La Paix, à l'est de Port-au-Prince – viennent assister à son service dominical. Le pasteur prêche aussi dans les églises des villes de Gonaïves et Miragoâne. Il regrette que *« les conditions de vie déplorables freinent la fréquentation »* et voudrait ouvrir une école de *« coupe et couture »*.

Jean-Joseph Wesley L'INSTITUTEUR BÉNÉVOLE

Jean-Joseph Wesley, 34 ans, déplore le manque d'aide extérieure. Instituteur, il a ouvert une petite école en février 2010. Des représentants d'organisations humanitaires sont passés relever les noms des professeurs et des élèves, mais *« rien de plus depuis un an »*. Cinq enseignants travaillent bénévolement dans son école. Malgré les difficultés financières des familles, il n'accepte pas un élève sans uniforme : *« S'il arrive quelque chose, je veux pouvoir identifier mes élèves »*, dit-il. Le matin, il enseigne ; l'après-midi, il anime des émissions sur une radio locale.

Natacha Mentor
LA PRÊTRESSE VAUDOUE

Avant sa naissance, sa mère avait fait une promesse : si l'enfant venait au monde en bonne santé, il honorerait les esprits jusqu'à sa mort. Trente ans plus tard, Natacha Mentor est prêtresse vaudoue. Elle est aussi doublement diplômée, en opérations bancaires et en gestion administrative. Elle vit dans une grande *caye* au sol bétonné, signe d'aisance financière. Elle est arrivée là, avec son petit frère blessé, le jour du séisme. *« Je ne pensais pas que le camp allait devenir ce qu'il est, la population augmente chaque jour »*, dit celle qui fut la première sinistrée à s'y installer. Presque toute sa famille a quitté le camp, Natacha a choisi de rester. Elle craint les murs en dur : *« C'est psychique, j'ai peur que ça tremble à nouveau. »* Entre ses activités de prêtresse, son travail à mi-temps d'agent de santé et sa participation à un mouvement pour les droits de la femme, son quotidien a changé : *« Auparavant, je n'avais pas d'amis. Ici, c'est différent. On est comme une famille. »*

Gracile Sylvain
LA CAUSE DES FEMMES

Gracile étudie le secrétariat diplomatique à l'université de Port-au-Prince. Célibataire de 25 ans, elle vit avec ses parents depuis la destruction de la maison familiale de Pont-Rouge, au nord de Port-au-Prince. Avant le séisme, elle fréquentait les clubs littéraires. Aujourd'hui, elle a besoin de se sentir utile pour les autres. *« La vie continue »*, dit cette jeune femme qui espère l'aide des organisations humanitaires pour améliorer l'hygiène et la sécurité dans le camp. Présidente du Mouvement des femmes progressistes d'Haïti, elle essaie de rendre la vie des femmes acceptable : *« Leur situation en Haïti est compliquée, elles sont négligées et démunies, les hommes trouvent plus facilement un travail. »*

Nixon Saint-Marc
« PÈRE DE TOUS LES ENFANTS »

Tout le monde l'appelle « le président Nixon ». Avant, Nixon Saint-Marc menait une vie paisible dans le quartier de Tokyo, à Port-au-Prince. Il a tout perdu – femme, fils, maison, *« business »* – et n'a pas retrouvé de travail. Porte-parole des habitants du camp Aviation, il s'autoproclame *« père de tous les enfants »*. « Le président Nixon » coordonne une association qui nourrit huit cents enfants par jour grâce aux Nations unies. L'aide n'est pas régulière, l'entreprise est difficile. *« Au bloc 6, nous sommes civilisés, chacun cherche à monter sa petite affaire. »* Charismatique, il fait tout pour détourner les jeunes du banditisme.

POUR EN SAVOIR PLUS

Le temps des colons

Quand Christophe Colomb découvre, en 1492, l'île aujourd'hui partagée entre Haïti et Saint-Domingue, le « nouveau territoire » est largement peuplé.
En quelques décennies, la population – réduite en esclavage, utilisée pour l'extraction de l'or et soumise aux épidémies apportées par les Blancs – décline. Dès 1510, les Espagnols « importent » des esclaves africains.
L'or s'épuise rapidement, surtout à l'ouest de l'île.
Les Espagnols délaissent les lieux. Les Français – flibustiers et boucaniers d'abord – s'y installent.
Au XVIIe siècle, la présence française est établie et reconnue par l'Espagne. Louis XIV édicte le Code noir, censé définir les devoirs des esclaves, mais aussi de leurs maîtres (qui ne le respecteront pas).
En 1789, ce territoire français compte 500 000 esclaves noirs, 32 000 Blancs et 28 000 hommes libres (mulâtres ou affranchis). Ses exportations (la banane et le café essentiellement) dépassent en valeur celles des Etats-Unis.
En 1791, une révolte conduite par Toussaint Louverture incite la Convention à décréter l'abolition de l'esclavage en 1793. La mesure est bientôt élargie à l'ensemble des colonies françaises. Toussaint Louverture, l'ancien meneur, se rallie à la République, mais instaure à son tour le travail forcé et se fait proclamer gouverneur à vie. Sous couvert de défense de la liberté des Noirs, Bonaparte envoie un corps expéditionnaire tout en préparant le rétablissement de l'esclavage. Après des années de troubles, de révoltes et de massacres, les troupes françaises capitulent et quittent l'île qui se proclame indépendante sous le nom (indien) d'Haïti. C'est la première « République noire » au monde, que la France reconnaîtra en échange d'une énorme indemnité.

Le temps des empereurs

Dès 1804, Jean-Jacques Dessalines, qui s'est imposé dans la guerre contre les Français, se proclame empereur. Il instaure à son tour le travail forcé, ce qui provoque une nouvelle révolte. Il est assassiné.
En 1847, Faustin Soulouque – un illettré – est porté au pouvoir par le Sénat, avant de se faire sacrer empereur lui aussi et d'organiser la répression contre les mulâtres, qui le renverseront en 1859.

La tutelle

Au début du XXe siècle, de grandes sociétés américaines s'installent sur l'île. En 1915, pendant la Première Guerre mondiale, les Etats-Unis du président Wilson occupent Haïti, en apportant une aide à l'île.
Au départ des Américains, en 1934, des juntes militaires se succèdent jusqu'à la première élection d'un président au suffrage universel, organisée en 1950.

« Papa Doc »

En 1957, de nouvelles élections portent au pouvoir un médecin, François Duvalier, surnommé « Papa Doc ». Avec l'appui de sa milice de « tontons macoutes », il fait régner pendant quatorze ans une atmosphère de terreur, avant de faire plébisciter son fils comme successeur. « Bébé Doc » accède au pouvoir en

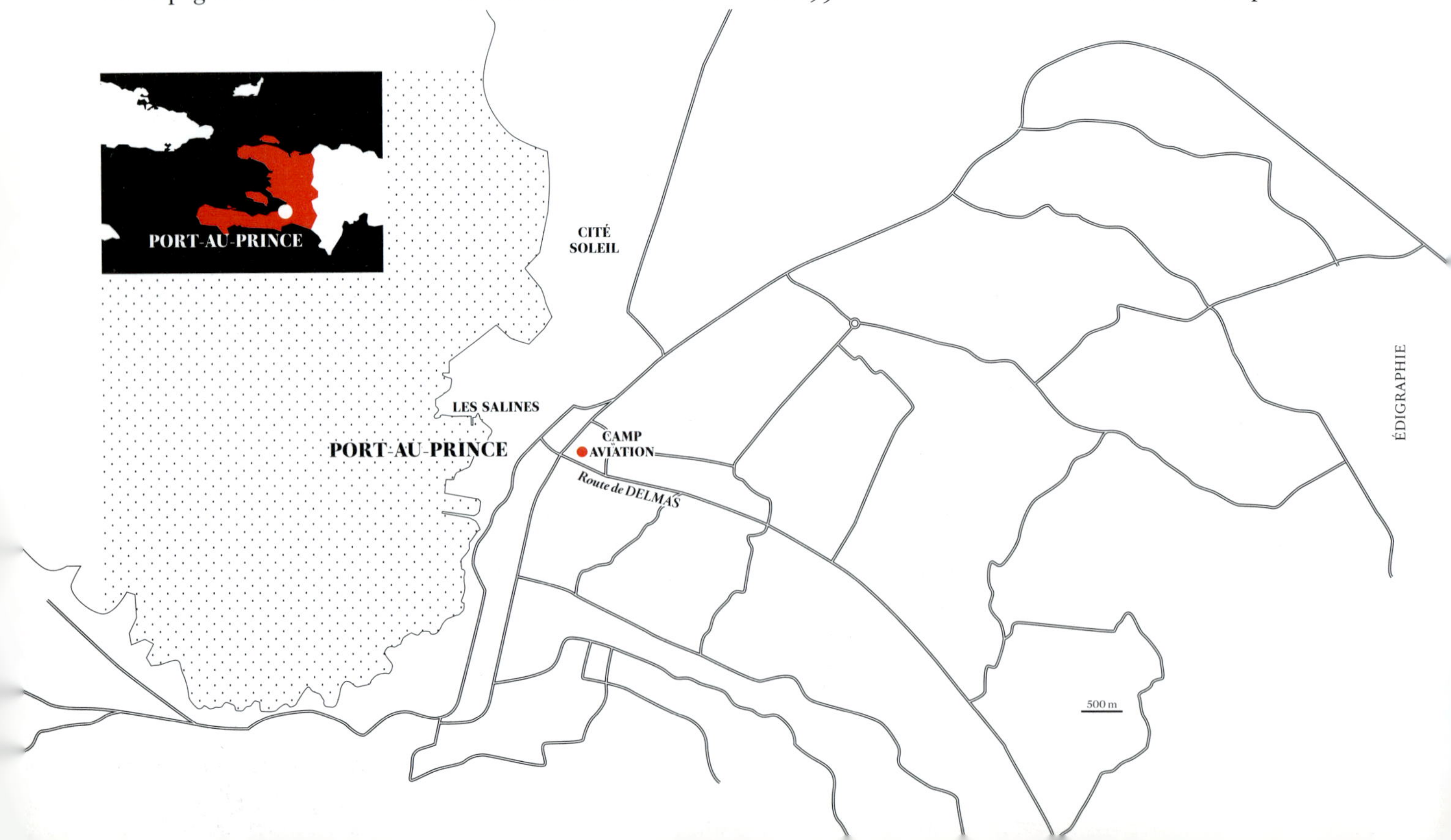

ÉDIGRAPHIE

Toussaint Louverture

1971 à l'âge de 19 ans et se fait aussitôt mal voir en épousant une mulâtresse.
En 1983, le pape Jean-Paul II s'adresse à la foule : *« Ici, il faut que les choses changent. »* « Bébé Doc » est renversé trois ans plus tard par une révolte populaire.

Le défroqué

Après de nouveaux troubles, l'ancien prêtre Jean-Bertrand Aristide est élu président, puis renversé par un coup d'Etat soutenu par la CIA. En 1994, les *marines* américains débarquent à nouveau en Haïti et ouvrent la voie aux forces des Nations unies. Cette fois pour rétablir la « légalité », et donc Aristide. L'ancien prêtre laisse cependant le pouvoir à un de ses proches, René Préval. Puis il reprend la main en 2000. Sa présidence est marquée par des troubles, de nombreux assassinats et une explosion du trafic de drogue. Il se démet sous la pression militaire de la France et des Etats-Unis. René Préval est réélu président. Il était toujours en place au moment du tremblement de terre.

« L'instabilité politique décourage l'aide »

Pierre Salignon est directeur général de l'action humanitaire à Médecins du monde.

6MOIS Le camp Aviation semble ne recevoir à peu près aucune aide extérieure, sinon de l'eau non potable et quelques cahiers. N'est-ce pas surprenant ?
J'ai tout de même l'impression que les bâches en plastique et les tentes ont été fournies par l'aide internationale. Mais les Haïtiens qu'on voit sur les photos ont pris les choses en main eux-mêmes, en recourant au système D. Ils font d'ailleurs preuve d'une grande dignité.
Pour sa part, Médecins du monde a décidé de ne pas s'implanter dans les camps, mais plutôt dans les quartiers où les besoins sont plus grands et où, pour des raisons de sécurité, les Nations unies ne s'aventurent pas. Nous employons 400 personnes sur place, dont 355 Haïtiens, et nous sommes aussi parfois confrontés à la violence sociale. Certaines cliniques ont été fermées en raison de l'attitude de groupes criminels. Nous négocions et, s'il le faut, nous nous retirons.

Beaucoup d'Haïtiens reprochent leur inefficacité aux organisations humanitaires…
Ces organisations ne répondent sans doute pas complètement aux besoins de la population. Mais il faut comprendre qu'elles sont la condition de la survie des Haïtiens, en aucun cas la solution. Leur rôle ne peut être que mineur. Il est vrai qu'il y a une frustration, une rancœur, parce que la reconstruction n'avance pas.

Vous soulignez que les Haïtiens se prennent en main. Etes-vous optimiste pour l'avenir ?
Non. L'instabilité politique persistante risque de décourager l'aide. Beaucoup d'argent a été dépensé au cours de l'année écoulée, et des acteurs internationaux commencent à se retirer. Il y avait une opportunité pour reconstruire Haïti en mieux, mais on ne sait toujours pas où l'on va.

DANS LES COULISSES

Le photographe Olivier Laban-Mattei a passé trois semaines en Haïti pour l'Agence France Presse (AFP) après le séisme de janvier 2010. Après avoir quitté l'AFP, il y est retourné à la fin de l'année, avec l'intention de faire un travail approfondi.
Arrivé à Port-au-Prince, un confrère lui montre des photos de carcasses prises au camp Aviation. Coup de cœur… Le photographe cherche à s'installer sur les lieux, en louant une chambre. L'actualité (émeutes, choléra) l'en empêche, mais il ne lâche pas l'affaire : tous les jours, il se lève à 4 heures pour aller au bloc 6 avant de faire des images d'actualité. Tous les soirs, il y retourne. Pendant un mois.
Il se lie avec de nombreux habitants, et surtout avec Alain, le guitariste de Plaisir Créole Trouba, un groupe découvert un soir dans le dédale de ruelles. *« Nous sommes devenus amis »*, dit-il.
Le photographe a du matériel sonore. Il enregistre le groupe, puis le photographie. Ensemble, ils réalisent un CD, dont la pochette est une photo signée… Olivier Laban-Mattei.

LE MONDE DE...
NEDJMA BERDER

LE PARADIS DES FRUITS PERMIS

Des hommes et le produit de leur travail, dans le monde fragile de la Guinée-Bissau. Des portraits en forme d'hommage.

UNDJANKA . KAKRI
Uca tangeri

Aliu Balde 15 ans
Ethnie foula. Guinée-Bissau
N 11°27.70 - W 015°54.61

« Cette image, réalisée aux premiers jours de mon voyage, a été décisive. J'étais installé en haut de la plage, les pêcheurs à pied quittaient l'estran, chassés par la marée. Ce jeune homme, Aliu Balde, a alors accepté le principe de la photo. Son regard m'a poussé à aller au-delà du catalogue de produits alimentaires locaux. »

Il porte peut-être un prénom arabe, mais il est né en 1970 à Saint-Malo, habite Douarnenez et se définit comme Breton. Manière de dire qu'il appartient lui aussi à l'un de ces *« peuples de l'eau »* auxquels il a consacré une bonne part de sa vie professionnelle.

L'eau, Nedjma Berder la parcourt depuis l'enfance. A 11 ans, il embarque sur un bateau pour, des années durant, sillonner la Méditerranée, la mer Noire et la mer Rouge tout en effectuant sa scolarité à distance. Six ans plus tard, il a 17 ans et il est moniteur, toujours sur un voilier-école, le *Fleur de Lampaul*. L'esprit du bord change, ce n'est plus l'ambiance post-soixante-huitarde. C'est l'Atlantique, avec des projets ambitieux comme l'étude des cétacés et, surtout, des petits peuples vivant sur le pourtour de l'océan : pêcheurs mauritaniens, Indiens wayanas en Guyane française, Indiens kunas au Panamá et, déjà, les Bijogos, ces peuplades d'un archipel situé au large de la Guinée-Bissau, qui deviendra, plus tard, une de ses terres d'élection.

Ces microsociétés de type « tribal » – un mot que Nedjma Berder n'aime pas – ont un rapport fort à la terre et aux esprits. L'approche sur le *Fleur de Lampaul* est inhabituelle : quand ils ne retournent pas en vacances chez leurs parents, les enfants du navire séjournent dans les familles de ces peuples de l'eau et se lient avec leurs rejetons du même âge.

Un mariage du noir et blanc et de la couleur

Des équipes de télévision viennent tourner de temps à autre. Cela permet de financer l'expédition, cela permet aussi à Nedjma Berder d'apprendre à manier une caméra – il grimpe en haut du mât ou se charge des prises de vue sous-marines, tâches que les « pros » n'apprécient pas forcément. Caméraman il est donc devenu, et resté, puisqu'il tourne désormais très régulièrement, entre autres pour *Thalassa*. C'est pour cette émission de télévision qu'il repart filmer une réalité qui l'avait frappé en Guinée-Bissau : le spectacle d'énormes bateaux de pêche venus de Corée ou d'ailleurs qui, de nuit, s'approchent des côtes et de l'archipel des Bijagos pour puiser dans le vivier de pêcheurs guinéens équipés de leurs seules pirogues.

Lors de ses précédents séjours, Nedjma Berder avait constaté combien fragile et menacé pouvait être l'équilibre de cette contrée bénie des cieux, où les rivières, les lacs, les marécages et les mangroves, ajoutés à un courant océanique froid, créent des conditions extrêmement favorables à la vie – et en particulier à la reproduction des poissons.

Depuis longtemps, en parallèle de son travail de caméraman, il s'essayait à la photo, et en particulier au portrait. Il lui manquait une *« idée »*. Elle a fini par surgir à l'occasion d'un nouveau séjour en Guinée-Bissau, où il avait voulu revoir ceux qu'il avait rencontrés des années plus tôt.

Son *« idée »* ? Montrer des habitants avec les fruits de leur travail – les premiers en noir et blanc, les seconds en couleurs. Des gens qui, souvent, n'ont eu qu'une occasion de se faire prendre en photo, pour leur pièce d'identité. D'où la solennité de ces portraits où les personnages choisissent souvent leur pose.

Nedjma Berder entend donner une image *« positive »* de ce petit coin d'Afrique, qui est pour lui un petit bout de paradis. La Guinée-Bissau est soucieuse de protéger les zones naturelles, qui couvrent 12 % de son territoire. Le pays a contribué à financer ce travail réalisé bénévolement.

Le photographe souhaite à présent retourner sur place. Il veut revenir avec des agrandissements de ses portraits, réalisés sur des bâches, afin de *« rendre hommage »* à ceux qui, posant pour lui, ont rendu possible ce travail.

Un souci d'universalité

Cette attitude un peu militante explique les particularités des légendes des photos de Nedjma Berder. S'il indique par exemple le nombre d'enfants de ses personnages, c'est *« pour montrer que tous les Africains n'ont pas dix ou quinze enfants »*...

Et si, plutôt que le nom des villages, il définit les lieux par leurs coordonnées géographiques – latitude et longitude –, c'est par souci d'universalité, et pour montrer que *« la magie de la vie »* peut s'exprimer *« à un endroit donné »*, où se conjuguent les éléments naturels et la culture de ceux qui savent tirer les produits de la terre ou des eaux.

Même souci d'universalité et de sérieux dans la traduction latine – sous la version en langue vernaculaire, et en créole portugais – des noms des plantes ou des animaux. Quant à cette façon qu'ont ses personnages de fixer systématiquement l'objectif, ce serait pour nous permettre de nous identifier plus facilement à eux •

Jan Krauze

KODA . KOLA
Cola nitida

Segunda Madjiru 20 ans, 1 enfant & **Niane**
Ethnie bijogo. Guinée-Bissau
N 11°15.27 - W 015°43.69

« Je suis revenu saluer la famille Madjiru dix-sept ans après mon premier séjour. J'ai rencontré les nouveaux enfants du village. L'un portait mon prénom, d'autres ceux de mes compagnons de voyage de l'époque. Ensemble, nous avons évoqué le temps lointain avec plaisir. Leurs souvenirs étaient intacts. »

IZE . BACA
Bos taurus

Cabi Joào Da Costa 16 ans
Ethnie bijogo. Guinée-Bissau
N 11°14.46 - W 015°41.81

« Il m'a fallu trois jours pour réaliser cette image. J'ai marché des heures pour rejoindre l'autre extrémité de l'île, où se déroulait une grande cérémonie. J'y ai assisté et, après le rituel, j'ai négocié le droit de photographier cette vache et son sacrificateur. Je lui ai donné quelques feuilles de tabac, il était heureux. »

EBA . TARAFE
Avicennia germinans

Nhanha Issum 71 ans, 3 enfants
Ethnie bijogo. Guinée-Bissau
N 11°27.63 - W 015°55.57

« Ce n'est pas toujours facile de se frotter à la dignité des personnes âgées. Surtout quand il s'agit d'expliquer que je préfère, pour mes images, les vêtements du quotidien aux habits d'apparat. Cette femme, adorable, a choisi des débris de palétuvier pour rappeler que les temps peuvent être durs et qu'il vaut mieux faire des réserves. »

IAONK . PÓ D'ARCO
Alchornea cordifolia

Mama Armando Brandao 11 ans
Ethnie bijogo. Guinée-Bissau
N 11°15.19 - W 015°43.61

« Les baies sont, ici, rares et sauvages. Elles sont mises en lumière grâce aux rayons du soleil, filtrés eux-mêmes par les feuilles d'un manguier sous lequel nous sommes abrités. Je suis souvent séduit par l'association du personnage et de ce qu'il présente : la jeune fille et les baies ont une même grâce, une même fragilité. »

BANACU . MANDIOCA
Manihot esculenta

Lamini Sila 17 ans
Ethnie mandingue. Guinée-Bissau
N 11°13.12 - W 015°02.35

« Les Sila travaillent souvent aux champs. Il fait chaud sur leur lopin de terre et la famille passe des semaines sous un abri au feuillage sommaire. Le jour de la photo, nous étions sous un tel abri et j'ai aimé le regard franc de Lamini. Il n'est pas sombre, juste conscient, du haut de ses 17 ans, de l'importance des récoltes. »

UNQUE . CATCHO CALERON
Ploceus velatus

Corca Sanha 10 ans
Ethnie balante. Guinée-Bissau
N 11°14.25 - W 015°02.29

« Livrés à eux-mêmes, les jeunes enfants écument les alentours des villages pour y traquer le petit gibier dont ils se délectent. Corca connaît bien les oiseaux. Il les pourchasse dans les rizières de ses parents depuis qu'il a l'âge de se tenir debout. Petit chasseur malicieux, il est fier de rapporter son précieux butin à la maison. »

MAEF . PIS REIA
Dasyatis margarita

Soriba Keita 35 ans
Ethnie nalou. Guinée-Bissau
N 11°09.52 - W 015°10.85

« Après chaque journée de pêche, Soriba rapporte dans sa petite pirogue une étonnante profusion d'espèces de poisson. J'ai eu du mal à choisir avec lui ce qu'il allait montrer. La raie n'est pas emblématique de la région, mais c'est elle que nous avons retenue : le pêcheur se fond dans sa capture. »

N'HEC . GALO
Gallus gallus

Maio Bidam 15 ans
Ethnie balante. Guinée-Bissau
N 11°46.27 - W 015°10.26

*« Même si j'ai à mes côtés de bons complices,
je manque souvent de clés pour comprendre l'univers
de ces peuples profondément animistes.
Le parcours de chacun est jalonné de rites initiatiques
dont ils gardent les secrets. »*

MANDARINA . MANDARINA
Citrus reticulata

Amadou Camara 12 ans
Ethnie sousso. Guinée-Bissau
N 11°13.52 - W 015°02.58

« Je ne peux pas m'empêcher de penser à mes enfants en observant les attitudes de ce petit homme travaillant dans les fruitiers familiaux. Amadou parle trois ou quatre langues. Quand il n'est pas à l'école, il évolue libre et joyeux, tout en ayant de vraies responsabilités. »

PHOTOBIOGRAPHIE

GERRY ADAMS, LA PAIX DES ARMES

Jeune activiste de l'Armée républicaine irlandaise (IRA), Gerry Adams est aujourd'hui « le fils le plus célèbre de l'Irlande ». Après trente ans de conflit et plus de trois mille morts, cet homme secret et complexe a convaincu les nationalistes de faire taire les armes. Portrait de celui qui a fait la guerre pour gagner la paix.

Par Sorj Chalandon

PACEMAKER

En 1982, Gerry Adams est élu au parlement d'Irlande du Nord. Il refusera d'y siéger.

POBLACHT NA H EIREANN.

THE PROVISIONAL GOVERNMENT OF THE IRISH REPUBLIC TO THE PEOPLE OF IRELAND.

IRISHMEN AND IRISHWOMEN: In the name of God and of the dead generations from which she receives her old tradition of nationhood, Ireland, through us, summons her children to her flag and strikes for her freedom.

Having organised and trained her manhood through her secret revolutionary organisation, the Irish Republican Brotherhood, and through her open military organisations, the Irish Volunteers and the Irish Citizen Army, having patiently perfected her discipline, having resolutely waited for the right moment to reveal itself, she now seizes that moment, and, supported by her exiled children in America and by gallant allies in Europe, but relying in the first on her own strength, she strikes in full confidence of victory.

We declare the right of the people of Ireland to the ownership of Ireland, and to the unfettered control of Irish destinies, to be sovereign and indefeasible. The long usurpation of that right by a foreign people and government has not extinguished the right, nor can it ever be extinguished except by the destruction of the Irish people. In every generation the Irish people have asserted their right to national freedom and sovereignty; six times during the past three hundred years they have asserted it in arms. Standing on that fundamental right and again asserting it in arms in th[illegible] of the world, we hereby proclaim the Irish Republic as a Sovereign Ind[illegible] and we pledge our lives and the lives of our comrades-in-arms to the cause of its [illegible] of its welfare, and of its exaltation among the nations.

The Irish Republic is entitled to, and [illegible]reby claims, the allegiance of every Irishman and Irishwoman. The Republic gu[illegible]antees religious and civil liberty, equal rights and equal opportunities to all its citi[illegible]s, and declares its resolve to pursue the happiness and prosperity of the whole [illegible]tion and of all its parts, cherishing all the children of the nation equally, and oblivious of the differences carefully fostered by an alien government, which have divided a minority from the majority in the past.

Until our arms have brought the opportune moment for the establishment of a permanent National Government, representative of the whole people of Ireland and elected by the suffrages of all her men and women, the Provisional Government, hereby constituted, will administer the civil and military affairs of the Republic in trust for the people.

We place the cause of the Irish Republic under the protection of the Most High God, Whose blessing we invoke upon our arms, and we pray that no one who serves that cause will dishonour it by cowardice, inhumanity, or rapine. In this supreme hour the Irish nation must, by its valour and discipline and by the readiness of its children to sacrifice themselves for the common good, prove itself worthy of the august destiny to which it is called.

Signed on Behalf of the Provisional Government,
THOMAS J. CLARKE.
SEAN Mac DIARMADA. THOMAS MacDONAGH.
P. H. PEARSE. EAMONN CEANNT.
JAMES CONNOLLY. JOSEPH PLUNKETT.

La proclamation de la République. *Du 24 au 30 avril 1916, une poignée d'insurgés s'emparent de la grand-poste de Dublin pour y lire la proclamation de ce que sera la république irlandaise. Les Britanniques fusillent tous les chefs de l'insurrection.*

1916

COLLECTION PRIVÉE

Barman à 15 ans *au York Bar dans le centre-ville de Belfast.*

1963

GERRY COLLINS/REDBARNGALLERY

L'armée britannique patrouille *dans un quartier nationaliste de l'ouest de Belfast. Dans la nuit du 14 au 15 août 1969, 60 % des maisons catholiques de cette rue ont été saccagées puis brûlées par les émeutiers protestants.*

1969

14 août

« D*ieu nous a faits catholiques, le fusil nous fera égaux* », ont longtemps hurlé les murs de Belfast. En 1921, lorsque l'Irlande a conquis son indépendance, l'Ulster, l'une de ses quatre provinces, a été démembrée. Six comtés, majoritairement protestants, sont restés britanniques pour former l'Irlande du Nord. Minoritaires, les catholiques sont alors considérés comme des citoyens de seconde zone par les « unionistes », fidèles au drapeau britannique, l'Union Jack. *« Je vis en Ulster »*, déclare le protestant. *« J'habite les six comtés »*, répond le catholique. Dans ce bout de territoire, le patronyme indique l'origine, l'uniforme d'un collégien sa religion et l'adresse d'une famille sa communauté. Quand un catholique déclare vivre dans la ville de Derry, un protestant affirme qu'il habite à Londonderry. Le portrait de la Reine veille sur les pubs des unionistes, alors que la proclamation de 1916 décore les bars nationalistes.

Né le 6 octobre 1948 à Belfast, Gerry Adams aurait eu bien du mal à échapper à la guerre. D'abord, il est catholique. Ensuite, nationaliste. C'est ainsi. A peine venu au monde, son appartenance religieuse et son adresse, au cœur du ghetto de Ballymurphy, en font un rebelle. Un républicain irlandais. L'armée républicaine s'est penchée depuis longtemps sur son berceau. En 1860, son arrière-grand-père maternel dynamitait l'Anglais. Son grand-père a combattu au sein de la Fraternité irlandaise, l'ancêtre de l'IRA durant la guerre d'indépendance. Deux de ses oncles ont été internés sans jugement par les Britanniques. Sa mère était membre de la branche féminine de l'armée secrète.

Elevés pauvrement, Gerry et ses neuf

Entre 1970 et 2005, *quelque 125 000 balles en caoutchouc ont été utilisées par la police royale et l'armée britannique contre la population nationaliste d'Irlande du Nord. Ces balles ont fait 14 morts, dont 9 enfants, et des centaines de blessés.*

1970

COLLECTION PRIVÉE

A 23 ans, *lors d'un enterrement républicain, il porte (avec les lunettes) la cravate et le béret noirs des clandestins. Ce document est le seul où il apparaît en uniforme.*

1971

GILLES PERESS/MAGNUM

Les confrontations *sont quotidiennes entre la jeunesse républicaine et l'armée britannique. Celle-ci était arrivée deux ans plus tôt pour mettre fin aux exactions.*

1971

frères et sœurs dorment tête-bêche dans le lit. Dans l'ouest miséreux de Belfast, c'est banal. A 14 ans, il adhère au parti indépendantiste Sinn Féin, « Nous-mêmes », en gaélique. Puis il rallie les scouts de la république, vivier bouillonnant de l'IRA. Activiste efficace, il quitte l'école à 15 ans pour devenir barman.

La prison

En 1968, s'inspirant des aspirations égalitaires des Noirs américains, les catholiques lancent le Mouvement pour les droits civiques. Leur cri de ralliement ? *« Un homme, un vote »*. La police royale, protestante à 99 %, répond par une extrême violence. Ce n'est pas encore la guerre, mais déjà les batailles de rue. Le 14 août 1969, le Belfast nationaliste est en flammes, des rues entières habitées par des catholiques sont attaquées par leurs voisins protestants et par la police. Il y a huit morts, des centaines de blessés, des milliers de familles chassées de leur maison.

En fin de journée, l'armée britannique intervient pour rétablir le calme. Trois cents soldats anglais prennent position dans la ville et s'interposent. Ils sont accueillis en sauveurs par les catholiques – avec thé, biscuits et chansons. L'armée ne réagit pas lorsque, dans la foulée, les nationalistes transforment ces quartiers en « zones libres », avec barbelés, sacs de sable et contrôles d'identité. Ces mini-Etats républicains illégaux, avec milices de défense et justice populaire, sont tolérés pendant trois ans.

Le 31 juillet 1972, l'état-major britannique lance sa plus importante expédition militaire depuis la Seconde Guerre mondiale. Appuyés pas des chars, plus de trente mille soldats enlèvent une à une les places fortes. La lune de miel entre les nationalistes irlandais et les autorités britanniques prend fin. *« L'IRA a été une réponse à cela »*, explique Gerry Adams. Les Britanniques le soupçonnèrent pendant des

GILLES PERESS/MAGNUM

PETER MARLOW/MAGNUM

PACEMAKER

14 nationalistes *sont tués lors d'une manifestation pacifique à Derry par l'armée britannique. Sa responsabilité sera établie trente-huit ans plus tard.*

Détenu au camp d'internement *de Long Kesh où il passera quatre ans. C'est ici que Gerry Adams retrouve Bobby Sands (à droite), un jeune militant de Belfast qui deviendra huit ans plus tard le symbole de la lutte et du martyre irlandais.*

En forme de « H », *huit baraquements construits dans l'enceinte de Long Kesh pour les détenus privés du statut de prisonnier politique sont devenus l'emblème national de la répression britannique. Le 29 septembre 2000, vidé par le processus de paix, le camp a été fermé. Pendant vingt-cinq ans, dans la communauté nationaliste, la lettre « H » n'a pas eu d'autre signification que cette prison.*

1972
30 janvier

1973

1976

années d'être *« le vrai patron de l'IRA »*. Jamais aucune preuve ne viendra à l'appui de ces accusations. Une photo, prise en 1971 lors d'un enterrement républicain, le montre portant le béret et la cravate noirs des clandestins. Ce document est le seul où il apparaît en uniforme.
La même année, les Britanniques rétablissent l'internement sans procès en Irlande du Nord. Toute personne jugée dangereuse pour l'ordre public peut être arrêtée sur-le-champ et détenue à discrétion pour une durée indéterminée. En mars 1972, comme des centaines d'autres, Adams est jeté dans les cales d'un bateau-prison qui mouille en baie de Belfast. En juin, il est transporté à Londres à bord d'un avion militaire. L'IRA négocie un cessez-le-feu et exige la présence du prisonnier. Autour d'Adams, des chefs mythiques de l'armée secrète, comme Dáithi Ó'Conaill ou Sean MacStiofain. Mais aussi le jeune Martin McGuinness, appelé à une brillante carrière au sein de l'armée républicaine (il est aujourd'hui vice-Premier ministre de l'Irlande du Nord). Quelques jours plus tard, le cessez-le-feu est rompu par les Britanniques. En 1973, Gerry Adams est interné au camp de Long Kesh, sur un ancien terrain de la Royal Air Force transformé en prison. Dans ces hangars de tôle ondulée, que les nationalistes appellent « l'Université de la République », les détenus ont le statut de prisonniers politiques. Ils étudient, apprennent le gaélique, l'histoire de leur pays et s'initient même à la guerre avec des armes factices.

Le supplice de Bobby Sands

En 1977, Gerry Adams est libéré et retrouve le Sinn Féin. Depuis la partition de l'Irlande, le parti nationaliste s'en tient à un principe fondateur : aucun pacte avec les institutions britanniques. La victoire politique ne peut passer que par la victoire militaire. En 1981, Adams

BELFAST PIX

PACEMAKER

A l'image des combattants de 1916, *Bobby Sands incarne pour les républicains irlandais la détermination et l'esprit de liberté. A sa mort, à 27 ans, le 5 mai 1981, après 66 jours de jeûne, son portrait est apparu partout, peint sur les façades, encadré sur les murs, épinglé aux corsages ou aux vestes.*

Les affrontements, *lors des manifestations de soutien aux grévistes de la faim, se succèdent. Dans le sillage de Bobby Sands, neuf autres prisonniers meurent.*

Le ruban noir *rend hommage aux dix grévistes de la faim.*

1981
5 mai

1981
21 octobre

devient vice-président du parti. En plein congrès, il laisse le soin à son camarade et ami Danny Morrison de briser le tabou. « *Qui ici peut réellement croire que nous pouvons gagner la guerre par la voie des urnes ?* » interroge Morrison. Stupeur dans les rangs. « *Mais quelqu'un ici aurait-il une objection si, le bulletin de vote dans une main et le fusil dans l'autre, nous prenions le pouvoir en Irlande ?* » C'est fait, c'est dit. Le Sinn Féin et l'IRA acceptent de soumettre leur légitimité aux voix. La vieille garde renâcle mais Gerry Adams veut que le Sinn Féin se frotte aux consultations britanniques. Le martyre de Bobby Sands, un détenu républicain de 27 ans, va offrir cette opportunité historique au mouvement irlandais. Lorsque Londres décide de traiter les prisonniers politiques comme des droits communs, les détenus républicains refusent de porter l'uniforme carcéral. En réponse, les gardiens de Long Kesh cessent alors de vider leurs tinettes.
C'est l'escalade. Pendant cinq ans, et dans l'indifférence absolue de l'opinion publique internationale, des centaines de prisonniers vivent nus et dans leurs excréments, enveloppés dans leur couverture de lit.
Bobby Sands est un jeune soldat de Belfast, que Gerry Adams a connu en prison. Devenu le commandant de l'IRA au camp de Long Kesh, il commence une grève de la faim en mars 1981. Ce détenu agonisant est le premier républicain irlandais présenté par le Sinn Féin aux élections législatives britanniques. Le 9 avril 1981, Sands est élu député. Il meurt le 5 mai, à la suite de soixante-six jours de jeûne, après avoir attendu en vain un geste de Margaret Thatcher.
Neuf autres jeunes hommes vont mourir sans que le statut de prisonnier politique soit rétabli. L'IRA continue sa guerre et le Sinn Féin jette toutes ses forces dans la bataille des urnes. En 1982, Gerry

STUART FRANKLIN / MAGNUM

Des fresques géantes, *à la mémoire des combattants tombés, apparaissent sur les murs républicains. Couvertes de peinture la nuit par les soldats anglais, elles sont repeintes le jour par des artistes clandestins.*

1985

Son premier livre, *« Politiques de la liberté irlandaise » paraît en Irlande. Synthèse des années écoulées depuis la résurgence du conflit en 1969 et programme pour les années à venir. Gerry Adams a déjà la paix en ligne de mire.*

1986

Adams est élu au parlement nord-irlandais mais refuse d'y siéger. Un an plus tard, il devient député à Westminster et abstentionniste, pour ne pas prêter serment à la Couronne britannique.

Le fusil tire toujours et le bulletin de vote permet aux républicains de se compter. En 1983, Adams devient président du Sinn Féin. Au-delà du slogan *« Les Anglais dehors »*, il tente de donner une coloration socialiste au mouvement. L'emploi, le logement, les problèmes délicats en Irlande, comme l'avortement ou le divorce, sont débattus au sein du parti.

En 1986, il décide de franchir un nouveau pas, en proposant qu'un membre du Sinn Féin élu au parlement irlandais puisse désormais y siéger. C'est la première fois, depuis la partition de l'Irlande, qu'un tel interdit est levé. En plein congrès, l'ancien président du parti quitte la salle avec ses hommes. Le silence est absolu, il y a des larmes cachées et des visages graves. Le moment est historique, la rupture douloureuse.

« Une cible de guerre légitime »

Il y a trois façons de réduire un ennemi : l'affaiblir, le neutraliser ou l'éliminer. Gerry Adams a connu tour à tour les trois formes de déstabilisation. Le 19 octobre 1988, le gouvernement conservateur décide d'interdire la parole du Sinn Féin sur les radios et les télévisions de Grande-Bretagne. La BBC improvise. Les propos de Gerry Adams sont sous-titrés au bas d'une image muette et l'Irlandais finit par ressembler à un poisson hors de l'eau. A la radio, les grands médias britanniques font doubler ses propos. Pendant six ans, le député nationaliste perdra ainsi sa voix.

En mars 1984, alors qu'il sort du tribunal de Belfast, Gerry Adams tombe dans une embuscade tendue par les Combattants pour la liberté de l'Ulster (UFF), il est blessé par balles

An Phoblacht
REPUBLICAN NEWS
SEIZE THE MOMENT FOR PEACE
Historic announcement from Oglaigh na hÉireann

AFP

PACEMAKER

Le cessez-le-feu *en première page de l'hebdomadaire du Sinn Féin « La République ».*

1994

1er septembre

Observant *les parades orangistes, toujours sous protection policière, qui commémorent chaque 12 juillet la victoire des troupes protestantes de Guillaume d'Orange sur les troupes catholiques de Jacques II, en 1690.*

1996

12 juillet

Découverte d'un micro posé *sous sa voiture par les services de renseignement britanniques alors qu'il négocie avec l'IRA le démantèlement de son arsenal militaire.*

1999

au cou, à l'épaule et au bras. *« Adams est une cible de guerre légitime »,* expliquera le communiqué de revendication.

Le 16 mars 1988, Michael Stone, militant de l'Association de défense de l'Ulster, attaque les funérailles de trois membres de l'IRA. Un pistolet à la main et des grenades en poche, il tire sur la foule et jette ses engins, faisant trois morts et soixante-six blessés. Arrêté, il dira avoir voulu tuer Adams. Ne pouvant s'approcher de la tribune, il avait ouvert le feu au jugé.

S'il a rarement dormi deux nuits sous le même toit, Gerry Adams ne s'est jamais caché. Il est en tête des manifestations, le premier devant le cordon de police. Inlassablement, il parlemente avec les officiers, rassure la foule et tente de faire retomber la tension. Surveillé par les Britanniques, espionné, écouté, trahi même par d'anciens camarades retournés par les services spéciaux anglais, Adams a coutume de dire : *« Les Britanniques sont comme des écoliers dissipés. Ils ont du mal à écouter ce qu'on a à leur dire. Mais nous sommes des professeurs patients. Et nous nous répéterons tant qu'il le faudra »...*

Inconnu du grand public, Bruce Morrison, un Américain d'origine irlandaise, va jouer un rôle clé dans la reconnaissance de Gerry Adams sur la scène internationale. Pendant des années, ce membre du Congrès, ancien camarade d'études de Bill Clinton, a fait le siège du sénateur de l'Arkansas pour qu'il tende la main au Sinn Féin. Gerry Adams et ses compagnons sont interdits aux Etats-Unis. FBI et CIA traquent les collectes de fonds organisées sous couvert de charité par les associations d'aide aux nationalistes d'Irlande du Nord.

En 1992, grâce à Morrison, le candidat Clinton promet à la communauté irlando-américaine d'accorder à Gerry Adams un visa

PACEMAKER

Avec Martin McGuinness, *ancien chef d'état-major de l'IRA et aujourd'hui vice-Premier ministre d'Irlande du Nord, il partage les signes du combat. Le lys vert, blanc et orange, célèbre la proclamation de la République; le ruban vert, le soutien aux prisonniers.*

JUDA NGWENYA/REUTERS

« A la croisée des chemins ». *Vu de Shankill Road, l'artère principale du quartier protestant de Belfast, le processus de paix se réduit sur cette fresque à une simple équation: la paix britannique ou la guerre irlandaise.*

1999

1er avril

2002

d'entrée sur son sol, s'il est élu à la Maison-Blanche. Et le 1er février 1994, le 42e président des Etats-Unis tient parole. Londres proteste. Adams goûte l'instant avec gravité, délice et une bonne dose d'humour irlandais. Invité au palace Waldorf-Astoria de New York, il réserve sa chambre sous le nom de « Shlomo Brejnev ». Il enchaîne conférences de presse, meetings et rendez-vous, avec le naturel que les habitants de Belfast lui connaissent. *« Je ne crains rien si je viens vous voir à Belfast ? »* s'amuse Larry King, l'animateur vedette de la chaîne CNN. *« Mais non ! Vous aurez votre Guinness »,* répond Gerry Adams en riant.

« Quand j'écoute Gerry Adams, je pense qu'il est une réincarnation du docteur Goebbels », lance Sir Robin Renwick, ambassadeur de Grande-Bretagne aux Etats-Unis. Ses propos se heurtent à l'indifférence. *« Cette polémique nous fait l'effet d'une tempête dans un verre de thé »,* répond un conseiller de la Maison-Blanche. L'Amérique assume la visite de cet hôte encombrant. C'est *« le plus grave revers que nous ayons eu à subir depuis la débâcle de Suez, en 1956 »,* explose le quotidien anglais *Daily Mail*. L'événement n'est pas un coup d'éclat. Chaque année désormais, Gerry Adams fait le voyage à New York pour célébrer la Saint-Patrick, la fête nationale irlandaise, le 17 mars, quel que soit le président américain. Le 31 août 1994, l'IRA annonce une *« cessation complète »* de ses activités militaires comme le souhaite Gerry Adams. Les Britanniques boudent la nouvelle. Ils réclament la destruction de l'armement clandestin, alors que, dans le même temps, les paramilitaires protestants renforcent le leur. Le 10 mai 1995, des officiels britanniques reçoivent officiellement le président du Sinn Féin. Et puis, plus rien. Pas de négociations sans désarmement, disent les uns. Pas de désarmement sans négociations, répondent les

PAUL MCERLANE/REUTERS

Bairbre de Brún, *première députée européenne du Sinn Féin.*

2004

4 juin

PAUL McERLANE/REUTERS

Avec la mort de Joe Cahill, *ancien chef d'état-major de l'IRA, Gerry Adams perd un ami mais aussi un artisan de la paix républicaine. Ce résistant de la première heure, qui avait échappé à la pendaison en 1942, avait été un allié de poids dans le processus de paix.*

2004

27 juillet

PACEMAKER

Ian Paisley, *le pasteur presbytérien et chef du Parti démocratique unioniste (DUP), devant Gerry Adams en « parrain ». Une image qui reste vivace chez les unionistes.*

2005

19 avril

autres. L'IRA se cabre, rompt la trêve. Encore un coup pour rien.

Les nouveaux amis de Tony Blair

L'élection de Tony Blair change la donne. Le 13 octobre 1997, le nouveau Premier ministre décide de recevoir Gerry Adams. C'est la première fois depuis 1920 qu'un chef d'Etat britannique rencontre un responsable du Mouvement républicain irlandais. *« Au début des négociations, je pensais constamment que ce type était effectivement le leader d'une organisation qui assassinait des gens innocents »*, a-t-il expliqué, dans une interview à la BBC. Mais contrairement à John Major, son prédécesseur, il n'exige aucun désarmement préalable à l'ouverture des négociations.

Sentant le vent tourner, le pasteur presbytérien et chef du Parti démocratique unioniste (DUP), Ian Paisley, remonte au front. Il combat le Sinn Féin comme *« une armée de pécheurs »* et l'IRA comme *« l'antéchrist sur terre »*. Il craint que l'heure de la trahison ait sonné. *« Nous ne nous rendrons pas ! »* hurle-t-il. *« Pas de partage du pouvoir avec les catholiques romains ! »* répond sa communauté. Tout semble bloqué, mais Gerry Adams sait que la paix est proche. *« Vous êtes trop près de l'événement,* explique-t-il aux journalistes. *Vous avez le nez collé sur la situation. Prenez du recul et regardez mieux. Je vous dis que la paix est en marche. »*

Soumis à référendum, « l'accord du vendredi saint » (10 avril 1998), prévoyant le partage du pouvoir en Irlande du Nord et l'établissement d'une assemblée locale, est plébiscité par 71 % des Irlandais. En échange, les nationalistes acceptent qu'aucun changement de statut n'intervienne en Irlande du Nord tant que la majorité ne l'aura pas décidé. Une concession considérable. Le 10 septembre 1998, Gerry Adams rencontre David Trimble, chef

Adams en roi de jeu d'échec *et un soldat de l'IRA en pion.*

2005

RAFA RIVAS/AFP

S'il est désormais reconnu sur la scène internationale, *il n'a jamais cessé de soutenir l'ETA, l'armée clandestine basque, et Orlando Otegi, le leader de Batasuna, le parti basque interdit. Selon lui, l'heure du Pays basque est aussi venue.*

2005

18 février

LARRY DOWNING/REUTERS

George Bush hérite du paquet. *En 1994, Bill Clinton, soutenant le processus de paix et voulant satisfaire la communauté irlando-américaine, accorde à Gerry Adams un visa d'entrée sur le sol américain. Malgré la colère de Londres, ce visa lui est renouvelé chaque année à l'occasion de la Saint-Patrick.*

2006

17 mars

du Parti unioniste d'Ulster. Pour la première fois en soixante-quinze ans, des conversations directes sont engagées entre un républicain et un unioniste.
C'est le temps des symboles : tout ce qui était impossible devient possible. Le 10 octobre 2002, Martin McGuinness et Gerry Adams sont reçus pour le thé au 10 Downing Street, résidence du Premier ministre britannique. Dix ans plus tôt, les hommes de McGuinness, chef d'état-major de l'IRA, attaquaient le bâtiment au mortier. *« Je suis venu à considérer Gerry et Martin comme des amis »*, dira plus tard Tony Blair à la BBC.

En septembre 2004, Gerry Adams propose qu'un pasteur protestant et un curé catholique soient les témoins de la destruction de l'arsenal clandestin. Le 6 avril 2005, il lance à l'armée républicaine : *« Il existe désormais une alternative à la violence. »* Cinq mois plus tard, la commission indépendante pour le désarmement annonce que l'IRA ne possède *« plus une arme en état de marche »*. Electoralement, le Sinn Féin marque des points dans le camp nationaliste. Ian Paisley, qui fait de la méfiance sa feuille de route, est soutenu par la communauté unioniste. L'Irlande entière se demande si ces deux-là se rencontreront un jour. Et l'impensable arrive. Ils se retrouvent, le 26 mars 2007, assis à la même table, détendus.

Le voisin

C'est le temps de la paix. Dans son arrière-cour, traditionnelle des quartiers populaires de Belfast, Gerry Adams dispose des marrons au fond de barquettes qu'il recouvre de terre et surveille leur lente croissance. A ses visiteurs, il offre un marron, germé de feuilles vert tendre. Il dit être *« amoureux des arbres »* parce qu'ils *« ont le temps »*.
Désormais, lorsqu'il est chez lui, dans l'ouest de Belfast, le président

PETER MUHLY/AFP

Après avoir échoué dix-huit ans plus tôt, *Michael Stone, militant de l'Association de défense de l'Ulster, tente à nouveau d'assassiner son ennemi intime. Il se rue au parlement d'Irlande du Nord avec un pistolet factice, trois couteaux, une hachette et des explosifs avant d'être neutralisé.*

2006

24 novembre

PAUL FAITH/AFP

Ian Paisley et Gerry Adams, *les ennemis, passent à table. Une image impossible un an plus tôt.*

2007

26 mars

JOSHUA ROBERTS/REUTERS

Hillary Clinton, secrétaire d'Etat américain, *lors de la Saint-Patrick. Le même jour, Adams rencontre rapidement Barack Obama. La paix n'est pas acquise. Des dissidents de l'IRA s'opposent parfois violemment au processus.*

2009

16 mars

du Sinn Féin se laisse faire. De rue en rue, de porte en porte, les femmes et les hommes vont à sa rencontre. Un salut, un encouragement, un conseil, une critique. Il ne marche pas, il chaloupe entre les mains tendues. On l'appelle « Gerry », il répond par les prénoms, demande des nouvelles du nouveau-né ou du père malade. Il connaît ces rues pour y être né, pour y avoir grandi, pour s'y être battu. Quand il marche sur un trottoir, ce ne sont pas des gens qu'ils croisent, mais des fils, des filles, des pères et des mères, des enfants qui, tous, portent en eux l'histoire de cette ville. Avec cet homme, il a été interné. Il a aidé ce fils à porter le cercueil de son père. Il a réconforté ces femmes quand leurs compagnons étaient en prison. Adams est un voisin.

Lorsqu'il entre au pub, ou dans un club républicain, sa main passe d'épaule en épaule avant qu'il rejoigne sa table. La guerre a soudé ces êtres les uns aux autres. Ils essaient maintenant de comprendre la paix, même si tout cela n'est pas simple.

Un jour, sous la pluie, une dame lui a demandé ce qu'elle allait être, cette paix. Comme ça, blottie sous son parapluie d'hiver, un sac en plastique à la main. *« Quelle sorte de paix on va avoir, hein, Gerry ? »* lui a demandé la femme. Il lui a répondu avec l'attention qu'il aurait prêtée à un grand de ce monde.

Dans un documentaire récent, Tony Blair décrit une scène à la BBC. Gerry Adams et lui conversent dans un parc. *« Et tout d'un coup, je vois Gerry regarder un arbre et l'enlacer »,* raconte Blair. L'ancien Premier ministre est pris d'un fou rire. *« Je n'en croyais pas mes yeux. Il étreignait longuement cet arbre, comme ça, sans rien dire. »* Martin McGuinness, ancien chef d'état-major de l'IRA et actuel vice-Premier ministre d'Irlande, assistait à cette rencontre. Il en raconte la fin. *« Gerry enlaçait l'arbre d'un côté et Tony de l'autre. Tous les deux, ensemble. C'était juste incroyable... »* •

MÉMOIRE

LES COULEURS DE L'EMPIRE RUSSE

Autoportrait. *Sergueï Mikhaïlovitch Prokoudine-Gorsky pose devant un torrent de montagne, vraisemblablement dans le Caucase.*

Dans les dernières années de l'empire, **Sergueï Prokoudine-Gorsky** *arpente pour le compte du tsar Nicolas II, féru de photographie, une Russie qui se pense encore éternelle et qu'il fixe en trichromie. Exilé, il poursuit son aventure en France. Son procédé est utilisé jusqu'à la fin des années 1940.*

Il faut essayer d'imaginer la scène. Le tsar Nicolas II entouré de sa famille, dans un des palais de Saint-Pétersbourg, découvre, émerveillé, de grandes et magnifiques photographies en couleurs, projetées sur un écran de plusieurs mètres de large – un drap ou une nappe ? Un portrait, unique, de Tolstoï, des paysages de la campagne russe… Nous sommes en 1909, l'empire semble s'être remis des grands troubles de 1905, rien n'annonce la guerre ou la révolution. Le tsar Nicolas II, grand amateur de photographie, a fait venir un autre photographe « amateur ». Sergueï Prokoudine-Gorsky est déjà célèbre : il a mis au point un procédé original qui permet de restituer les couleurs, avec une extraordinaire qualité. •••

••• Aristocrate moyennement fortuné, le photographe a épousé la fille d'un industriel de Saint-Pétersbourg. Il dirige le conseil d'administration de la fonderie de son beau-père, fabricant de cloches puis de canons, joue du violon et pratique la peinture à l'occasion. Il a surtout fait de sérieuses études de chimie, poursuivies ensuite à Berlin, où il rencontre un autre chimiste, Adolf Miethe.

Les deux chimistes, l'Allemand et le Russe, reprennent le travail d'un physicien anglais, Maxwell, qui vient de mettre en évidence les trois composantes essentielles de la couleur.

A partir de ce principe, ils élaborent un procédé de photographie original, mais assez complexe. Chaque scène est l'objet de trois prises de vue successives à travers des filtres différents, fixées sur des plaques de verre. Les trois images doivent ensuite être projetées simultanément par un projecteur spécial, afin que le miracle se produise : une sorte de diapositive en couleurs, d'une finesse et d'une précision remarquables.

De retour en Russie, Prokoudine-Gorsky a perfectionné le procédé. Il a travaillé notamment sur la composition chimique du revêtement des plaques photographiques, et l'a largement expérimenté. Au moment où il est invité à montrer ses réalisations au tsar, il est déjà bien connu pour ses photos, et nourrit un projet ambitieux : parcourir l'empire russe et le fixer sur des images.

Le tsar, enthousiasmé, adhère au projet. Nicolas II avait-il en tête de montrer au peuple la grandeur et la diversité de la Sainte Russie puisque des photos de Prokoudine furent plus tard projetées dans des écoles de village ? Ou bien le tsar et son épouse y voyaient-ils un moyen de faire connaître les coins les plus reculés de la Russie à leur unique fils, hémophile, qu'il était très délicat de faire voyager ? *« Sans doute un peu des deux »*, explique aujourd'hui le petit-fils du photographe, Jean Swetchine, qui a bien connu son grand-père, pendant son exil en France.

Nicolas II ne finance pas l'immense travail de Prokoudine-Gorsky. Mais il lui donne les moyens de parcourir, de 1909 à 1915, le territoire de l'empire. Il fait aménager pour le photographe un wagon spécial, divisé en une partie laboratoire et une partie habitation, et aussi des bateaux à très faible tirant d'eau permettant de remonter le cours des fleuves, unique moyen de communication dans certaines régions. Des milliers de plaques – sans doute plus de quatre mille – sont ainsi réalisées.

Quand la révolution, en 1917, balaye la monarchie, les bolcheviks demandent à l'ancien protégé du tsar d'organiser des projections de ses photos à l'intention des marins et des soldats de Saint-Pétersbourg. *« Après l'assassinat du tsar et de toute la famille impériale, en 1918, Prokoudine a quitté la Russie pour la Norvège. Il a dû considérer qu'il était en danger »*, explique Jean Swetchine.

Le photographe part « légalement » de la Russie révolutionnaire. Et obtient l'autorisation d'emporter plus de deux mille plaques, ce qui représente un volume considérable. *« Il a bénéficié de la protection d'un ancien camarade d'école passé du côté bolchevik. »* Mais il subit, au passage, une forme de censure qui explique des absences étranges dans ce tableau de l'empire russe tel qu'il nous est connu aujourd'hui : aucune image de Moscou ou de Saint-Pétersbourg, aucune photo du tsar ou de sa famille, aucune vue des grandes usines ou des ouvrages d'art. Tout ce qui est trop lié aux lieux du pouvoir de l'autocratie, à l'ancien régime, et ce qui peut présenter un intérêt d'ordre stratégique – nous sommes en pleine guerre civile – est probablement retenu par le pouvoir bolchevik. Et on n'en a jamais retrouvé la moindre trace, pas une seule photo.

C'est ainsi que naît, à Paris, dans un atelier de la rue d'Alésia, une petite entreprise familiale, appelée Iolka.

C'est ce qui donne aux fragments du travail de Prokoudine un aspect extraordinairement désuet, et aussi une puissance évocatrice. Ces images, qu'on a laissé sortir comme si elles ne présentaient plus d'intérêt pour les nouveaux maîtres du pays, sont surtout celles d'une Russie anachronique, balayée par la révolution.

En Russie, Prokoudine n'abandonne pas qu'une partie de ses plaques. Il quitte le pays sans sa femme et ses trois enfants, mais avec sa secrétaire-assistante qui est aussi sa maîtresse. Il l'épousera à Nice, en se présentant à l'état civil comme « célibataire » – avant d'être rejoint, en France, par son épouse « légitime » et ses trois enfants, dans les années 1920.

C'est ainsi que naît, à Paris, et plus précisément dans un atelier de la rue d'Alésia, une petite entreprise familiale, d'abord appelée Iolka, diminutif du prénom de la fille du photographe et de sa seconde femme.

Une qualité exceptionnelle

Le procédé de trichromie imaginé par Prokoudine et Miethe est utilisé pendant des décennies, et progressivement perfectionné, notamment par la mise au point d'un appareil à miroirs qui permet d'effectuer les trois prises de vue simultanément. Une technique pour réaliser des tirages sur papier est aussi imaginée. Elle est fort complexe, et Jean Swetchine se souvient de sa mère en train d'ajuster, à l'aide d'une loupe d'horloger, les trois feuilles transparentes qu'il fallait coller sur une feuille de papier.

Les tirages sont réalisés uniquement sur commande. *« Soit ils étaient réussis et vendus pour l'équivalent de plusieurs centaines d'euros actuels, soit ils allaient à la poubelle. »* Cette poubelle accueillit, un jour, une œuvre de Picasso donnée à photographier et jetée par l'un des enfants Prokoudine, avant qu'on s'aperçoive de l'erreur...

Comment la petite entreprise, rebaptisée Gorsky Frères après le retrait progressif de son créateur, mort en 1944, a-t-elle pu se maintenir jusqu'en 1950, alors que des procédés beaucoup plus modernes étaient déjà connus et largement utilisés ? Uniquement grâce à la qualité exceptionnelle des clichés réalisés. Gorsky Frères réalise le catalogue de l'Exposition universelle de Paris en 1937. Jusqu'à la fin des années 1940, l'atelier travaille pour le magazine *Vogue*.

La collection de plaques venues de Russie et datant des dernières années de l'empire est vendue, en 1948, pour 3 500 dollars à la bibliothèque du Congrès américain. Des décennies plus tard, ces images sont numérisées par les Américains et mises en ligne. Elles suscitent alors l'intérêt passionné de milliers d'internautes, tout particulièrement en Russie, où certains rêvent de retrouver les milliers de plaques égarées.

Celles que l'on connaît aujourd'hui ont failli disparaître. Elles étaient entreposées à Paris dans une cave à charbon, et Jean Swetchine entreprit, un jour, en bon garçon, de les laver pour disposer de plaques de verre bien propres. Il en fut dissuadé juste avant. Et c'est ainsi que furent préservées les couleurs de l'empire •

Jan Krauze

La « trichromie »

Après les découvertes théoriques faites au XIXe siècle, plusieurs procédés techniques de restitution des couleurs sont mis en œuvre au début du XXe siècle, selon des principes différents.
Les frères Lumière lancent leurs « autochromes », des plaques de verre recouvertes d'une sorte de bouillie à base de levure de pomme de terre. C'est un procédé accessible au grand public. Après utilisation, les plaques sont traitées par le laboratoire Lumière, et peuvent être employées par des amateurs comme des diapositives. Mais les autochromes sont peu sensibles et se dégradent avec le temps.
Prokoudine-Gorsky utilise, lui, une méthode imaginée dès 1869 par Charles Cros et Louis Ducos, la « trichromie soustractive ». C'est un procédé plus complexe, donc plutôt réservé à des professionnels, mais avec un meilleur résultat. Chaque prise nécessite trois plaques, avec à chaque fois un filtre différent (rouge, vert, bleu). On obtient trois clichés en noir et blanc, que l'on projette avec un projecteur spécial, à trois filtres et trois objectifs convergents. Il faut environ une seconde pour réaliser les trois clichés. Et, quand le sujet « bouge » (comme la fumée page 318), les couleurs se dissocient.
Plus tard, Prokoudine et ses enfants mettront au point un appareil permettant, par un jeu de miroirs, d'impressionner simultanément les trois plaques. *J.K.*

◀ *Route en terre et pont de pierre menant au village de Koltchedansk, dans l'Oural, en 1912.*
▲ *Prokoudine sur une draisine, dans la région du lac Onega (Russie du Nord).*
▲ *Trois générations de la famille Kalganov, à Zlatoust, dans l'Oural. Le grand-père porte un costume russe traditionnel. Le fils et la petite-fille, plus « modernes », travaillent dans la plus grande usine d'armement de Russie.*

◀ *Pinkus Karlinski est éclusier sur le canal Mariinski, entre la Volga et la Baltique. Nous sommes en 1909, il a 84 ans et exerce ses fonctions depuis soixante-six ans.*
▼ *Trois jeunes paysannes présentent des baies de la forêt devant une isba, près du village de Kirillov (Russie du Nord, 1909).*
▼ *Le monastère Saint-Nil, établi sur une île de la région de Tver (Russie centrale), est fermé en 1927 par le pouvoir soviétique pour être partiellement transformé en camp.*

◀ *Le temps des moissons en Russie.*
▲ *Un groupe d'enfants dans la région du lac Blanc (Russie du Nord).*
▲ *Travaux de fondation d'un barrage sur la rivière Oka (sud-est de Moscou, 1912).*

◀ *Meules de foin dans le village de Viazova, dans l'Oural, sur le parcours du Transsibérien. La fumée – qui bouge pendant la prise de vue – présente des couleurs décomposées.*
▲ *Atelier d'une usine de fonderie d'art à Kasli, dans l'Oural.*
▲ *Carrière exploitée par une famille, dans l'Oural, en 1912.*

▲ *Hôtel à Gagra (Géorgie).*
▲ *Géorgienne en costume traditionnel.*
▶ *Dans la ville d'eaux de Borjomi (Géorgie), des curistes prennent la pose dans une atmosphère tchékhovienne.*

◀ *L'émir de Boukhara Alim Khan, peu après son accession au pouvoir, en 1911. En Asie centrale, alors sous tutelle russe, l'émir gère les affaires intérieures de sa région. En 1920, Alim Khan fuit en Afghanistan, il y meurt en 1944.*
▲ *Ecole juive à Samarcande.*
▲ *Porteur d'eau à Samarcande.*

◀ *Rassemblement de cavaliers pour le jeu traditionnel du bayga, un genre de bouzkachi, dans la région de Samarcande.*
▼ *Femme « sarte », dans la région de Samarcande. L'administration russe distinguait en Asie centrale une population dite « sarte », les sédentaires, et les « Kirghizes », en réalité les nomades.*
▼ *Homme « sarte » (région de Samarcande, 1911).*

▶ *Famille de nomades « kirghizes » en costumes traditionnels se déplaçant en 1911 dans la « steppe de la faim », aux confins de l'Ouzbekistan et du Kazakhstan actuels.*
▲ *Deux prisonniers enchaînés, vraisemblablement en Asie centrale, mais ni le lieu ni la date de la photo ne sont connus.*
▲ *Le fleuve Irtych à Tobolsk, l'un des principaux centres administratifs et militaires de Sibérie.*

UNE AUTRE IMAGE DE LA VIEILLE RUSSIE : LÉON TOLSTOÏ

En écho aux clichés de Prokoudine, nous reproduisons ici un passage célèbre d'« Anna Karénine ». C'est la saison des foins, et Levine, un aristocrate campagnard, a décidé de faucher aux côtés de ses paysans.

Les foins en Russie (1909).

Levine, l'année précédente, un jour qu'on fauchait, s'était mis en colère contre son intendant, et pour se calmer il avait pris la faux d'un paysan et s'était mis à faucher lui-même. Ce travail l'avait tant amusé, qu'il recommença plusieurs fois, faucha lui-même la prairie devant la maison, et se promit de faucher, l'année suivante, des journées entières avec les paysans.

Depuis l'arrivée de Serge, il se demandait s'il pourrait donner suite à ce projet. Il était confus d'abandonner son frère pendant toute une journée, et craignait aussi un peu ses plaisanteries. Les impressions de l'année précédente lui revinrent tandis qu'il traversait la prairie. *« Il me faut absolument un exercice violent, sinon mon caractère deviendra intraitable »*, pensa-t-il, décidé à braver l'ennui que pouvaient lui causer les observations de son frère et de ses gens.

Le même soir, en allant donner ses ordres pour les travaux du lendemain, Levine, dissimulant son embarras, dit à son intendant :

« Vous enverrez ma faux à Tite pour qu'il la repasse demain, je faucherai peut-être moi-même. »

L'intendant sourit et répondit :

« C'est bien. »

Plus tard, en prenant le thé, Levine dit à son frère : *« Décidément le temps se met au beau, je faucherai demain :*

– J'aime beaucoup ce travail, dit Serge Ivanitch.

– Moi, je l'aime extrêmement ; il m'est arrivé de faucher l'année dernière, et je veux m'y remettre demain toute la journée. »

Serge Ivanitch leva la tête et regarda son frère avec étonnement.

L'unique photo en couleurs de Léon Tolstoï a été prise par Prokoudine en 1906 à Iasnaïa Poliana, la propriété de l'écrivain.

« Comment l'entends-tu ? Travailler toute la journée comme un paysan ?
– Oui, c'est très amusant.
– C'est un excellent exercice physique, mais pourras-tu supporter une fatigue pareille ? demanda Serge sans aucune intention ironique.
– Je l'ai essayé. Au commencement, c'est dur, puis on s'entraîne. Je crois bien que j'irai jusqu'au bout.
– Vraiment ? Mais de quel œil les paysans voient-ils cela ? Ne tournent-ils pas en ridicule les manies du maître ? Et puis, comment feras-tu pour dîner ? On ne peut guère se faire porter là-bas une bouteille de Laffitte et un dindonneau rôti.
– Je rentrerai à la maison pendant que les paysans se reposeront. »
Le lendemain matin, quoique levé plus tôt que de coutume, Levine, en arrivant à la prairie, trouva les faucheurs déjà à l'ouvrage.
La prairie s'étendait au pied de la colline, avec ses rangées d'herbe déjà fauchée, et les petits monticules noirs formés par les vêtements des travailleurs. Levine découvrit, en approchant, les faucheurs marchant en échelle les uns derrière les autres, et avançant lentement sur le sol inégal de la prairie. Il compta quarante-deux hommes et distingua parmi eux des connaissances : le vieil Ermil, en chemise blanche, le dos voûté, et le jeune Wasia, autrefois son cocher. Tite, son professeur, un petit vieillard sec, était là aussi, faisant de larges fauchées, sans se baisser, et maniant aisément la faux.
Levine descendit de cheval, attacha l'animal près de la route, et s'approcha de Tite, qui alla aussitôt prendre une faux cachée derrière un buisson, et la lui présenta.
« Elle est prête, Barine, c'est un rasoir, elle fauche toute seule », dit Tite, ôtant son bonnet en souriant.
Levine prit la faux. Les faucheurs, après avoir fini leur ligne, retournaient sur la route ; ils étaient couverts de sueur, mais gais et de bonne humeur, et saluaient tous le maître en souriant. Personne n'osa ouvrir la bouche avant qu'un grand vieillard sans barbe, vêtu d'une jaquette en peau de mouton, lui adressât le premier la parole :
« Attention, Barine, quand on commence une besogne, il faut la terminer ! dit-il, et Levine entendit un rire étouffé parmi les faucheurs.
« Je tâcherai de ne pas me laisser dépasser, répondit-il en se plaçant derrière Tite.
– Attention », répéta le vieux.
Tite lui ayant fait place, il emboîta le pas derrière lui. L'herbe était courte et dure ; Levine n'avait pas fauché depuis longtemps, et, troublé par les regards fixés sur lui, il débuta mal, quoiqu'il maniât vigoureusement la faux.
Deux voix derrière lui disaient :
« Mal emmanché, il tient la faux trop haut : regarde comme il se courbe.
– Appuie davantage le talon.
– Ce n'est pas mal, il s'y fera, dit le vieux ; *le voilà parti ; tes fauchées sont trop grandes, tu te fatigueras vite. Jadis nous aurions reçu des coups pour de l'ouvrage fait comme cela. »*
L'herbe devenait plus douce, et Levine, écoutant les observations sans y répondre, suivait Tite ; ils firent ainsi une centaine de pas. Le paysan marchait sans s'arrêter, mais Levine s'épuisait, et craignait de ne pas arriver jusqu'au bout ; il allait prier Tite de s'interrompre, lorsque celui-ci fit halte de lui-même, se baissa, prit une poignée d'herbe, en essuya sa faux et se mit à l'affiler. Levine se redressa, et jeta un regard autour de lui avec un soupir de soulagement. Près de lui, un paysan, tout aussi fatigué, s'arrêta aussi.
A la seconde reprise, tout alla de même ; Tite avançait d'un pas après chaque fauchée. Levine, qui marchait derrière, ne voulait pas se laisser dépasser, mais, au moment où l'effort devenait si grand qu'il se croyait à bout de forces, Tite s'arrêtait et se mettait à aiguiser.
Le plus pénible était fait. Lorsque le travail recommença, Levine n'eut d'autre pensée, d'autre désir, que d'arriver aussi vite et aussi bien que les autres. Il n'entendait que le bruit des faux derrière lui, ne voyait que la taille droite de Tite marchant devant, et le demi-cercle décrit par la faux sur l'herbe qu'elle abaissait lentement, en tranchant les petites têtes des fleurs. Tout à coup il sentit une agréable sensation de fraîcheur sur les épaules : il regarda le ciel pendant que Tite affilait sa faux, et vit un gros nuage noir ; il s'aperçut qu'il pleuvait. Quelques-uns des paysans avaient été mettre leurs vêtements, les autres faisaient comme Levine et recevaient avec plaisir la pluie sur leur dos.
L'ouvrage avançait ; Levine avait absolument perdu la notion du temps et de l'heure. Son travail à ce moment lui sembla plein de douceur ; c'était un état d'inconscience, où, libre et dégagé, il oubliait complètement ce qu'il faisait, bien que son ouvrage valut en cet instant celui de Tite. Cependant Tite s'était approché du vieux, et il examina le soleil avec lui. *« De quoi parlent-ils ? Pourquoi ne continuons-nous pas ? »* se dit Levine, sans songer que les paysans travaillaient sans repos depuis près de quatre heures, et qu'il était temps de déjeuner •

Il l'a fait

« Jamais je n'aurais imaginé que mon invention suscite pareil intérêt »

Ingénieur, **Steven J. Sasson** *a créé le premier appareil photo numérique en 1975. Son prototype ferait aujourd'hui sursauter les plus ignares en nouvelles technologies. Il pesait près de quatre kilos et enregistrait une photo de cent pixels en vingt-trois secondes.*

6Mois Barack Obama vous a remis la médaille nationale de la technologie et de l'innovation. Etes-vous fier?
Le Président m'a décoré en novembre 2010 et j'étais fier, bien sûr. Il a expliqué, dans son discours, l'importance de cette découverte qui a transformé le commerce et la vie quotidienne.

Votre invention a-t-elle changé l'histoire de la photo?
Non, mais cette évolution a simplifié la prise de vue et le partage de photos. Que l'on travaille en analogique ou en numérique, prendre une bonne image exige dextérité et patience. Le numérique apporte des outils supplémentaires, mais le fond reste le même : raconter nos histoires.

L'idée de travailler sur ce projet était de vous ou de Kodak?
J'explorais la possibilité d'un appareil sans mécanisme de cheminement de la pellicule. C'était mon idée et je désignais ce procédé par l'expression « photographie sans film ». Mon premier prototype n'utilisait pas de film et ses images, stockées de façon numérique, pouvaient être regardées sur un écran de télévision. C'était la seule façon de visionner une image électronique. Il était impossible d'imprimer.

Qu'est devenu ce prototype?
Il existe toujours. Quand je le regarde, il me rappelle le projet fou du jeune ingénieur que j'étais. Jamais je n'aurais imaginé qu'il suscite un tel intérêt. Malheureusement, nous n'avons pas pu conserver la première image prise, faute de support permettant de l'enregistrer.

Quelle était cette première image?

Ancêtre. *Près de vingt ans ont été nécessaires pour aboutir à une version commercialisable de l'appareil numérique.*

EASTMAN HOUSE PHOTO

C'était un portrait, en noir et blanc. J'avais demandé un volontaire et une assistante de laboratoire, Joy Marshall, s'était portée candidate. Quand l'image s'est affichée sur l'écran, nous avons vu le contour de ses cheveux, mais pas son visage. Joy est partie, fâchée. Plus tard, en inversant les câbles, son visage s'est révélé.

Le prototype mis au point, avez-vous tout de suite cherché à le miniaturiser?
Nous avons d'abord travaillé à l'amélioration des composants, entre autres pour conserver l'image. Mais nous avons très vite compris qu'il faudrait plusieurs décennies avant de mettre au point un appareil pratique, léger, grand public. Le premier appareil comprenant les éléments de base du système SRL numérique d'aujourd'hui, les mégapixels, l'image compressée et les cartes mémoire, a été mis au point en 1989. Le premier à être commercialisé, l'Apple Quicktake 100, ne l'a été qu'en 1994.

Aviez-vous idée du potentiel de votre invention?
Je me demandais juste si, un jour, cela marcherait. Il était impossible d'anticiper le développement d'Internet, des imprimantes...

Et aujourd'hui ?
Je constate qu'avec l'appareil numérique les images se sont banalisées. Elles font aujourd'hui partie de nos conversations quotidiennes. Elles ne sont plus seulement un moyen d'immortaliser nos événements importants.

Etes-vous devenu riche?
Tous les droits sur les brevets ont été reversés à Eastman Kodak •

Propos recueillis par Magali Jauffret

Etats-Unis, Californie, 1968. *Manifestant pacifiste à Santa Monica pendant la guerre du Vietnam.*

STÉPHANIE CUBAYNES

DENNIS STOCK

24 juillet 1928 (New York) – 11 janvier 2010 (Sarasota, Floride)

Il a immortalisé James Dean et les stars hollywoodiennes, couvert le mouvement hippie, suivi un gang de motards. Ses images, parfois devenues des icônes, sont plus connues que lui. Dennis Stock se disait « essayiste photographique ».

« *Je ne suis pas photojournaliste et je n'ai jamais voulu l'être. Je ne suis pas l'actualité, je recherche mes propres histoires à partir des choses qui m'aident à progresser, qui me donnent une profondeur spirituelle* » : voici comment le photographe américain Dennis Stock parlait de son travail au sein de l'agence Magnum, qu'il avait rejointe en 1951.

Né en 1928, dans le South Bronx, à New York, d'une mère anglaise et d'un père d'origine helvétique, Dennis Stock se passionne très vite pour le septième art. Adolescent, il se réfugie dans les salles de cinéma pour échapper à la dureté de son quartier. Peu avant ses 20 ans, il s'inscrit à la New School of Photography de New York. La théorie ne valant pas la pratique, son professeur lui conseille de rencontrer William Eugene Smith. Dennis Stock devient son assistant. William Eugene Smith s'est fait remarquer dans les années 1940 avec une *picture story* sur un médecin de campagne, publiée dans plusieurs magazines. Le photographe, future légende du photojournalisme, initie le jeune Stock à l'art du reportage au long cours. Puis il le confie à Gjon Mili, qui collabore avec le magazine américain *Life*.

En 1951, *Life* organise un concours destiné aux jeunes talents. Stock s'intéresse aux émigrés du Vieux Continent qui, à l'instar de ses parents, débarquent •••

Etats-Unis, Californie, 1968. *Sur la route du bord de mer aux environs de San Diego.*

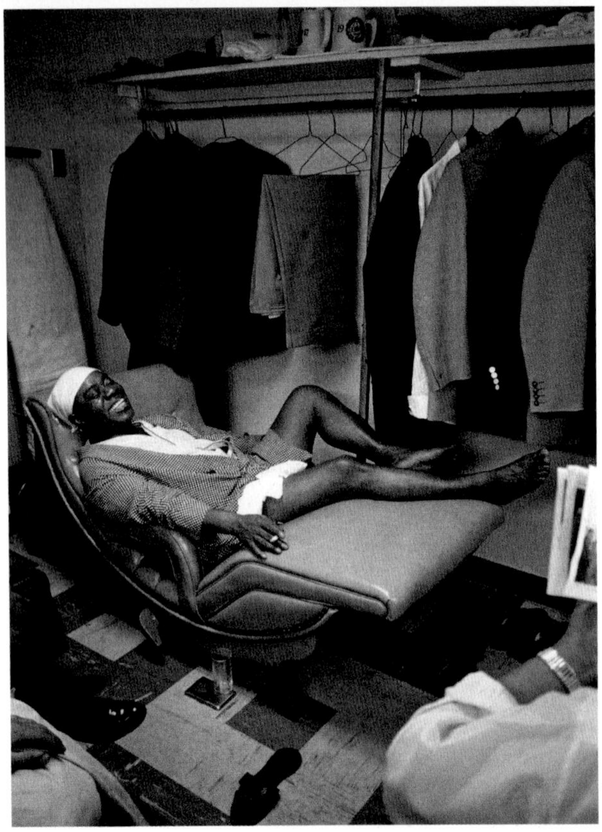

Etats-Unis, Philadelphie, 1958. *Louis Armstrong se repose dans sa loge du Latin Casino après un concert.*

Etats-Unis, 1971. *Les hippies qui dérangent l'Amérique.*

••• sur les quais, au sud de Manhattan. Son travail est remarqué par Robert Capa. Le cofondateur de l'agence Magnum lui propose de devenir correspondant à Hollywood.
Dennis Stock rencontre Humphrey Bogart sur le tournage d'*Ouragan sur le Caine*. La tête d'affiche de *Casablanca* introduit le photographe dans le milieu du cinéma. Lors d'une fête donnée dans un bungalow de l'hôtel Château Marmont, l'établissement mythique de West Hollywood, Dennis Stock est présenté à un jeune acteur à la gueule d'ange, James Dean.
Les deux hommes ont presque le même âge, ils sympathisent. Dean, qui n'est pas encore une star, interroge le photographe sur la technique de prise de vue et l'invite à une projection privée d'*A l'est d'Eden*. Très vite, Dennis Stock se dit convaincu qu'il y a matière à construire une biographie visuelle, celle d'un garçon de l'Indiana. Il propose à James Dean de le photographier dans la ferme de son oncle et de sa tante, les Winslow, où il a vécu plusieurs années après le décès de sa mère, alors qu'il avait 12 ans.
Deux mois durant, Dennis Stock ne lâche pas son sujet. Il fait poser James Dean au milieu des vaches, en train de jouer du bongo ou aux côtés d'un cochon. On voit l'acteur avec le tracteur de Marcus Winslow en arrière-plan, ou assis devant une malle recouverte de toiles d'araignée dans une grange inondée de lumière. •••

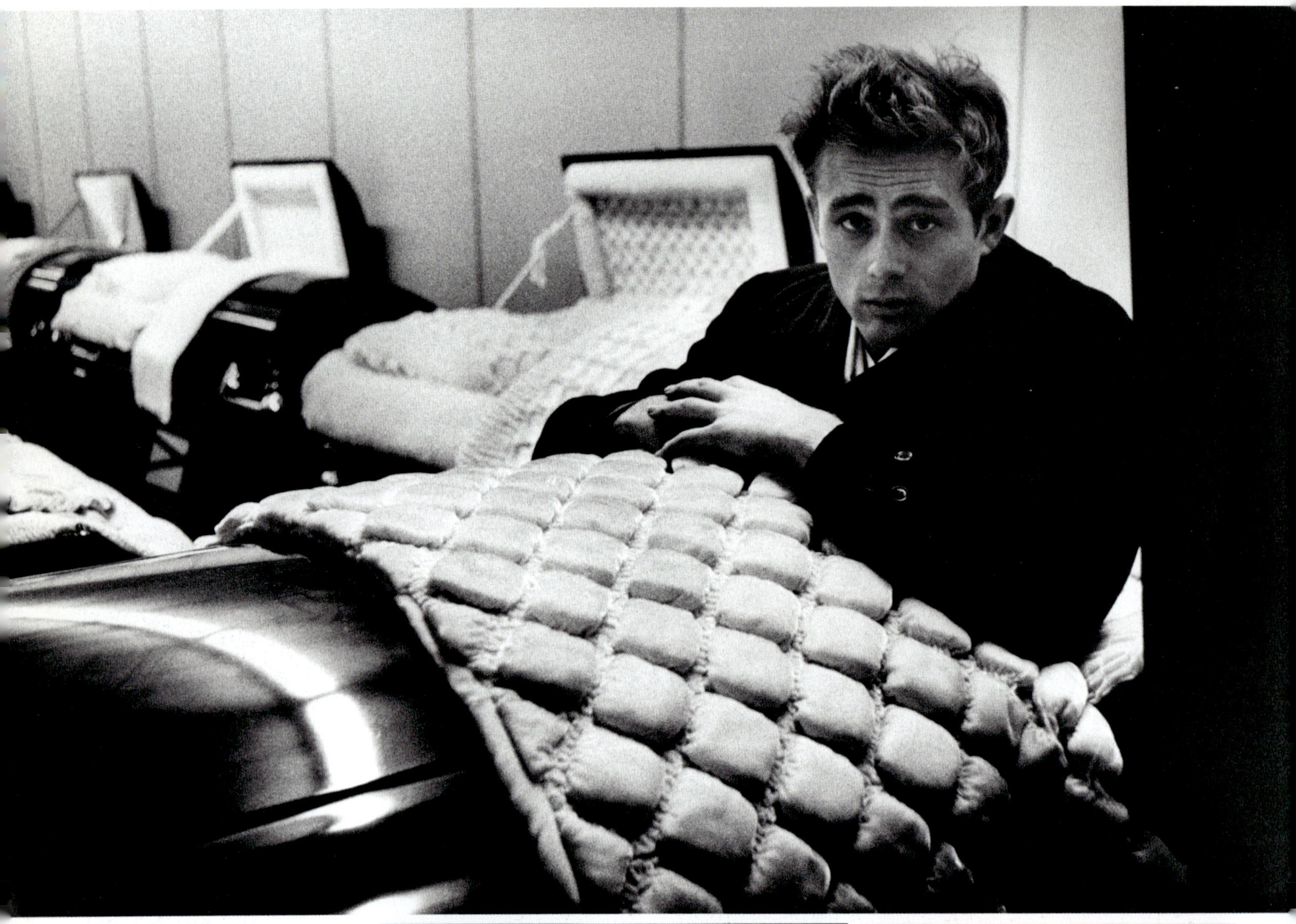

Etats-Unis, Indiana, 1955.
James Dean pose dans un cercueil, à Fairmount, la petite ville de son enfance.

Etats-Unis, New York, 1951.
Deux immigrants font une déclaration de non-affiliation au communisme.

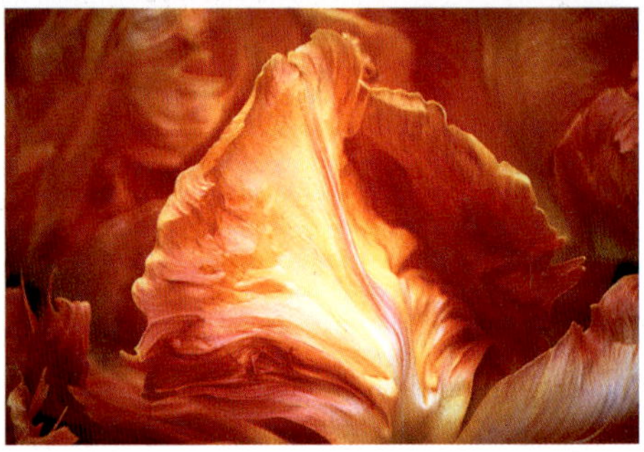

Tulipes, 2001.
Marqué par Woodstock, Dennis Stock bifurque à la fin de sa vie vers la couleur et frôle l'abstraction.

••• Les deux compagnons parcourent aussi la petite ville de Fairmount, où James Dean n'est pas retourné depuis une petite dizaine d'années. Dans un magasin de meubles, l'acteur se couche de lui-même dans l'un des cercueils capitonnés qui semblent alignés là comme des lits... Quelques semaines plus tard, Dennis Stock emmène James Dean à Times Square. Il pleut sur New York ce jour-là et l'acteur, cigarette au bec, déambule mains dans les poches, seul, l'air sombre. L'image deviendra l'une des icônes du XXe siècle.
A la mort de James Dean, tué au volant d'une Porsche le 30 septembre 1955, Dennis Stock s'envole pour l'Extrême-Orient; il s'isole un an dans un monastère.
De retour aux Etats-Unis, le reporter continue d'immortaliser les stars hollywoodiennes: Marilyn Monroe, Audrey Hepburn, Marlon Brando, Grace Kelly...
Passionné de musique, il entreprend un travail sur le jazz qui va l'occuper pendant deux ans. Ses portraits intimes de Billie Holiday, Sidney Bechet, Louis Armstrong ou Miles Davis, ses photos d'ambiance de clubs enfumés ou de sessions de jams enivrées sont publiés dans son fameux livre *Jazz Street*.
En 1964 et 1965, Stock couvre des festivals pour le magazine *Holiday* et s'intéresse au mouvement hippie. Il découvre la culture *beat*: depuis les années 1950, une jeune génération, marquée par le rock et le Vietnam, prône le *peace and love* sur fond de rupture avec le consumérisme.
C'est à cette époque qu'il prend une de ses photos les plus célèbres: une jeune fille qui danse, un bras en l'air, et semble flotter au-dessus de la foule rassemblée lors du festival rock de Venice Beach.
Il a la quarantaine passée, il s'enthousiasme pour toutes les postures contestataires: le Mouvement des droits civiques des Noirs américains, les manifestations contre la guerre du Vietnam, le mode de vie des marginaux, auto-stoppeurs ou *motards* qu'il croise sur les routes de l'Ouest.
Dans le Colorado, il fait la connaissance des Sons of silence, une bande de motards comme il en foisonne à l'époque dans le pays. Stock leur demande de les accompagner. Il sera nommé membre d'honneur.
Il se sent bien au milieu de la jeunesse libertaire et s'installe à Woodstock, dans l'Etat de New York, à compter des années 1970. Il ne s'attarde pas. L'Italie et la Provence l'attirent, il s'y rend régulièrement. Sous l'influence d'un autre membre de Magnum, Ernst Haas, il bifurque progressivement vers la couleur. Dans ses derniers travaux, des images de tulipes, d'orchidées, d'anémones, il frôle l'abstraction. *« En termes de photographie, les fleurs sont des sujets parfaits. Il n'y a que l'honnêteté de la beauté. »* A la veille de sa mort, à plus de 80 ans, Dennis Stock était toujours en recherche •

Philippe Séclier

« En termes de photographie, les fleurs sont des sujets parfaits. Il n'y a que l'honnêteté de la beauté. »

Jazz Street
(Editions Doubleday & Company, 1960)

California Trip
(Editions Grossman Publishers, 1970)

James Dean. 50 Years Ago
(Editions Harry N. Abrams et La Martinière, 2005)

L'art et la manière

La force du carré

Steeve Iuncker *promène son Rolleiflex sur tous les fronts, de Gaza à la chirurgie esthétique, en passant comme ici par le Salon de l'automobile.*

Si l'ère du numérique donne au premier venu l'impression d'être un photographe génial, pour Steeve Iuncker *« la photographie est un métier ».* A 41 ans, l'homme d'images n'est pas représentatif de sa génération. Il prend son temps quand tout le monde est dans l'urgence, réfléchit avant de déclencher, concentre son énergie, attend le bon moment plutôt que la « bonne » photo et travaille en argentique. Il utilise un Rolleiflex binoculaire, appareil antédiluvien à visée par le haut dont les derniers titres de noblesse remontent à Richard Avedon et Helmut Newton.

Ces détails ont leur importance. Ils marquent le début d'une écriture photographique. Le format est carré, la photo est pensée comme unique. Pas de déchet, pas de mitraille. *« L'outil utilisé définit la force de l'image. »* Armé de son vieil appareil encombrant, Steeve Iuncker est souvent pris – à Gaza ou ailleurs – pour *« un fou ou un artiste ».* On le laisse tranquille. Tant mieux, il peut travailler. Ses photos cognent, possèdent une force de frappe. Cette image-ci brille de mille feux et diffuse autant de messages.

Nous sommes au dernier Salon de l'automobile à Genève. C'est le jour de l'ouverture, réservé à la presse. Les *« types qui se regardent pousser le ventre »* ont réussi à avoir un bon plan pour entrer. Les équipes de télévision du monde entier sont présentes. La foule pousse, des jeunes filles en minijupe prennent la pose devant les châssis métalliques. Elles sourient, ouvrent les portières, s'assoient à l'intérieur... Les « mecs » ne voient que ça.

Steeve Iuncker s'intéresse peu aux voitures. Il propose toujours un point de vue décalé – les coulisses plutôt que l'événement. L'essentiel ne se déroule-t-il pas en coulisses ?

« J'aurais fait la même image avec le Rolleiflex »

Lorsqu'il découvre l'image retenue par *6 Mois*, le photographe éclate de rire. *« Ah, mais c'est autre chose : cette série avec le bord noir a été faite au téléphone portable ! »* Bingo : c'était l'exception, l'entorse à la règle. Il s'agissait juste d'*« une version expéditive »* réalisée pour *La Tribune de Genève*, avec qui Steeve Iuncker collabore régulièrement.

Funérailles. *Gaza, 2006*

Festival de Cannes. *2006*

Course de lévriers. *Londres, 2007*

Passer ainsi du Rolleiflex binoculaire à la photographie sur iPhone sans rien perdre de son talent, est-ce possible ? *« J'aurais fait la même image avec le Rolleiflex, mon point de vue aurait été exactement le même, le traitement aussi,* assure-t-il. *Je n'aurais simplement pas été obligé de recadrer pour en faire un carré et je n'aurais pas ajouté ce liseré noir qui renvoie aux standards du reportage classique. »* Ces *« manipulations »*, il les a faites avec *« la batterie de logiciels »* de son téléphone portable : *« On peut faire tout et n'importe quoi avec les outils d'aujourd'hui. »* Reste qu'il faut avoir l'œil : l'animateur de la télévision italienne, moumoute blonde sur la tête, s'apprête à interviewer une jeune fille aux seins probablement refaits car trop écartés, le réflecteur de la télévision provoque un reflet blanc dans son regard et fait briller la fille par en bas. Les contrastes explosent, les détails éclatent, aucune nuance dans le blanc de la robe ou dans le noir de la veste. Tout a disparu pour éviter le moindre brouillage visuel. Steeve Iuncker se concentre sur ce qui l'intéresse : le décolleté, la moumoute, les regards... Autant d'indices, selon lui, d'un monde en représentation. *« Les mises en scène du glamour, de l'information et du politique »* sont ses vrais sujets photographiques. *« Je suis là pour soigner la bête, pas pour faire plaisir »*, dit-il. Il ne veut pas être cruel. Il s'interroge : *« Une telle image est-elle faite pour se moquer ou seulement pour montrer ? »* •

Martine Ravache

L'album de famille

Au bord de ma rivière

Le photographe **Larry Towell** *vit avec sa femme et ses quatre enfants dans une ferme perdue de l'Ontario (Canada). Depuis vingt ans, il tient à sa manière un album de famille. Il n'apparaît jamais à l'image, mais tout son travail le révèle.*

Il est rare que les albums de famille sortent du cercle étroit des proches. Il est plus rare encore que des photographes professionnels livrent leur jardin secret au grand public. En publiant ses photos de famille dans *The World From My Front Porch,* Larry Towell s'inscrit dans une démarche atypique. Ses images dévoilent la vie quotidienne d'Ann, sa femme, et de leurs quatre enfants, Moses, Naomi, Noah et Isaac, que l'on voit grandir dans la ferme familiale perdue au bord de la rivière Sydenham, dans l'Ontario (Canada). La maison et la terre jouent un rôle central dans cette saga en noir et blanc, tout comme Banjo la chienne, Rusty, l'un des chats, et Copernicus le raton laveur.

Peu de portraits posés, aucun sourire obligé

A la différence des albums de famille classiques, où les photographiés font souvent face à l'opérateur en tentant de retenir un sourire pour le moment où *« le-petit-oiseau-va-sortir »*, Larry Towell n'hésite pas à capturer ses enfants de dos, en plein mouvement, le visage flou ou partiellement hors cadre. Peu de portraits posés, aucun sourire obligé, le photographe se glisse entre ses « modèles » sans les perturber et parvient à saisir des plans que beaucoup auraient jugés ratés. Comme ce formidable « portrait » de son fils Noah en train de se laver dans la rivière, dont on ne voit que le bras poser la savonnette sur le ponton. Ou celui de son fils aîné, Moses, pris sur son lit dans une perspective qui montre plus les vaches dans le champ que le visage de l'adolescent.

« Ma fille, Naomi, initie son petit frère Isaac, 2 ans, à l'eau de la rivière Sydenham. » (1996)

Certaines scènes n'auraient pas retenu l'attention d'un photographe amateur. Noah dessinant le pick-up familial Chevrolet modèle 1951 ou se rasant pour la première fois sous le regard fasciné de son petit frère. Naomi, les mains posées sur le volant pour « conduire » sur les genoux de son père ou initiant Isaac à la baignade dans la rivière.
D'autres images, plus insolites, ont plus à voir avec l'art et la poésie qu'avec la photo de famille. Naomi, prise dans le clair-obscur d'une ferme abandonnée ou encore Isaac, saisi avec l'oiseau Chirpy posé sur la poitrine. Deux moments capturés dont l'étrangeté rappelle les mises en scène familiales de l'Américain Ralph Eugene Meatyard (1925-1972).

« La terre fait des gens ce qu'ils sont »

Les photographies de Larry Towell ne sont pas construites en opposition à la tradition, qui veut que l'on ne fige de la « fiction » familiale que les bons moments. Contrairement aux albums classiques, le photographe reste toutefois le grand absent de cet essai autobiographique. Nulle photo ne montre le visage barbu et chevelu, rehaussé de petites lunettes, de ce reporter de 58 ans, membre de l'agence Magnum, à l'allure de bûcheron canadien. Même si chaque image révèle ses goûts, son mode de vie, ses convictions aussi. *« Sans maison, une famille est traumatisée »*, écrit Larry Towell dans *The World From My Front Porch*. Dans son ouvrage, il rassemble d'autres photos de famille que les siennes : celles qu'il découvrit dans les décombres de maisons palestiniennes, celles qu'il trouva dans des foyers américains après le passage de l'ouragan Katrina en 2005, ou celles qu'il prit des travailleurs migrants mennonites.
Très attaché à ses racines, Larry Towell n'a jamais oublié qu'il jouait, enfant, dans des maisons vidées par l'exode rural. Il y est resté sensible : *« S'il est un thème qui relie mes travaux, c'est sans doute celui de la perte de la terre. C'est la terre qui fait des gens ce qu'ils sont. S'ils la perdent, ils perdent une partie de leur âme et de leur identité qu'ils tenteront toute leur vie de récupérer. »* •

Armelle Canitrot

« Dans notre voiture, Moses, mon fils aîné, mange une poire assis sur les genoux d'Ann. » (1983)

« Naomi (à gauche) et sa voisine Sarah Lewis nourrissent les vaches avec du maïs dans le pré à côté de la maison. Le fermier les connaît toutes par leur prénom. » (1990)

« Ann et Naomi sont allongées sur le lit. Ann est enceinte de Noah. » (1989)

« Naomi, debout devant la fenêtre d'une ferme abandonnée en contrebas de notre maison. Du cimetière de pionniers situé sur la petite colline en face de chez nous, on peut voir les restes de quatre fermes. » (1992)

« Assise sur mes genoux, Naomi conduit le pick-up Chevrolet modèle 1951 jusqu'à notre maison. On la voit à travers le pare-brise. Elle a été construite il y a cent ans. » (1995)

« Moses est allongé sur le dessus-de-lit au crochet fait par sa mère, Ann. Un ami vient de lui raser la tête. Cet été, Moses est parti camper le crâne chauve. » (1995)

« Noah nageait dans la rivière, il s'accroche au ponton de bois sur lequel il a laissé son savon. » (1996)

« Naomi se balance au bout d'une corde accrochée à un érable au-dessus de la rivière Sydenham. Ses frères Moses (à gauche), Noah (à droite) et Isaac (au premier plan) la regardent de la rive. » (1995)

« Debout sur la rive, enveloppée dans sa serviette, Naomi, 12 ans, sort tout juste de la rivière. » (1996)

« Sur son chevalet, Noah, 9 ans,
peint notre pick-up. » (1998)

« Noah (à gauche) joue avec la chatte Rusty et son chaton. Isaac (centre) a apprivoisé l'oiseau Chirpy. » (1999)

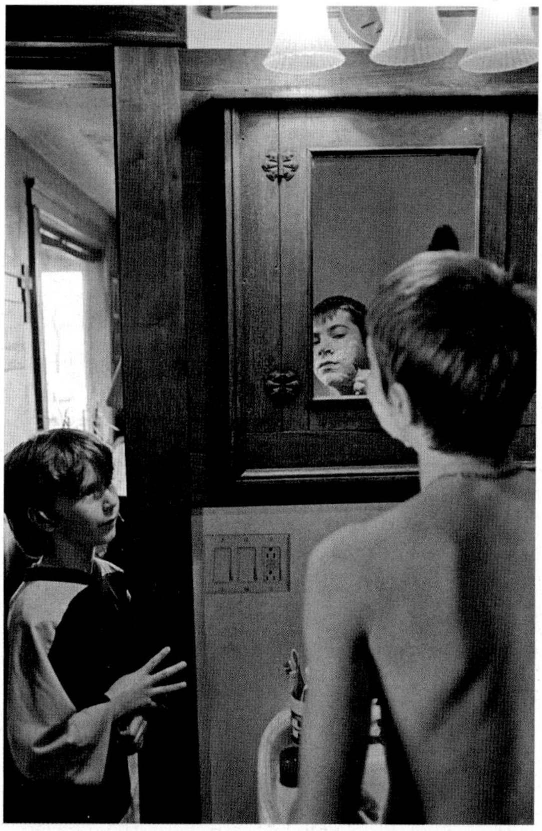

« Pour la première fois, Noah se rase dans le miroir de la salle de bain familiale. Isaac, 9 ans, est intrigué. » (2003)

Work in progress

La route du nord. *A partir de Punta Arenas, ville portuaire sur le détroit de Magellan, au Chili.*

Au bout du bout des Amériques

De la Terre de feu à l'Alaska, le Néerlandais **Kadir van Lohuizen** *s'est lancé dans le projet « Via PanAm », une traversée de dix mois sur les traces des migrations américaines. A la clé : des photos, des sons, des textes, des vidéos...*

Il a atterri à Santiago, au Chili, le 7 mars. Direction : Puerto Toro, le village le plus austral du monde, au sud-est d'Ushuaia. En voiture ou en transports en commun, il lui faudra dix mois pour atteindre l'autre bout du bout de l'Amérique : l'arrivée à Deadhorse, au nord de l'Alaska, est prévue en janvier 2012.
Le périple que Kadir van Lohuizen entreprend relève de l'expérimentation. En 2007, le photojournaliste néerlandais avait fait un coup d'essai. Mais avant même d'avoir quitté le Chili, il avait dû abandonner, en panne de fonds.

Quarante épisodes

Trois ans plus tard, il se relance dans le même voyage, mais avec un projet mieux ficelé : *Via PanAm* traitera des migrations dans les Amériques en photos, en textes, en vidéo et en audio, sur des supports papier, radio et numériques (site Internet et application iPad).
Kadir van Lohuizen, 47 ans, est d'abord photoreporter. En vingt-deux ans de métier, il a couvert les grands conflits, sillonné l'Afrique, remonté le cours des grands fleuves. Plus récemment, il s'est fait une spécialité du changement climatique et des migrations. Pour lui, le phénomène est perçu comme une menace alors que, vieux comme l'humanité, il a justement forgé les deux Amériques.
Ancien de l'agence Vu, il est aussi l'un des fondateurs de Noor, une agence photo coopérative basée à Amsterdam. Après un an d'enquête sur le commerce du diamant, des mines sud-africaines ou sierra-léonaises à la place Vendôme, il a écrit un livre, *Diamond Matters. The Diamond Industry* (éd. Umbrage, aux Etats-Unis). Il réalise également des documentaires.

La famille Hueitra. *Ces Mapuches venus du sud du Chili vivent à Cerro Navia, un faubourg pauvre de Santiago.*

Pour la première fois, il entend utiliser sur le même projet toutes les cordes de son arc : *« C'est l'avenir vers lequel nous* [les photoreporters] *devons nous orienter »*, dit-il. Son périple fera l'objet de quarante épisodes, diffusés sur différents supports. Le quotidien le plus réputé des Pays-Bas, *NRC Handelsblad*, s'est engagé à publier chaque semaine, pendant dix mois, un article et une photo sur une demi-page. La radio néerlandaise VPRO diffusera un reportage hebdomadaire de cinq minutes. Les médias du monde entier ont été invités à se joindre au projet *Via PanAm*, monté par le photographe, son agence, Noor, et l'agence multimédia Paradox. Au nombre des sujets proposés : l'exclusion sociale des Mapuches, une population du sud du Chili ; les migrations dues au changement climatique au Pérou ; les effets des nouvelles lois migratoires en Arizona ; les personnes déplacées en Colombie ; les communautés asiatiques du Canada…

Quatorze pays, cinq zones climatiques

Une liste de thèmes à traiter a été préétablie. Elle n'est pas figée, afin de laisser place à l'improvisation. La traversée amènera le photographe à parcourir vingt-huit mille kilomètres, quatorze pays et cinq zones climatiques. Unique incartade prévue : un aller et retour aux Pays-Bas en juillet, pour les vingt-cinq ans de mariage des parents du photographe.
Des fondations hollandaises assurent le financement du périple. Avant de partir, Kadir van Lohuizen s'en félicitait : *« Reste juste à trouver de quoi payer l'hôtel et mon salaire. »* Il était alors plongé dans un séminaire intensif de cours d'espagnol. Et sûr qu'au bout du bout, il le parlerait couramment •

M.-P. S.

Justin Jin

Il parle le russe, le mandarin, le chinois de Canton, l'anglais et le néerlandais. Né à Hong Kong, en 1974, Justin Jin en est vite parti pour un internat en Angleterre. Il fait philo et sciences politiques à Cambridge, puis se fait embaucher par Reuters comme correspondant à Pékin. C'est là que lui vient la passion de la photo : il devient photoreporter indépendant. Il vit aujourd'hui entre Moscou et Bruxelles.

www.justinjin.com

Axelle de Russé

Adolescente, elle a vécu en Libye et au Chili. Dans la famille Russé, papa est expatrié, le monde n'a pas de frontières. Axelle aime la peinture et le dessin, mais la voix de la raison l'emporte, elle fait une école de commerce. Un rêve la taraude : le photojournalisme. Elle entre comme stagiaire à l'agence Sipa, y reste trois ans côté production, ronge son frein en observant les professionnels et finit par se lancer. Elle devient photographe indépendante.

www.axellederusse.com

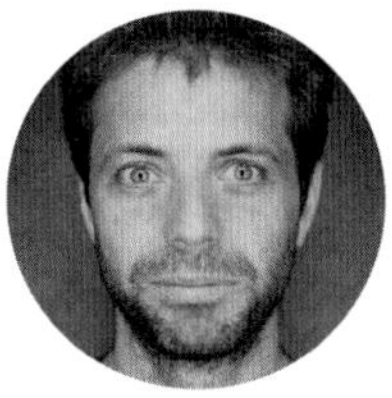

Paolo Woods

Il a 40 ans, est né aux Pays-Bas d'une mère hollandaise et d'un père canadien. Paolo Woods a grandi en Italie et vit en Haïti. Il se consacre à des projets de longue durée et cherche à comprendre le monde en artisan, avec la photo comme outil. Après une enquête sur l'univers du pétrole, un travail sur les guerres américaines en Afghanistan et en Irak, il a consacré deux ans à la conquête chinoise de l'Afrique. Il aime travailler avec le journaliste Serge Michel, qu'il a rencontré en 1999 à Téhéran. Il a reçu un World Press Photo en 2004 pour son travail sur l'insurrection en Irak.

www.paolowoods.net

Michel Guerrin

Né à Nice en 1957, Michel Guerrin n'a jamais dissocié ses deux passions, le journalisme et la photographie. Il est entré au *Monde* en 1983, il y est toujours. Longtemps en charge de la rubrique photographie, il réalise aujourd'hui des enquêtes sur le monde de l'art et de la culture. Il enseigne, à Lausanne, au Centre romand de formation des journalistes (CRFJ) et à l'Ecole cantonale d'art (Ecal). Il est l'auteur de *Profession : photoreporter* (Gallimard, 1988), *Raymond Depardon* (Nathan, 1999), *Exhibit A : Guy Bourdin* (Seuil, 2001), *Réalités, un mensuel français illustré*, avec Anne de Mondenard (Actes Sud, 2008).

Darcy Padilla

Son père, d'origine mexicaine, était travailleur social, sa mère servait les repas dans un hôpital. Née il y a quarante-cinq ans en Californie, Darcy Padilla photographie les sans-abri, les toxicos, les marginaux. *« Commise d'office »* auprès des pauvres, comme dit Emmanuel Carrère. Après trois mois de stage, le *New York Times* propose de l'engager. Elle refuse pour pouvoir faire ce qu'elle veut. Elle a suivi la vie de Julie pendant dix-huit ans. Julie disparue, elle suit la vie de ses enfants. Darcy Padilla a été surprise par la réaction *« enthousiaste et inattendue »* du public, qui a découvert son travail lorsqu'elle a reçu le prix Eugene Smith. Elle s'est lancée dans un nouveau projet, sur la maladie mentale.

www.darcypadilla.com

Emmanuel Carrère

Né à Paris, où il vit, en 1957, il a étudié l'histoire et les sciences politiques avant de passer deux ans comme coopérant en Indonésie. Il écrit des scénarios pour la télévision et le cinéma, qui a adapté trois de ses livres. De Russie, il a rapporté un documentaire, *Retour à Kotelnitch*, et un livre autobiographique, *Un roman russe*. Son dernier roman, *D'autres vies que la mienne*, a reçu plusieurs prix.

Karla Gachet et Ivan Kashinsky

Ils ont le même âge, 33 ans. Elle est née à Quito, capitale de l'Equateur, lui à Northridge, près de Los Angeles. Ils se sont rencontrés à l'université de San Jose, en Californie, où ils étudiaient le photojournalisme, et ne se sont plus quittés. Installés à Quito, ils travaillent ensemble comme *free lance* à travers l'Amérique du Sud. Des photos d'Ivan Kashinsky ont été publiées dans *National Geographic*, *Time*, *Géo*, ou exposées à New York. Karla Gachet est représentée par l'agence Panos.

www.karlagachet.com
www.ivankphoto.com

Olivier Laban-Mattei

Il vit à Paris mais son cœur est en Corse, où vit son fils Lisandru. A 21 ans, Olivier Laban-Mattei a fait le chemin inverse de sa mère qui, née en Corse, avait tenté l'aventure à Paris. Lui s'est installé à Ajaccio après avoir grandi en banlieue parisienne. Pendant cinq ans, il a été le correspondant de l'Agence France Presse (AFP) sur l'île, avant de passer cinq ans au siège, à Paris. Il sera alors envoyé permanent aux quatre coins du monde. Il y serait toujours s'il n'avait décidé, en 2010, de voler de ses propres ailes. A 34 ans, Olivier Laban-Mattei ne rêve plus que de sujets de fond.

www.laban-mattei.com

Christopher Furlong

Il a d'abord arpenté les jungles d'Amérique centrale et le cercle polaire en tant que soldat de sa Majesté. Après cinq ans dans l'armée, il a fait de sa passion d'enfance, la photographie, sa profession. Né dans les Midlands, au centre de l'Angleterre, il y a quarante-six ans, Christopher Furlong a sillonné le monde pour différentes agences avant de devenir correspondant de l'agence américaine Getty pour le nord du Royaume-Uni.

Nedjma Berder

Réfractaire à l'enseignement classique, il a embarqué sur un bateau-école à l'âge de 11 ans. Devenu marin, il a bourlingué jusqu'à 25 ans. Il continue, comme caméraman pour des émissions télévisées. Il est aussi parfois directeur de la photographie pour des films de fiction. A Douarnenez, son port d'attache, il a amarré son voilier : une corvette qui a son âge (40 ans) et quatre couchettes, pour pouvoir embarquer ses deux enfants de 5 et 8 ans.

Sorj Chalandon

Journaliste à *Libération* de 1973 à 2007, Sorj Chalandon a 58 ans. Ses reportages sur l'Irlande du Nord et le procès Klaus Barbie lui ont valu le prix Albert Londres en 1988. Il est journaliste au *Canard enchaîné*.

Larry Towell

Sur sa carte de visite, il a inscrit *« être humain »*. Son père était mécanicien, lui cultive une petite ferme dans son Ontario natal. *« Je sais ce que la terre signifie pour moi »*, disait-il après avoir travaillé sur la Palestine pendant dix ans. Il lui est aussi arrivé de dire : *« Je ne suis pas journaliste. Je préfère la puissance de la poésie. »* Depuis ses débuts, en 1976, ce membre de l'agence Magnum traite de sujets sociaux.

6MOIS

Prochain numéro le 22 septembre 2011

Direction éditoriale *Laurent Beccaria, Patrick de Saint-Exupéry, Alain Frilet, Jan Krauze et Marie-Pierre Subtil*
Direction artistique *Quintin Leeds*
Maquette *Laura Rodríguez Armas*
Secrétariat de rédaction *Mirabelle Carré*
Fabrication *Aleth Stroebel*

Ont collaboré à ce numéro :
Léna Mauger (Témoin), Magali Jauffret (Le chemin d'une image, Débat, Il l'a fait), Marina de Russé et Elsa Fayner (Profession concubine), Serge Michel (L'Afrique chinoise), Sophie Bouillon (Eclairage L'Afrique chinoise), Elsa Dafour (Le camp Aviation), Philippe Séclier (L'empreinte), Martine Ravache (L'art et la manière), Armelle Canitrot (L'album de famille)

Photogravure *Daniel Regard, Les Artisans du regard (Paris)*
Impression *Drukhaus Kaufmann (Allemagne)*
6 Mois est imprimé sur du LuxoSamt offest 115 grammes de chez Papyrus.

Du papetier au distributeur, en passant par l'imprimeur, toute la logistique de la fabrication est assurée par une combinaison optimale « train-route », au bilan carbone neutre. L'ensemble du processus est garanti par les systèmes internationaux les plus stricts de certification de gestion durable des forêts, PEFC et FSC.

6MOIS
27 rue Jacob,
75006 Paris
01 42 17 47 80
info@6mois.com

ISBN : 978-2-35204-144-3

Retrouvez-nous sur
www.6mois.fr

LA PHOTO DE GERRY ADAMS EN PAGE SOMMAIRE EST DE L'AGENCE PACEMAKER